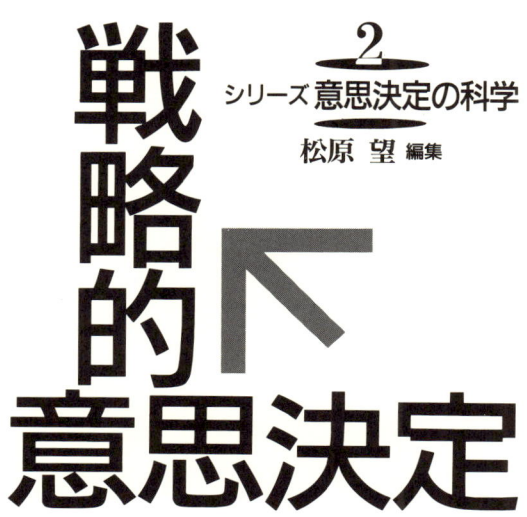

シリーズ 意思決定の科学 2
松原 望 編集

戦略的意思決定 下

生天目 章 著

朝倉書店

まえがき

　我々は，日常生活の実に多くの局面で，さまざまな意思決定を行っている．それらには，無意識的に行う意思決定，複数の選択肢の中から一つを選択する選択的な意思決定，新しいアイデアや方策などを生み出す創造的な意思決定，絶対的な評価基準が存在しないことで試行錯誤的に行う適応的な意思決定，そして他の人の判断や行動を準拠して行う模倣的な意思決定など，さまざまなタイプがある．

　また，組織や社会のあらゆるレベルで，意思決定は絶えず行われている．一人ひとりの能力には限界があることから，多様な人材を意思決定に参画させ，全体としての意思決定の質を高めていく必要がある．しかしながら，それは容易なことではない．実際に，高い見識を持った人，高度の専門性を持った人材は少なくない．さまざまな組織活動を行う上で，組織を構成する一人ひとりの真剣さや熱心さなどにも疑う余地はない．だが，重要な意思決定の局面になると，その場しのぎの意思決定が繰り返されてしまうことが多い．また，利害関係が複雑に絡み合う中，複雑な問題が山積みになっている．これらの複合的な問題の解決には，各人の専門性を越え，より上位レベル（メタレベル）から見通した全体像を描くための，戦略的思考が求められる．また，将来を予測しながらの意思決定ではなく，自分たちでどのような将来を築きたいかという大きな指針に基づく，設計論的意思決定が求められる．さらに，一人ひとりの持つ高い能力を結集させるための工夫や仕組みなども必要とされる．

　将来の進路を左右する岐路的な状況での意思決定を，一部のリーダーや専門家たちの個人的資質や指導力に過度に期待することは危険である．それらを自分たちの問題としてとらえ，そして小さな勇気ある第一歩となる行動をとることが，一人ひとりに求められている．だが，目に見えない暗黙の力や伝統や慣習などによって押しつぶされながら，多くの人は，小さな限られた自分の世界に閉じこもっているのが，現実の姿であろう．社会的な営みが生み出す全体の力と闘うには，それらの力の存在を意識するだけでなく，それらを直視し，そして観察する必要がある．空気のような存在である暗黙の力の正体は何で，それはなぜ生まれ

るのか，どのような工夫をすることで，その働きを操作できるのかを学び，そして科学的に扱うための方法論を確立する必要がある．

また，意思決定の逆説性にも目を向ける必要がある．例えば，一人ひとりの善意が社会悪の源泉になることもあれば，その反対に，悪徳の代表として忌み嫌われる利己的な行為が，社会全体にとってはプラスになり，私悪が公益につながることもある．優れた意思決定に求められるのは，逆説的な発想であり，それは常識と反対の考え方をすることでもある．常識とは，習慣化された知識であり，人間が成長する過程で無意識的に獲得した社会的な通念のことである．それを否定することで生まれる，非常識的な発想と論理的な競争をさせることで，新しい創造の芽が生まれる．

本書は，個人の意思決定のダイナミックな連鎖を扱い，個人的な意思決定が，他人あるいは社会に対し，どのような影響や結果をもたらすのかを明らかにする．個人的に望ましい意思決定を，意思決定のミクロ的な側面という．一方で，多数の個人の意思決定が連鎖反応することでもたらす現象などを，意思決定のマクロ的な側面という．創発性や相乗効果とは，いくつかの要素が結びついた結果，個々の要素には存在しない新しい性質が生まれる現象をいう．優れた意思決定には，意思決定の創発性の全体像を明らかにする必要がある．ミクロ的な動機に基づく個人の意思決定が，他の人たちの意思決定と相互作用することで，全体的なマクロ的な性質や現象が生まれる．本書では特に，個人の意思決定と社会全体の集合的な営みの間に生まれる双方向的な関係に着目をする．

本書を執筆するにあたって，これまでに多くの方々から計り知れない学恩や協力を受けている．意思決定論研究の第一人者で，本シリーズを企画された東京大学の松原 望教授からは，個人的なお付き合いの中から，また先生の著書を通して，数多くのことを教えられてきた．また，著者が教鞭を執っている大学で，講義やゼミなどを通じての多くの人間性溢れる学生たちとの相互作用が，本書の内容の源泉になっている．特に，研究室の学生であった，髙橋正浩君 (4章)，下山良嗣君 (6章)，そして宇野仁貴君 (7章) との共同研究がベースになっている．それ以外に，大野 真君，岩永佐織さん，富田真治君，竹永竜也君，そして小倉直樹君たちの研究からも参考にしたことが多い．ここに深くお礼を申し上げたい．

2001年1月

生天目　章

目　　次

1. **複雑系における意思決定** ……………………………………………… 1
   1.1 意思決定は，なぜ難しいのか …………………………………… 1
   1.2 認知と意思決定 …………………………………………………… 6
   1.3 意思決定における逆説性 ………………………………………… 9
   1.4 本書の狙い ………………………………………………………… 12

2. **競争的な意思決定** ……………………………………………………… 16
   2.1 戦略的思考とは …………………………………………………… 16
   2.2 競争的な意思決定の分類 ………………………………………… 19
   　（1）完全対立型の意思決定 ………………………………………… 21
   　（2）協調型の意思決定 ……………………………………………… 22
   　（3）混合動機型の意思決定 ………………………………………… 26
   　（4）非対称的な意思決定 …………………………………………… 33
   2.3 混合戦略と均衡解の概念 ………………………………………… 33

3. **戦略的操作** ……………………………………………………………… 46
   3.1 心理面での相互依存関係 ………………………………………… 46
   3.2 戦略的操作の例 …………………………………………………… 50
   　（1）コミットメント（公約）……………………………………… 51
   　（2）脅　　迫 ………………………………………………………… 53
   　（3）瀬戸際戦略 ……………………………………………………… 56
   　（4）確率的な戦略的操作 …………………………………………… 58
   3.3 非合理性の合理化現象 …………………………………………… 62

4. 適応的な意思決定 ……………………………………………………… 68
4.1 合意形成の困難性 ……………………………………………… 68
(1) 多数決の原理 ………………………………………………… 72
(2) パレートの原理 ……………………………………………… 73
(3) ボーダーの原理 ……………………………………………… 73
4.2 個人選好の適応 ………………………………………………… 74
(1) 個人選好関係のインデックス化 …………………………… 75
(2) 集団の選好関係の決定 ……………………………………… 76
4.3 集団の多様性と合意形成 ……………………………………… 78
(1) 同質集団の合意形成 ………………………………………… 80
(2) 混質集団の合意形成 ………………………………………… 81
(3) 階層集団の合意形成 ………………………………………… 83
4.4 インフォーマルグループと合意形成 ………………………… 85

5. 倫理的な意思決定 ……………………………………………………… 95
5.1 意思決定の合理性と倫理性 …………………………………… 95
5.2 不確実な意思決定における倫理性 …………………………… 101
5.3 戦略的な意思決定における倫理性 …………………………… 110
5.4 相互作用に内在する非倫理性 ………………………………… 115

6. 集合的な意思決定 ……………………………………………………… 119
6.1 意思決定の状況依存性 ………………………………………… 119
6.2 沈黙の螺旋理論 ………………………………………………… 124
6.3 集合的な意思決定の創発性 …………………………………… 134
(1) 日和見集団の特性 …………………………………………… 137
(2) ハードコア集団の特性 ……………………………………… 137
(3) ハードコアの果たす役割 …………………………………… 139
(4) 日和見主義者の果たす役割 ………………………………… 142
6.4 個人属性の変化と集合的な意思決定の操作性 ……………… 142

7. 進化的な意思決定 …………………………………………… 149
  7.1 継続的な意思決定と進化的特性 ……………………………… 149
  7.2 集合的な意思決定と規範 ……………………………………… 162
  7.3 集合的な意思決定の社会的要因 ……………………………… 166

参 考 文 献 ………………………………………………………………… 181
索　　　引 ………………………………………………………………… 185

1

複雑系における意思決定

いつの時代にも多くの人に共通に求められる課題は，できるだけ大局的な観点に立って判断をし，自分の置かれた局所的な世界の中で，いかに最善を尽くすかであろう．その場合，さまざまな矛盾やジレンマを抱えることが多い．複雑な時代を生き抜くには，思慮深い分析に裏づけされた，深みのある意思決定が求められる．その本質について探ることが，本書の狙いである．本章では，優れた意思決定を阻害する，さまざまな要因について明らかにする．これらの要因をいかに認識するかによって，意思決定の質が大きく左右されることになる．

1.1 意思決定は，なぜ難しいのか

我々は，絶え間ない社会環境の変化の下で，自ら進むべき方向を定めるために，自分を取り巻く環境との間に適応的な関係を作り出している．その関係をより発展させるために，絶えず意思決定を行っている．

絶えず変化する環境の下で，組織やシステムが適応し続けるには，その内部に十分な多様性を持つことが必要であることは，アシュビー (A. Ashyby) による最小多様度の法則として知られている．組織やシステムが一つの有機体として発展していくためには，環境と同じレベルの多様性をその内部に持つことが必要である．適切な意思決定によって，また自己改革を進めることで，そのような多様性を確保することができる．さらに，環境の変化に受身になるだけでなく，環境に積極的に働きかけることも必要であろう．どこまで有効な働きかけができるかは，個人や組織の意思決定能力に大きく依存している．

従来の意思決定は，将来がどのようになるのかを予測し，その予測に基づき周到な分析を行い，そして複数の候補の中から一つの有望な選択肢を選択する行為

として扱われることが多かった．自分たちに都合が良いように環境を操作することはできないことから，環境の変化にいかに適応していくかが，最大の関心事であったといえよう．しかしながら，複雑な時代を生きる我々にとって，自分たちの力で環境をどのように操作することができるのか，どのような未来を創造したいのかなど，いわば設計論的な立場からの意思決定が求められている．そして，既存の枠組みの下での社会全体の営みを変え，希望と可能性とに満ちた未来を設計していくことが求められている．

時代の変化とともに，人々の価値観も大きく変わりつつある．また，環境が急速に変化している中，個人や組織の存在を揺るがしかねない状況が頻繁に起きている．いつの時代も，他との生存競争に勝ち抜くことは，決して易しいことではない．多くの組織にとって，固有の組織目的の実現を目指すこと，自己改革を進めながら成長し続けることは，非常に過酷な課題である．総力をあげたとしても，大きな波のうねりに翻弄され，塗炭の苦しみを味わう目に遭うことがあることは，多くの歴史が証明している．塗炭の苦しみとは，文字通り，泥にまみれ，火に焼かれるような苦しみのことである．急激に変化する環境に適応できないまま，世界的な規模の競争によって淘汰され，自滅の道を歩むことになった組織も少なくない．そのような組織に共通する失敗の原因は，

① 時代の変化を見抜けなかった，

② 環境の変化に適応できなかった，

③ 安易に考える，あるいは改革を先送りすることで，適切なタイミングでの意思決定ができなかった，ことなどがあげられよう．

一方で，過酷な環境の変化に適応でき，大きく成長を遂げている組織も多い．そのような組織では，上層部だけでなく，組織を構成する一人ひとりが優れた意思決定をしているからではなかろうか．他との激しい生存競争を勝ち抜くためには，自己の存続を危ぶませることになる本質的な失敗は犯してはならない．一方で，そのことを恐れるあまりに，タイムリーな意思決定の機会を逃し，時代の変化に乗り遅れてしまうことにもなりかねない．このような失敗を防ぐには，あまり目立たない，そして小さな力しか持たない一人ひとりが優れた意思決定をする必要があろう．組織の構成メンバーの多くが創造的な活動をすることで，あたかも体の器官や細胞のように，彼らの活動が有機的に結合されることで，組織全体で環境の変化に適応していくことができる．ビジョンの共有なくして，組織的な

活動はありえない．個人のビジョンとは，一人ひとりが描いている心象やイメージのことで，お互いに共通のイメージを抱き，それにコミットし合うことで，ビジョンは共有される．その中で，最も基本レベルで共有されるべきビジョンとは，共通の問題解決のために，「いかに優れた意思決定をするか」という，一人ひとりの問いかけであろう．

　人間は，いつの時代にも，数多くの困難な問題に直面しながら生き抜いてきた．これらの問題の中には，それまで経験したことのない全く新しいものもある．一方で，以前から解決への努力が続けられてきたのにも関わらず，未解決のままのものも少なくない．解決のための方策を試みた結果，期待外れであったケースはまれで，何度もその解決が公約されたのにも関わらず，そのまま放置され続け，いっそう複雑になってしまった問題も少なくない．これには，いろいろな理由が考えられよう．例えば，社会による意思決定には，選挙のように社会全体で行う決定と，選挙などで選ばれた代表者や委任された代理人たちが行う意思決定とがある．その中で，選挙制度という意思決定の仕組みは，選挙で当選するのに必要な資質だけを持つ人と，統治能力や優れた意思決定能力を持つ人とを選別することは困難である．そのことが，社会的な問題の解決の障害になっている．また，代理人による意思決定の場合，社会に共通する利益や目的などに関して議論されることはあまりなく，多くの場合，代理人たちの利益や価値基準に基づいて意思決定が行われる．そのことで，問題の本質的な解決につながる優れた意思決定を困難にしている．

　意思決定の評価基準が，社会を構成する一人ひとりの価値観に依存することでも，優れた意思決定は困難になる．競争原理の働く分野では，市場などの客観的な評価機構が存在するので，意思決定の善し悪しを評価することができる．ところが，そのような評価機構が存在しない分野では，深刻である．例えば，公共組織や官僚機構における官僚主義，形式主義，またはモラルの低下が原因となって，劣悪な意思決定が繰り返し行われる．あるいは，さまざまな利益団体から直接的，暗黙的な圧力を受け，何らかの対策を講じなければならないと焦ることで，誤った意思決定が行われることがある．

　社会の動きが緩やかであった時代には，経験が意思決定上の重要な役割りを果たしてきた．また，試行錯誤的に意思決定を進めることで，多様な人々の価値観や考え方を反映させながら，意思決定の質を向上させることができた．しかしな

がら，今日のように変化の激しい時代では，従来のやり方はあまり通用しなくなってきている．社会の動きが非常に早く進むなか，環境破壊，貧富の拡大，民族紛争などの，数多くの複合的な問題を抱えている．これらの世界的な規模での問題解決には，旧態依然とした場当たり的な手法では効果はなく，逆に多くの弊害をもたらすことがある．

意思決定が芳しくない結果に終わるのは，我々が抱えている問題の多くが，一部の指導者たちによる優れた意思決定によって解決できると，多くの人が期待していることにもある．意思決定とは，洞察力に優れ，強いリーダーシップを持つ指導者の最終的な判断である，と考える人は多い．今日，我々が直面しているのは，いろいろな要因が複雑に絡み合った複合的な問題であり，たとえ卓越した指導者であっても，彼らにすべて頼ることで解決できないことは明白である．しかしながら，自分では何もしようとしないで，彼らの優れた判断や実行力に頼ろうとする人が圧倒的に多い．さらに，本来もっている優れた能力や人間性を多くの人が失いつつあることも，未解決な問題が多く放置されたままになっている原因になっている．

意思決定には，直面する問題を正しく理解し，問題解決のための適切な方法を生み出すことが求められる．また，問題に適した分析手法を新たに開拓するなど，優れた意思決定には科学的な分析手法は不可欠である．一方で，次のような分析上の失敗が伴うことも肝に銘じておくべきである．

分析上の第一の失敗は，問題の複雑性をうまく記述できる表現モデルが存在しないことで生じる．適切な分析上の枠組みや表現モデルがない場合，代替手段を適用することで犯す誤りを，枠組み（フレーム）の失敗ともいう．例えば，新しい問題や現象を説明するための適切な概念や用語が存在しない場合，それに類似した既存のものを用いることが多い．あるいは，話をおもしろくするために，簡単な例を比喩として用いることがある．しかしながら，それらはあくまでも類似したものであって，問題対象そのものではないことから大きな誤解が生じ，そのことで分析上の失敗を招くことになる．

第二のタイプは，分析レベルのミスマッチングによる失敗である．出口弘は，このことを次のように説明している．ソフトウェアの動作を分析するのに，電磁気学の観点から分析するならば大きな失敗を犯すことになる．コンピュータは電気的に作動しているという事実から，このレベルまでさかのぼって，ソフトウェ

アの問題を議論することは間違いであろう．我々は，「木を見て森を見ず」の過ちを犯すことは多い．しかしながら，森全体の問題を木のレベルまで還元してしまうことで，問題の本質を見失う場合もある．

歴史を左右した重大な意思決定の本質を歴史家が知ることは困難である，といわれることが多い．重大な意思決定が，なぜ，どのように行われたのか，後世になって，十分な精度で分析することに多くの困難が伴うからである．例えば，重要な意思決定は，一部の指導者によるさまざまなかけひきの結果であることが多い．それらのかけひきの全貌を後世になって明らかにするには，あまりに多くの不明瞭で錯雑としたことが存在するからである．

同じことは，経営上の意思決定にもあてはまる．企業経営に成功した（あるいは失敗した）さまざまな事例を分析し，本質的な部分を取り出し，それらを教訓として学びとろうとする場合に，多くの困難な問題に直面する．もし，成功したことに明白な根拠がなく，その成功の裏には目立たない数多くの小さな努力が存在したならば，そのことで誤った結論を下すことになる．結果的にうまくいったという事実から，隠れた多くの失敗を含め，すべてのことを美化してしまう．逆に，運悪く成功に導くことができないことで，正しい判断や適切な活動を含め，すべて否定してしまうことになりかねない．このことで，数多くの小さな美談や勇気ある行動が，歴史の中に葬られてしまったケースも少なくない．成功した事例より，失敗した事例の方が，学ぶことが多いといわれる．しかしながら，失敗の原因を十分に探ろうとせず，誰の責任かということだけに関心を寄せ，責任追及的な視点から眺めるだけでは，失敗から学ぶことはできない．失敗の原因を，さまざまな要因の連鎖としてとらえ，それらの鎖を形成している一つひとつの小さな輪の働き（要因）を明らかにし，それらがどのような連鎖反応をして大きな問題に発展したのかなどを解明することで，多くの教訓を学びとることができよう．そのことで，より多くの人が失敗の教訓を共有することができ，それらは複雑な社会を生き抜く上での大切な社会的知能になる．

以上の問題は，分析上のギャップとしても知られている．分析上のギャップが生じるのは，問題そのものの複雑性によるのではなく，むしろ分析者自身に起因することが多い．分析結果は，分析者の固有の価値観や分析のための枠組みに大きな影響を受ける．分析対象（客体）を見るために一人ひとりが持つ分析上の枠組みを，概念レンズ（conceptual lens）という．それは，主体が客体を認識する

ための方式，あるいは問題の前提事項や背景などを理解する上での，分析者固有の見方や価値観のことである．分析者は概念レンズを持つことで，観察対象の何を重要なものとして扱い，何を軽視するのか，何を明らかにし，何をあいまいのままにしておくのか，意識的にあるいは無意識的に選別して分析を進めることになる．分析者が物事を客観的に把握することは困難であり，それは主観的にならざるをえない．そのことで，さまざまなバイアス (bias) が生じ，優れた意思決定を行う上で大きな制約になる．

分析上の枠組みや概念モデルなどの有効性は，そのモデルを用いることで得られる分析の質の高さによって決まる．分析者にとっての優れた分析とは，目的を明示し，選択肢を探索し，選択肢を順位づけ，そして最も望ましい選択肢を選ぶことである．分析者の役目は，問題に対する望ましい解決策を提示することで終わる．しかしながら，分析者の求めた最善策を意思決定者が実際に選択するかどうかは，別問題である．往々にして，他の選択肢，あるいは全く分析の対象になかったことが選択されることもある．そして，意思決定者と分析者の判断が異なることで，実態に即さない意思決定が行われることもある．

1.2 認知と意思決定

我々は，意識的あるいは無意識的に，実に多くのことを認知 (cognition) している．認知という行為と選択や判断という行為は別々に考えられがちだが，これらは密接な関係にある．多くの場合，問題や状況を認知することから始まり，その認知に基づき問題解決や意思決定が行われる．そして，認知が不適切な場合には，意思決定は誤ったものになる．

認知とは，主体と対象との間に生まれる関係のことで，それには他の主体との関係も含まれる．主体を取り巻くさまざまな状況の空間を総称して場ともいう．認知は，主体と場との相互作用によって生まれることから，その人が置かれた場が異なることで，同じ対象に対する認知が違ってくる．一人ひとりは，自分の概念レンズを通して認知するので，認知上，絶対的な基準などは存在しない．正しい認知とは，その人の概念レンズを通して見た対象に対する理解が，主観的に正しいと判断されたものである．したがって，自らの経験や発見によって培われたことと比較をすることで，自分で認知したことの妥当性などを評価している．

多くの情報を入手することで，意思決定上のあいまいさは減少できると考えら

れているが，その逆が多い．例えば，インターネットの普及により情報の流通量や入手可能な情報は増えてはいるが，情報が溢れることで，逆に我々の認識はあいまいなものになっている．情報が多量にあることで，情報が細分化され，いわば木を見て森を見ずのように，全体からの構造的な認識を困難にさせることも多い．このことを，分析麻痺 (analysis paralysis) ともいう．さらに，多くの媒体を経由する情報には，元の情報とは異なる部分が必ず生じる．我々が日常的に受け取る情報の多くは生の情報ではなく，誰かの判断の結果である．例えば，マスコミによって伝えられる情報の多くは，もともと受け入れやすいもの，あるいは人気のあるものが重視され，多くの選択肢が事前に切り捨てられていることが多い．また，国家レベル，企業，あるいは個人によって，さまざまな情報操作が行われることも日常茶飯である．意図的に計算された，あるいは一部の情報だけを提供しようとすることで，歪められ，そして脚色された情報が，我々の周りには溢れている．このことから，物事の本質を見抜く力は，優れた意思決定には不可欠な条件の一つである．

すべての事象は因果律によって支配され，決定論的に決まるとする立場を，決定論的な世界観という．このような世界観も大きなバイアスの一つである．我々が信じることの中には，科学的根拠に乏しいことも数多く存在する．多くの意思決定の結果は途中の経過や状況などに強く依存し，因果律によって支配されないとするのが，複雑系的な世界観である．単純なことの積み重ねによって，事前に予測できない複雑な現象が生じることや，多くの人が小さな出来事に過敏に反応することで大きな社会不安が生じることなどは，現代社会の営みの複雑性を反映しているといえよう．

印南一路は，著書『すぐれた意思決定』の中で，どのような認知上の制約やバイアスが存在し，そのことで個人や組織の意思決定がどのように歪曲されるのかについて，さまざまな角度から明らかにしている．認知上のバイアスは，内的バイアスと外的バイアスとに区分される．内的バイアスとは，個人の性質に起因する影響や傾向のことで，自己中心的な性質を示すものである．例えば，周りから正当に評価されたいとする潜在的な欲求は，誰でも持っている．また，集団の主流的な意見や行動に合わせることで，自分自身を正当化しようとすることで，内的バイアスは生じる．一方，外的バイアスとは，集団の持つ固有の価値体系，文化や習慣，あるいは後述するメンバー間の認知的不協和から生じる，個人の性向

のことである．例えば，「出る杭は打たれる」ということが，暗黙的な価値として存在する集団では，ある人が目立った行動をとることで，それを多くの人はストレスとして感じる．集団の中で，個人はさまざまな外的バイアスを受けるが，その影響の度合いは個人によって異なる．個人の認知が異なることで認知誤差が生じ，それが他者への圧力というバイアスとなって表れ，相互信頼関係が損なわれることも少なくないのである．

　組織を取り巻く環境が複雑になることで，多くの意思決定が，単独あるいは少数の指導者ではなく，集団で行われるようになってきている．個人の認知や能力には限界があり，そのことが意思決定上の大きな制約になっている．集団による意思決定の利点の一つは，多角的な視点から認知が可能なことである．しかしながら，集団による認知にもさまざまな制約やバイアスが生じる．そのことで，集団による意思決定が，個人で行う場合と比較し，劣悪な結果になることもある．集団による意思決定は，いわば両刃の剣であり，個人の能力の総和以上のものをもたらす可能性を秘めている反面，多くの欠点も内在している．

　同じ対象に対する個人の意味づけは，さまざまである．価値観や評価基準の相違を認め合い，一人ひとりが独自に判断するのでは，集団としての意思決定は成立しない．そのためには，最低限の同意が必要である．また，暗黙の了解事項や意味についての共通性も必要になる．意味の共通性を前提にすることで，お互いに意味の異なる部分について理解することができる．ところが，岸田秀は，人間の作り出す意味は幻想的なことが多い，と述べている．個々の私的幻想の共通部分によって成立するのが，共同幻想である．意味の一貫性を求めるのは，共通の対象に存在する，さまざまな認知を一つに調和するためでもある．意味が相互に適合しない状態では，一人ひとりは不快を感じる．このことから，一人ひとりが意味づけを行う際に，ある整合性を求めることになる．このような人間の性向を，認知的不協和の回避という．そのような認知上の不協和を回避するために，一人ひとりに調和を求めることになるが，そのことでさまざまな弊害が生じる．例えば，自分と異なる認知を持つ者に対して表面的に同意するフリをし，本心ではその人を理解しようとしない人が現れる．それでは，認知している内容を表面的に一致させようとしているだけであり，真の意味での相互理解にはならない．

　優れた意思決定には，的確な情報を収集し，問題の正確な分析が不可欠である．それだけでなく，個人や集団に必然的に存在する認知上の制約やバイアスを

積極的に排除することに努めるならば，意思決定の質をいっそう高めることができる．優れた意思決定には，正しい認知や適切な動機 (motivation) が必要である．それによって，意思決定プロセスの正当性を高めることができる．適切な認知や動機づけには，事象に関する試行錯誤や内省を繰り返すことで，周囲にあまり惑わされることのない強い意思や独立性などを，一人ひとりが養うことも大切である．

1.3　意思決定における逆説性

　我々は，日常生活の実に多くの局面で，さまざまな意思決定を行っている．その多くは，無意識的に行う判断や，複数の選択肢の中から一つを選択することである．それ以外に，新しいアイデアや方策が求められる創造的な意思決定，絶対的な評価基準が存在しないことで試行錯誤的に行う意思決定などがある．その場合，意思決定の逆説性について考えておくべきである．逆説 (paradox) とは，理に反することが，熟考すると理にかなっていることをいう．その反対に，理にかなっていることが，よく考えてみると理に反していることもある．さらに，理性的に判断したことが，後になって非合理的な結果をもたらすこともある．周到な分析に裏づけされた意思決定が，なぜ逆説的な結果を生むことがあるのかを明らかにでき，そのメカニズムをうまく操作することができるならば，優れた意思決定は可能になる．また，優れた意思決定には逆説的な発想が求められる．それには，常識とは反対の考え方をしてみることである．常識とは，習慣化された知識，あるいは人間が成長する過程の中で無意識的に獲得した社会的な通念のことである．常識を否定した非常識的な発想との間で論理的な競争をさせることで，新たな創造の芽が生まれることが多い．

　我々の日常生活の中で，どのようなパラドックスが存在するのか，森下伸也たちは，著書『パラドックスの社会学』で明らかにしている．パラドックスの意味を説明するために引き合いに出されることが多いのが，「嘘つきのクレタ島人」の話である．これは，古代ギリシャの哲学者が考えたもので，次のような逆説である．「すべてのクレタ島人は，いつでも必ず嘘をつく」と述べた，あるクレタ島人の言葉は信頼できるかという問題である．これがパラドックスであるのは，彼の言葉は真理ではありえないからである．なぜならば，もし「すべてのクレタ島人がいつも嘘をつく」のであれば，彼の言葉は真実である．そして，嘘をつか

ないクレタ島人が存在することになるので，彼は自分で自分を否定することになる．すなわち，彼の言葉が真理であるならば，彼の言葉は虚偽になってしまう．これ以外に有名なのは，「例外のない法則はない」という命題であろう．これらのパラドックスは，言葉の内容がその言葉自体にもあてはまるものでなければならないのに，その言葉にその意味を適用することで，その真理性が崩壊してしまう構造になっていることで生じてしまう．自分で自分を否定せざるをえないことから，自己言及的パラドックスともいう．このパラドックスを切り抜ける方法は，それを引用している人や法則を例外として認めることである．外部の機関や代理人に，組織の運命を左右する重大な意思決定を委ねるのは，自己言及的なパラドックスから免れるためでもあろう．

パラドックスによく似ているのが，矛盾である．複数の命題が存在し，それらが相互に否定しあう関係，あるいは論理的に両立しえない関係にある場合を矛盾という．また，両立しない複数の命題が同時に成立しなければならない状況を，ジレンマ（板ばさみ）という．例えば，私欲はすべて悪徳であるとはいえず，悪徳の寄せ集めが全体の善となり，そして公益をもたらすこともある．各人が私的な利益を追求することで，社会全体に必要な経済財などが供給されることもあれば，私欲の悪を一掃しようとした結果，社会全体に停滞や貧困をもたらすこともある．これらは，個人のミクロ的な視点からの価値判断と，社会全体からのマクロ的な視点からの価値判断が両立しないことを意味している．個の論理と集団や社会の論理が異なるケースは多く，そのことで生じるジレンマ（dilemma）を克服するには，より高いレベルからの価値体系に基づいて判断することで，相矛盾する複数の命題の間のバランスをうまく図ることなどが必要であろう．

矛盾やジレンマと似て非なるものに，アンチノミー（二律背反）がある．アンチノミー（antinomy）とは，論理的には相互に否定し合う関係にある複数の命題が，妥当性をもって両立することをいう．つまり，原則的には両立しない複数の命題が同時に成り立つ場合である．ニワトリが先かタマゴが先かの議論，平和を望むならば戦争に備えよ，あるいは攻撃は最大の防御であるといった命題などが，その例である．

以上の哲学的な意味での逆説以外に，行為に関する逆説も存在する．前者が，論理的な思考の中で生じる不整合性の問題であるのに対し，後者は，現実の生活をしていく上で生じる逆説的な現象を指す．また前者は，相互に否定し合う複数

の命題が同一の状況で存在することであるが，後者は，時間が経過する中で相互に否定し合う状態が連鎖的に作り出されることである．このことから，後者を因果的パラドックスともいう．「風がふけば桶屋がもうかる」という慣用句は，因果連鎖的な現象の代表的な例である．複雑な連鎖反応によって，全く予想のできない現象がもたらされることを，バタフライ効果 (butterfly effect) ともいう．

金子郁容は，著書『ボランティア』の中で，自ら進んで行動することで結果的に苦しい立場に立たされることを，自発性パラドックスとして紹介している．それは，「言い出しっぺは損をする」の一例でもある．自ら進んで行動した人は，その後も自発的な行動が求められ，何もしないでただ傍観している人の分まで負担を強いられることがある．その人が自発的に行動するときは，何を，どのように，そしてどこまでするかは，原則としてすべて自分一人で判断しなければならない．自分の行動の妥当性を，上司の命令，組織の規則，あるいは社会の通念など，自分の外にある権威によって正当化することができないことで，そのような自発性パラドックスが生じることになる．

金子は，ボランティア活動との関わりをもつことを，自発性パラドックスの渦中に自分自身を投げ込むことである，と述べている．自分自身をあえて弱い立場にする (そのことを，自らをバルナラブル (vulnerable) にするという) ことで，新たな価値などを発見できることが多い．そのことで，そのようなパラドックスが解消される，すなわち，ボランティア活動をすることで，自分自身を不利な立場にし，周りからつけ込まれやすい脆弱性をさらけ出すことになるが，そのことで相手から思いがけない勇気や力の源を受けることもある．個人の問題と社会全体の問題を同じレベルでとらえることのできる人，他の人との関わり合いなどに積極的な意義を見いだすことができる人たちが，同じ志を持ってつながりを持つことで (このことを，ネットワーキング (networking) という)，自発性パラドックスが克服されると，金子は紹介している．

予言の自己成就という逆説もある．多くの人がある状況を予想し，その予想に基づき行動した結果，予想しなければ起こらなかったような状況が本当に起きてしまうことである．これとは逆に，根も葉もない推測が推測を呼び，社会に大きな影響を与えることもある．これは，予想に対する反作用が生じることで，あるいは，人々が予言破りの自由を行使したために，予想されたことが崩壊してしまうからである．これと似ている事象に，制度化のパラドックスがある．特定の目

的を実現するために計画されたことが，目的そのものを破壊することをいう．ある目的を達成するための制度や仕組みが，当初の目的とは逆の効果を生むことである．例えば，最初に企業を担った独立自営の企業家たちには，伝統的なやり方を金科玉条のように墨守する伝統志向型の人間は少ない．独立独歩の気概と進取の気性に富み，自己の内部に，しっかりとした信念をもって行動する，自己志向型の人たちが多い．企業組織の成長期にあっては，このように企業家精神が旺盛なことが理想的とされるが，その企業が成功し規模が拡大すると，独立独歩型の人間は，企業の発展にとって邪魔な存在になってくる．なぜならば，組織が円滑に運営されるためには，協調性に富み，相手の出方によって相手とのつき合い方などを変えることができる，柔軟な人間性が求められるからである．組織が巨大化することで，他者志向型の人間が理想とされ，そして企業家精神は大成功を収めることによって自己崩壊することになるといえよう．

聖書マタイ伝に，「持てる者はますます富み，持たざる者はますます貧しくなる」といった一節がある．そして，社会の不平等が拡大されていくメカニズムを，マタイ効果ともいう．経済用語では，富める者がますます資産を拡大することを，資産効果 (wealth effect) という．このようなメカニズムが働くような状況の下では，持てる者にとっては好循環になるが，持たざる者にとっては悪循環になる．悪循環のメカニズムが作動し始めると，最悪の事態は雪ダルマ式に泥沼化する．その場合，事態を好循環に転換させるための大胆な意思決定が求められるが，それは至難の業である．

1.4 本書の狙い

個人にとって望ましい意思決定のあり方，あるいはそれがもたらす結果や個人の効用などを明らかにすることを，意思決定のミクロ的な側面という．個人にとって望ましい意思決定は，個人の属性だけでなく，その人の置かれた状況や周りの人の意思決定にも依存する．他の人の意思決定と連鎖反応することで生じる全体の結果や影響を明らかにすることを，意思決定のマクロ的な側面という．意思決定の問題は，ミクロとマクロの両方の側面からとらえる必要がある．なぜならば，悪徳の代表として忌み嫌われる利己的な行為が，社会全体にとってプラスになることもあるし，その反対に，一人ひとりの善意が社会悪の源泉になっていることもあるからである．

アンデルセンの「裸の王様」の童話にもあるように，王様が裸なのは明らかなのに，誰もそのことを言葉にしないので自分も沈黙を保つ結果，社会的な嘘が真実としてまかり通ることになる．一人ひとりの良心が欠落することで，大きな倫理上の問題を生じる．また，心理面での相互依存関係が高まることで，一部の人たちの小さな不安が連鎖反応的に伝播することで，あたかも小さな火花から大火災が生じるように，大きな社会不安に発展してしまうことが少なくない．

　創発性や相乗効果は，いくつかの要素が結びついた結果，個々の要素にはない新しい性質が生まれることをいう．また，集団力学や群集心理という言葉があるように，一人で孤立的に行動する場合と，集団や群衆の中で行動する場合とでは，個人は全く異なる行動をとることが多い．その意味で，優れた意思決定には，その創発性の全体像を明らかにすることが重要になる．本書は，意思決定問題を個人の判断のダイナミックな連鎖としてとらえる．特に，他人あるいは社会にどのような影響をもたらすのか考えながら行う個人の判断や行動を，優しい意思決定として扱う．以下では，各章の要点をまとめておく．

　2 章では，競争的な意思決定問題を取り上げる．意思決定の多くは，単独で行われるより，複数の人たちと深い関わり合いを持つ中で行われる．相互依存的な意思決定問題を扱う上で，個人と個人の相互依存関係が重要になる．ここでは，利益や目的上の相互依存問題として扱う．

　3 章では，心理面での相互依存関係を扱う．相手の心理面に働きかけることで，競争的な状況を自分に有利にするための手段などについて明らかにする．

　4 章では，集団による意思決定問題を考える．動機や欲求などを反映した個人の選好関係を自主的に見直すことを，適応的な意思決定として扱う．そのことで，より高いレベルで合意形成が可能になることを示す．

　5 章では，倫理の問題を取り上げる．一人ひとりの意思決定には，倫理的な動機づけが重要になる．自分の意思決定が，どのような倫理的な意味をもつのか総合的に判断する心のゆとりを欠くことで，社会全体に大きな悪影響をもたらすことなどを明らかにする．また，競争的な関係を，協調や相互補完の関係に発展させる仕組みについて考える．

　6 章では，集合的な意思決定を扱う．「定見の不在」という言葉で表されるように，多くの人が「時の流れに身をまかせ」ることが大勢を占めるなか，自分の意見を自由に表明することは，そう簡単ではない．また，周りの人たちも自分と同

じであると考えてしまう傾向も強い．「お互いに同じ人間，そしてすべて同じ」という固定観念によって，相手のことをよく調べもせず，一見するだけで，そして思いつきや安易な判断をすることで，意思決定上の失敗を犯してしまう．組織を隆盛に導くのも指導者，衰退させるのも指導者ということが，当然の事理になっている．しかしながら，より本質的な要因は，「時の流れに身をまかせ」ようとする一人ひとりにある．そのような考えの持主が大勢を占めることで，一部の良識ある異端者は組織を去り，残った者はすべて金太郎飴型の人間になってしまい，衰退するはめになった組織も少なくないのである．

　5章までは，個人的な満足や利益(効用)の最適化を目指すことを前提として，個人の意思決定を取り上げる．7章では，より多くの人たちに支持されている社会的な営みに自らの意思決定を調整させる，模倣的な意思決定を取り上げる．個人の意思決定の集合体として，個人が適応すべき社会的な営みが生まれる．両者の間に生まれる関係について明らかにし，連鎖反応的な意思決定プロセスが生み出す特性などについて明らかにする．華々しさはないが，小さな「志」を持った人たちが出会うことで，個人の力ではどうにもならない複合的な問題の解決の糸口がみつかることもある．このことから，多くの人たちが自分のひ弱さを補い合い，そして相互に補完し合うことで，より豊かで成熟した社会を構築することができよう．具体的な例として，ボランティア活動の問題を取り上げる．個人の意思決定の鎖が生まれることで，小さな善意の輪が社会的な広がりを見せるための，個人および社会的要因を明らかにする．

　意思決定の研究は，規範的な(normative)アプローチと記述的な(descriptive)アプローチとに分類できる．規範的な意思決定論では，合理的な意思決定とは何か，どのような意思決定をすることが理想的かなどを明らかにする．そのようにして求めた合理的な意思決定は本当に優れているのか，そのような理想的な意思決定が実際に実行可能かどうかは，あまり問題にされない．規範的な意思決定論が，どのような意思決定をすべきかという観点に立つのに対し，どのような意思決定が実際に行われるのか実証的な観点から明らかにしようとするのが，記述的な意思決定論である．認知心理学や社会心理学の分野では，このようなアプローチをとることが多い．これ以外のアプローチとして，指針的な(prescriptive)意思決定論がある．認知上の制約や合理性の限界の下，どのような意思決定をすればよいのか，意思決定者に対する適切な助言などを求めることを主な目

的としている．しかしながら，指針的なアプローチからの研究は，あまり行われていない．

さらに意思決定の研究は，意思決定が好みや動機などの個人属性に基づくという立場と，それは社会が決定するという立場からの研究に分類される．前者を方法論的個人主義論，後者を全体主義的意思決定論ともいう．社会が決定するとは，社会の仕組みやさまざまな社会的要因が，個人の見方や判断を左右することである．例えば，賢者は沈黙するという考え方が支配的な社会と，寡黙は無能の証明とする考え方が支配的な社会とは，個人の意思決定に対する態度は全く違ったものになる．本書は，方法論的個人主義の立場からのアプローチと全体主義的な立場からのアプローチを融合することを試みる．

標準的な科学的手法として，帰納法 (induction) や演繹法 (deduction) がある．演繹法とは，いくつかの仮定や公理を前提として出発し，それより新しい事実を定理として証明することで，新しい知識などを獲得する．一方，帰納法とは，マクロ的なデータを観察することで，知識を獲得していくことである．これらの方法以外に，シミュレーションによる方法がある．意思決定の創発性を明らかにするには，シミュレーションは不可欠であり，本書ではシミュレーションの手法を数多く取り入れる．

2

競争的な意思決定

　他の主体と相互依存関係にある状況での意思決定を，競争的な意思決定という．自らの目的や利益が，他の自律した主体の意思決定（戦略）に依存する場合，相手の戦略を十分に推察した上で，自らの戦略を決定する必要がある．相手が自分を出し抜く可能性のある状況にあって，さらにその上をいくための方策を生み出すことが，戦略的思考の本質である．ところで，自らの利益に照らし合わせて最適と思われる意思決定によって，望ましい結果がもたらされるとは限らない．このことから，競争的な状況にあっては，自分だけの利益にとらわれることなく，相手の利益をも考慮した，深みのある意思決定が求められる．

2.1 戦略的思考とは

　いずれの個人や組織も，それのみが単独で存在し，独立的に活動することはありえない．また，自然，経済，社会，政治，そして技術上の，さまざまな制約を受けながら，文字どおり棲息している．ところで，自律した主体としての活動の根底にあるべきものが，戦略 (strategy) である．個人や組織は，取り巻く環境や他の主体との関係を維持していくために，また必要に応じて新たな関係を創造するために，さまざまな意思決定を絶えず行っている．戦略とは，複雑で，しかも競争的な状況にあって，自ら進むべき方向に関する基本的な指針を定めたものである．自律主体として自らの利益の拡大を目指すことで，他の自律した主体との間に対立や競争が必然的に生まれる．そのような競争的な状況にあって，自分にとって有利にことを進める，あるいは自分だけが不利にならないようにするためには，戦略的な思考が不可欠である．

　戦いに勝利するには，良い兵器と良い軍隊，そして良い戦略が必要なことは，

多くの歴史によって実証されてきた．戦略に対する考え方が，時代とともにどのように変わってきたのか，ここで概観しておこう．クラウゼヴィッツ (K. Clausewitz) は，その不朽の名著である『戦争論』において，戦略を次のように定義している．戦争の目的は，我の意思を敵に強制することである．その目標とすることは，敵の戦闘力の壊滅を図り，敵の戦う意思を破砕することにある．そして戦術は，戦闘における戦闘力の運用に関する術で，戦略は，軍事行動を戦争目的に適合させるための術であるとした．

クラウゼヴィッツによる『戦争論』と対比されるのが，ハート (L. Hart) の『戦略論』である．ハートは，戦争の目的は，敵を破砕することではなく，敵の脅威を排除することであり，また敵を完全に征服することを求めるのではなく，自国の安全の維持を求めることであるとした．戦闘は，戦争目的を達成するための手段であり，その時々の状況に適さない場合には，戦闘という手段に訴えることは，逆効果である．また，敵を物質的あるいは物理的な面で混乱させるよりも，相手を心理面で混乱させることの方が，より効果的であることを指摘した．そのために，自分たちに有利になるよう，戦略的な状況を操作することも重要であるとしている．また，その有利さの程度は絶対的なものでなく，相手と比較して相対的に有利な立場が保持できれば良いとした．ハートの考えは，戦争目的を絶対的なものとして聖域化することなく，その時々の状況に最も適合した戦略を創造することの重要性を指摘したものである．クラウゼヴィッツも，相手の精神的な力を把握することの重要性は認識していたが，それを科学的あるいは理論的に把握することは困難であることから，戦略の検討において，人間の心理的な働きを加えることは極力避けるべきであると考えた．これは，人間や集団心理に対する当時の科学的な分析手法の未熟さが反映されていたからでもあろう．

フランスの将軍ボーフル (A. Boufflers) も，著名な戦略家の一人である．彼も同じように，戦略の本質は，意思の対立から生じる紛争を解決するために力を用いる，弁証法的な術であるとした．闘争を続けることの無益さ，精神的損失の大きさなどを相手に悟らせることができるならば，対立は決着すると考えた．そして，相手に押し付けたいとすることを相手が受け入れるのに十分なレベルで，相手に対して精神的崩壊を与えることが重要であるとした．このことから，軍事的手段だけでなく，非軍事的な手段 (政治的，経済的，心理的，あるいは思想的な手段) の中から，その時々の状況に応じて最適なものを選び，それらをうまく結

びつけることで，心理的な効果を最大限にあげることを，戦略の要諦とした．

戦後になって，新しく核戦略が生まれ，物理学者や社会学者を中心として，戦略家という新しい専門家が生まれた．彼らは，政治目的を達成するためには，どの程度の核戦力が必要かという課題に対し，感情抜きの科学的な理論の構築を試みた．感情，正義，邪悪，道徳，あるいは良心など，個人の心理的な働きは極めて複雑であることから，心理的な要素をできるだけ除外し，そして合理的な計算に基づく論理的な分析を試みた．

合理的な計算に基づく戦略研究が主流になる中で，シェリング (T. S. Schelling) の著書『紛争の戦略』によって与えられた知的飛躍は大きい．シェリングは，紛争時における意思決定と交通混雑の中で車を運転するなどの日常的な意思決定，他国の戦闘行動を抑止することと自分の子どもの行動を抑制することなどの間に，顕著な類似性があることに着目した．そして，競争的な状況での意思決定の分析にとって重要なのは，当事者間の心理的な働きをとらえることであると考えた．また，利害上の対立問題としてではなく，共通の利益が存在する，相互依存型の意思決定問題としてとらえることの重要性について指摘した．そして，取引や交渉といった経済上の概念を用いることで，新しい分析上の枠組みを確立した．毒薬が入っていないことの証拠として同じ盃の酒を飲み交わすこと，暗殺防止のために公の場所で会うこと，人質やスパイの交換などによって信頼できる情報を伝えやすくすることなどは，他人とうまくつき合うために古くから行われてきた方法である．これらの仕組みは，いかに敵意をもった者同士であっても，お互いに破滅することになる事態は避けたいことが，共通利益となることを双方が認識することで生まれることを明らかにした．

戦略的な状況での真の利益とは，相手から奪いとるものではなく，自分自身の価値体系の中で再評価されるべきものである．そのことで，新たな戦略的価値を発見できると，シェリングは述べている．例えば，敵を追う軍隊が，自分たちが渡ってきた橋を焼き落としてしまうことは，退却するための手段を自ら放棄することであり，一見すると気狂いじみた行動である．しかしながら，自分たちは絶対撤退しないことを相手に示すシグナル (signal) として重要な役割を果たすことで，有利な結果をもたらすことがある．ある行動をとることを，相手が意図するならば，その制裁として報復行動を加えることよりも効果的な手段が存在することや，懲罰や脅迫によって相手を圧迫できたとしても，相手の内に秘めた動機や

欲求を変える上では，それらはあまり役に立たないことなどを明らかにした．

　偶発的な事故をきっかけとし，あるいは小さな対立や紛争がエスカレーションすることで，大きな事故や紛争が生じる．小さな誤算がきっかけとなって，お互いの非合理性を増大させてしまうメカニズムが存在するからである．そのようなメカニズムを，いかにコントロールするかは重要な課題ではある．そのためには，目先のことだけでなく，将来のビジョンを持つことや小さな努力の累積効果や波及効果などを評価することが求められる．しかしながら，無用の用より目先の用が重視される現代の社会にあって，このことは極めて難しい課題でもある．即座の判断が求められている，十分に検討するには時間がない，それらを検討するにはあまりにも複雑であるといった理由などで，より上位レベルでの価値や目に見えない効果などを十分に考慮しないまま，いとも簡単に重要な意思決定をしてしまうことが多い．

2.2　競争的な意思決定の分類

　複数の主体が，それぞれ自己利益の拡大を目指すことで，さまざまな対立や競争が生じる．その中で，対立した状況にあっては，自分だけが一方的に譲歩するはめにならない，あるいは自らの利益をある一定レベルで確保するための方策を生み出すことが求められる．一方で，お互いに共通する利益が存在する状況にあっては，別な視点からの工夫が求められる．それは，相手と相互補完し合うことで，あるいは暗黙的な協調関係を作り出すことで，お互いの利益を拡大するための工夫を生み出すことである．

　相互依存関係とは，自分で意思決定したことが他の主体の利益に影響を及ぼし，同じように，他の主体の意思決定によって自らの利益が制約される関係をいう．お互いの利益が複雑に絡み合う中で，いかにすれば自らの利益を確保できるのかなどを明らかにするのが，ゲーム理論 (game theory) である．また，さまざまな競争的な状況にあって，各主体は，どのような意思決定をすべきか，均衡解という概念によって明らかにできる．本節では，相互依存的な意思決定問題をいくつかのタイプに分類し，競争的な状況での意思決定の特徴について明らかにする．

　他の主体と相互依存関係にある状況にあっては，自分の一存で意思決定することはできない．相手はどのように行動するのか，相手は自分のとる行動をどのよ

うに考えているのかについても思慮する必要がある．ここで，2人の主体 $G=\{A, B\}$ の相互依存的な意思決定問題を考える．意思決定上の選択肢を戦略というが，各主体は，それぞれ S_1 と S_2 の二つの戦略をもち，それらを戦略の集合として，$X_i=\{S_1, S_2\}, i=A, B,$ で表す．各主体の獲得する利得（効用ともいう）は，それぞれの戦略の組合せによって決まり，それらを利得関数として次式で表す．

$$U_A(S_1, S_1)=a_A, \quad U_A(S_1, S_2)=b_A, \quad U_A(S_2, S_1)=c_A, \quad U_A(S_2, S_2)=d_A \\ U_B(S_1, S_1)=a_B, \quad U_B(S_1, S_2)=c_B, \quad U_B(S_2, S_1)=b_B, \quad U_B(S_2, S_2)=d_B \quad (2.1)$$

以上の利得関係を，図 2.1 の 2×2 行列で表すことができるが，それを利得行列という．利得行列の各欄の左下の数字は主体 A，右上の数字は主体 B の利得を表す．

この利得行列からわかるように，相互依存的な状況での意思決定の難しさは，それぞれの利益が相手戦略にも依存している点にある．このことから，自分のとるべき戦略は，相手の戦略に関する自分の推測力にも依存することになる．また相手も，自分のとる戦略を推察することから，相手は自分の推測をどのように推測するのか推測する必要がある．このことで，新たに心理面での相互依存関係が生まれ，意思決定はさらに困難なものになる．

このような相互依存的な状況において，追求すべき真の利益とはいったい何であろうか．それは，個人的な利益ではなく，お互いに共通する利益であろう．このことから，自分自身の価値体系を超えた，より高いレベルでの価値体系から自己利益を再評価することが求められる．しかしながら，このことは容易なことではなく，たとえ理屈で理解できたとしても，実践することはたいへん難しい．

2人の主体による競争的な意思決定問題（2人ゲームともいう）は，すべて図

Aの戦略 \ Bの戦略	S_1	S_2
S_1	a_A　a_B	b_A　c_B
S_2	c_A　b_B	d_A　d_B

図 2.1　競争的意思決定の利得行列（2 人ゲーム）

2.1 の利得行列で表すことができる．ラパポート (A. Rapoport) らは，利得パラメータの組合せによって，これらを 78 種類の問題に分類している．ここでは，次の四つのタイプを取り上げ，競争的な意思決定の特徴について明らかにする．

(1) 完全対立型の意思決定

お互いに協力することで，より効率的に利用できる資源や財は数多く存在する．また，ある資源の獲得に必要な費用を単独で負担することは不可能だが，他の人と協力してコストを分担し合うことで，それが可能になることも多い．その場合，どのようにして公平なコスト分担ルールを定めるかが問題になる．共通の資源や財から享受する各人の便益に応じて分担すべきコストを定めたものを，公平なルールという．ところで，そのような公平なルールをうまく設計することはできるのであろうか．

ここで，2 人の主体 A，B によるコスト分担問題を取り上げる．ある資源の獲得に必要な総コストを C，その資源に対する主体 A と B の価値（便益）を w_A と w_B，お互いのコスト分担量を c_A と c_B で表す．各主体の利益（効用）を，価値とコストの差として次式で与える．

$$u_A = w_A - c_A, \quad u_B = w_B - c_B \quad (c_A + c_B = C) \tag{2.2}$$

各主体の戦略は，自ら分担すべきコスト量 c_A と c_B であり，それは連続量である．この場合，両者の利得の和 ($u_A + u_B = w_A + w_B - C$) は一定になるので，一定和ゲーム (constant-sum games) ともいう．主体 A の利得を x 座標，主体 B の

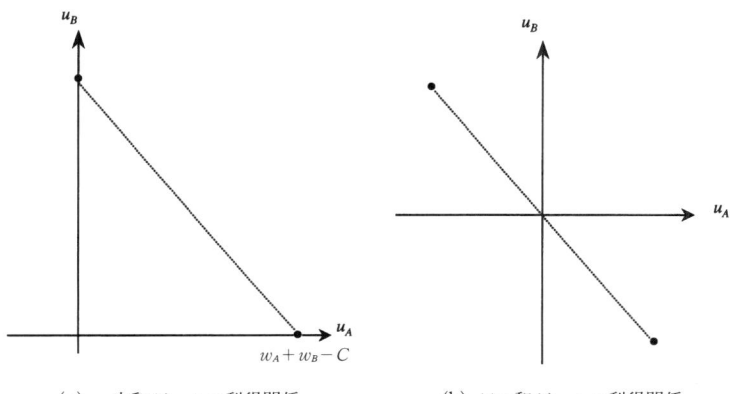

(a) 一定和ゲームの利得関係 　　(b) ゼロ和ゲームの利得関係

図 2.2

利得を y 座標として二次元グラフで表すと，図 2.2 (a) を得る．双方の利得の組合せが，傾きが負の直線上の点で表されることから，一定和ゲームの場合，一方の利得は片方の損失になることがわかる．

これと同じ問題が，双方の利得の和がゼロとなる場合である．図 2.1 の利得行列において，それぞれの利得成分が，

$$a_B = -a_A, \quad b_B = -c_A, \quad c_B = -b_A, \quad d_B = -d_A \tag{2.3}$$

となる場合，ゼロ和ゲーム (zero-sum games) という．ゼロ和ゲームも，両者の利害関係は完全に対立しており，一方の利得は他方の支払いになる．ゼロ和ゲームの利得関係を，主体 A の利得を x 座標，主体 B の利得を y 座標とする二次元グラフで表すと，図 2.2 (b) が得られる．すべての利得の組合せは，図 2.2 (a) と同じように，傾きが負の直線上の点として表され，双方の関係が完全に対立していることがわかる．このことから，一定和ゲームあるいはゼロ和ゲームとして表される競争的な状況を，敵対関係，また敵対関係の下での意思決定を，完全対立型の意思決定と呼ぶことにする．

(2) 協調型の意思決定

二つの部隊 A と B が，同じ場所を同時に攻撃することを計画している．両部隊は，地理的に離れた場所に集結し，それぞれの部隊の指揮官は，独自の判断で，攻撃地点に進攻すべきかどうか決定しなければならない．それぞれの部隊が進攻し，そして同時攻撃を加えることで，その作戦は成功する．しかしながら，

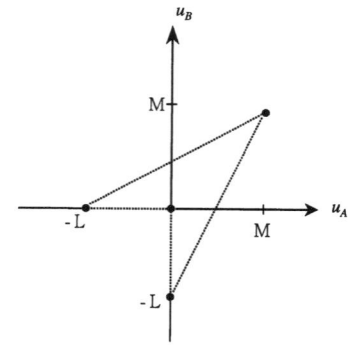

(a) 協調型意思決定の利得行列 (1)　　(b) 協調型意思決定の利得関係 (1)

図 2.3

Bの戦略 / Aの戦略	S_1	S_2
S_1	2 2	0 0
S_2	0 0	1 1

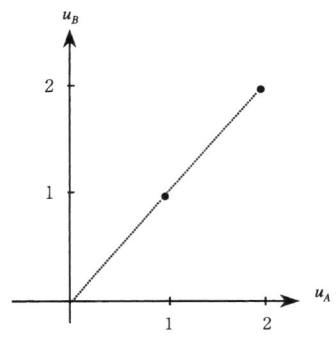

(a) 協調型意思決定の利得行列 (2)

(b) 協調型意思決定の利得関係 (2)

図 2.4

Bの戦略 / Aの戦略	S_1	S_2
S_1	9 9	8 0
S_2	0 8	7 7

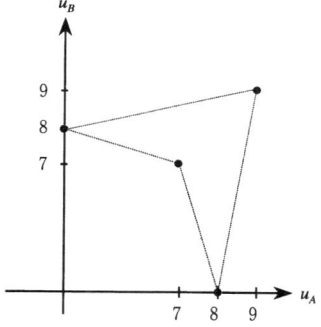

(a) 協調型意思決定の利得行列 (3)

(b) 協調型意思決定の利得関係 (3)

図 2.5

一方の部隊だけが進攻した場合は，敵からの反撃によって，かなりのダメージを受けることが予想される．各指揮官は，次の二つの戦略をもつ．

戦略 S_1：進攻しない．

戦略 S_2：進攻する．

この状況での両方の指揮官の利得関係を，図 2.3 (a) の利得行列で与える．

図 2.4 (a) や図 2.5 (a) の利得行列で表される相互依存的な状況も，これと同じタイプの問題である．これらの利得行列は，ゼロ和ゲームの利得行列とは異なり，双方の利得の和はゼロにはならないので，非ゼロ和ゲーム (nonzero-sum games) という．これらの利得行列に共通するのは，どの戦略であろうとも，それぞれ独自に決定したことが一致することで，利得を得ることができることである．もし一致しなければ，どちらか一方だけが利得を得る，あるいは双方とも利得を得る機会を失うことになる．このような特徴をもつ相互依存的状況を，協調型の意思決定，あるいは協調ゲーム (coordination games) という．以上の利得行列を (x, y) 座標上に表したのが，図 2.3(b)，図 2.4(b) および図 2.5(b) である．双方の利得の組合せのすべて，あるいはその一部が，傾きが正の直線上に表されることから，協調型の意思決定には双方に共通する利益が存在することがわかる．

各主体にとって，自らの利益を追求すべきか，あるいは双方に共通する利益を追求すべきかの判断は，たいへん難しい．ここで，各主体の意思決定上の判断基準となる，次の二つの合理性の概念を示しておく．

① 個人合理性

個人の利益 (効用) や目的を最適にすること．

② 集団合理性

集団全体の利益 (効用) や集団の目的を最適にすること．

他の主体の利益を犠牲にすることなく，ある特定の主体の利益を高める余地が残されていない状態を，パレート最適 (Pareto optimal) という．集団合理性は，パレート最適性の条件を満たすが，その逆は必ずしも真ではない．

ところで，個人合理性を満たす条件と集団合理性を満たす条件が一致するのであれば，個人の利益を優先すべきか，あるいは集団全体の利益を優先すべきかについての迷いは生じない．なぜならば，個人にとって最も望ましい意思決定をすることで，全体にとっても最適な結果をもたらすからである．

複数の主体が，自らの合理性の基準に基づき個別に意思決定することで，どのような帰結 (outcome) になるかを表すのが，均衡解 (equilibrium solution) である．図 2.1 の利得行列の利得パラメータが次の条件式を満たすとき，協調型の意思決定になる．

$$a_i > c_i, \quad d_i > b_i, \quad i = A, B \qquad (2.4)$$

この場合，個人的に最適な戦略は S_1 または S_2 であるので，両者が個人的に最適な戦略を選択することで，(S_1, S_1) または (S_2, S_2) が均衡解として実現する．ここで $a_i > d_i$ とすると，利得の大きさからは，均衡解 (S_1, S_1) の方が均衡解 $(S_2,$

S_2)よりも優越しているので,双方とも戦略(S_1)をより望ましい戦略としてと判断するであろう.したがって,たとえ事前の話し合いなどがなくても,均衡解として(S_1, S_1)が実現することが容易に予想されよう.ここで,双方にとって最も望ましい均衡解を実現する戦略を,協調戦略(cooperative strategy)と呼ぶことにする.ところで,暗黙の了解によって双方が協調戦略を選択することで,両者とも最も大きい利益を獲得することは果たしてできるのであろうか.暗黙の合意によって協調戦略を選択することは困難であることを,次に明らかにしよう.図 2.5 (a) の利得行列において,相手のとる戦略に関係なく,双方とも戦略 S_2 を選択することで,7 または 8 の利得を獲得することができる.一方,協調戦略 S_1 を選択することで最大利得として 9 の利得を獲得できるが,相手が戦略 S_2 を選択することで利得が 0 になる可能性もある.このことから,双方とも必ず協調戦略をとるとはいえないであろう.

ハサニー(J. Harsani)とゼルテン(R. Seleten)は,リスク優越(risk dominance)という概念を提唱している.図 2.1 の利得行列において,次の二つの利得パラメータを定義する.

$$\theta_i^1 \equiv (a_i - c_i)/(a_i + d_i - b_i - c_i), \quad \theta_i^2 \equiv (d_i - b_i)/(a_i + d_i - b_i - c_i),$$
$$i = A, B \tag{2.5}$$

そして,$\theta_i^1 > \theta_i^2$ ならば,均衡解 (S_1, S_1) は均衡解 (S_2, S_2) をリスク優越し,$\theta_i^1 < \theta_i^2$ ならば,反対に均衡解 (S_2, S_2) が均衡解 (S_1, S_1) をリスク優越する.図 2.5 (a) の利得行列では,利得の大きさからは,均衡解 (S_1, S_1) は均衡解 (S_2, S_2) を優越している(このことを,パレート優越(Pareto dominance)という).一方で,リスクの観点からは,均衡解 (S_2, S_2) の方が均衡解 (S_1, S_1) を優越している.

図 2.3 (a) の利得行列では,利得の大きさからは,均衡解 (S_2, S_2) は均衡解 (S_1, S_1) を優越している.したがって,両方の部隊は,暗黙の了解によって同時攻撃する可能性は高い.しかしながら,同時攻撃による相乗効果より,自分だけ進攻することによる損失の方が大きい($M < L$ となる)場合には,均衡解 (S_1, S_1) は,均衡解 (S_2, S_2) をリスク優越する.このケースでは,同時攻撃することで相乗効果が生まれることをお互いに理解しているのにも関わらず,自分の部隊が無駄死にすることを強く恐れることで,結果的に両部隊とも進攻しない結果に終わる可能性は高いといえよう.

複数の均衡解が存在し，パレート優越する均衡解とリスク優越する均衡解が異なる場合には，暗黙の合意によって最も望ましい均衡解が実現することは疑わしくなる．お互いの戦略を一致させることで，双方に利益を生むのだが，共通の利益が複数個存在することで，戦略決定上，お互いに迷いが生じてしまう．複数の均衡解が存在することで，どの均衡解が実現するのか確定できないことを，戦略的不確定性(strategic uncertainty)の問題という．この問題を解決するために，従来のゲーム理論の枠組みを越えた新しい観点から，さまざまな研究が進められているが，この問題は7章で扱う．

(3) 混合動機型の意思決定

次に，経済財の取引について考える．ある財を売ることを意図している売り手にとって，それを売却してもよいと考えている最低の価格 P_S を，売り手の留保価格という．一方，その財を買う意思のある買い手が，購入してもよいと考えている最高の価格 P_B を，買い手の留保価格という．その財に関する取引が成立するための条件は，$P_B > P_S$ であり，その差 $P_B - P_S$ を余剰価格という．経済取引が成立するには，余剰価格をどのように分配するのか，売り手と買い手の間で合意が必要になる．ここで，売り手と買い手の戦略として，次の二つを考える．

　　戦略 S_1：取引が成立することを優先し，弱気で交渉に臨む．
　　戦略 S_2：自分に有利な取引になるよう，強気で交渉に臨む．

どちらか一方は強気で，もう一方は弱気で取引交渉に臨む場合には，強気で交渉する方が余剰価格の2/3を手にする価格で，その取引は成立する．しかしながら，双方とも強気あるいは弱気で交渉するならば，その交渉は決裂する，あるいは取引成立までに長期間の交渉を要することで，双方の利得は0になるとしよ

売り手の戦略 \ 買い手の戦略	S_1 (弱気)	S_2 (強気)
S_1 (弱気)	0 0	$2(P_B - P_S)/3$ $(P_B - P_S)/3$
S_2 (強気)	$(P_B - P_S)/3$ $2(P_B - P_S)/3$	0 0

図 2.6　混合動機型意思決定の利得行列 (1)

う．この取引での利得行列を図2.6に示す．この利得行列は，対立と協調の両方の関係が含まれるので，混合動機型の意思決定または混合動機ゲーム（mixed motivation games）という．混合動機型の意思決定は，さらに次の三つのタイプに分類できる．

(3-1) 両性の戦い

一緒に散歩をしていた2人の親友が，10万円が入った財布を拾ったとしよう．この場合，それぞれ次の二つの戦略をもつ．

　戦略 S_1：友好的な態度をとり，相手の申し出に従う．

　戦略 S_2：自分の分け前が多くなるよう，強気な態度をとる．

どちらも友好的な態度をとることで，仲良く半分ずつ分けることができる（道徳的には問題が残るが）．一方が強気な態度で，もう一方は譲歩した場合には，強気な態度をとる者が，その8割を得て，片方は残りの2割を手にする．しかしながら，双方とも強気の態度をとるならば，交渉は決裂してしまい，その場合，お互いの道徳心に従って，交番に正直に届けるものとする．そのことで，臨時収入を得る機会を双方とも逃すだけでなく（道徳に良いことをしたという精神的な満足感を得るが），それまで築いてきた厚い友情を壊してしまうことにもなりかねない．この状況での2人の利得関係を，図2.7(a)の利得行列で表す．それを二次元グラフで表すと，図2.7(b)になるが，両者の利得関係は，傾きが負の1本の直線と傾きが正の2本の直線上に表される．

(a) 混合動機型意思決定の利得行列(2)　　(b) 混合動機型意思決定の利得関係(2)

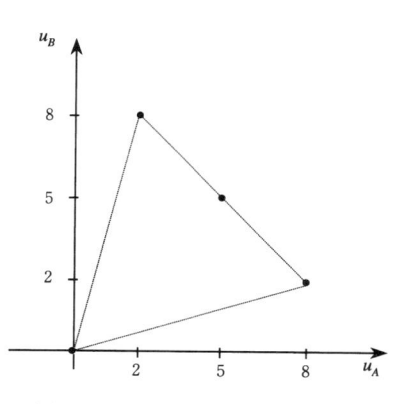

図2.7

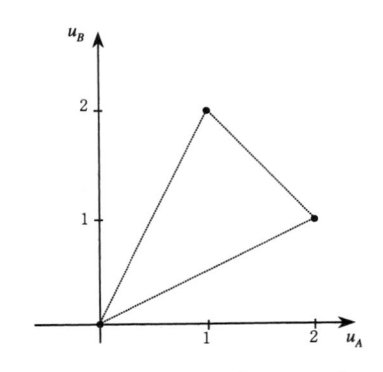

Bの戦略 Aの戦略	S_1 (コンサート)	S_2 (野球)
S_1 (コンサート)	2 1	0 0
S_2 (野球)	0 0	1 2

(a) 混合動機型意思決定(両性の戦い)の利得行列(3)　　(b) 混合動機型意思決定(両性の戦い)の利得関係(3)

図 2.8

これと同じタイプが,図2.8(a)の利得行列で表される相互依存問題で,これは両性の戦い(battle of sex)の問題として,多くのゲーム理論の教科書に取り上げられている.ある夫婦が,コンサート(戦略S_1)に行くべきか,あるいは野球の観戦に行く(戦略S_2)べきか話し合っている.お互いにとって最も望ましいのは,一緒に出かけることではあるが,それぞれの選択肢に対する両者の選好が異なることで,両者の利得関係が非対称になっているのが,この問題の特徴である.お互いに協調的な態度をとり,それぞれの戦略を一致させることができれば,双方に利益を生む.しかしながら,戦略S_1で一致した場合には,主体Bの利得の方が多く,戦略S_2で一致した場合には,反対に主体Aの方の利得が多くなる.図2.8(a)の利得行列で表される利得関係を(x, y)座標上に表すと,図2.8(b)を得る.この場合も,両者の利得は,傾きが負の1本の直線と傾きが正の2本の直線上に表され,敵対関係と協調関係を併せ持つ意思決定問題であることがわかる.

(3-2) チキンゲーム

何らかの理由でネットワークが切断され,2人の間の通信が中断してしまった場合,どちらが先に再度アクセスすべきであろうか.この状況では,双方とも次の二つの戦略をもつ.

戦略S_1:自分が先にアクセスする.

戦略S_2:相手がアクセスしてくるのを待つ.

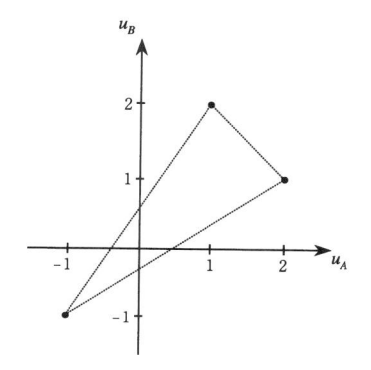

(a) 混合動機型意思決定（チキンゲーム）の利得行列 (4)

(b) 混合動機型意思決定（チキンゲーム）の利得関係 (4)

図 2.9

この状況での両者の利得関係を，図 2.9(a) の利得行列で表す．お互いが同時にアクセスしないことでもし衝突が起きなければ，双方に利益を生む．そして，双方にとって最も望ましいのは，どちらか一方がアクセスをし，もう一方は相手からの連絡を待つことである．このケースでは，戦略の組合せ (S_1, S_2) と (S_2, S_1) の二つの均衡解が存在する．

チキン (chicken) とは弱虫のことである．チキンゲームでは，どちらか一方が譲らない（戦略 S_1）で，相手が譲歩する（戦略 S_2）ことで，自分にとって有利な均衡解が実現する．しかしながら，双方とも譲らない，あるいは，お互いに譲り合うことで，最悪な結果を招くことになる．図 2.9(a) の利得行列を二次元グラフで表すと，図 2.9(b) を得る．図 2.8(b) に示す利得関係と比較すると，チキンゲームと両性の戦いは，同じタイプの問題であることがわかる．

このような相互依存状況にあって，最初にアクセスした方が再度アクセスをし，もう一方は相手からの連絡を待つ，あるいは安い料金でかけ直すことができる方が再度アクセスをするといった，通信が途中で途切れた場合の対処法に関しての慣習などが存在し，その慣習を双方が知っていることが共通の知識となっているのであれば，それが手がかりとなって，暗黙の内に協調関係が生まれる可能性は高い．

(3-3) ジレンマゲーム

B の戦略 A の戦略	S₁ (高価値の財の取引)	S₂ (低価値の財の取引)
S₁ (高価値の財の取引)	8　　　　8	10 2
S₂ (低価値の財の取引)	2 10	5　　　　5

(a) 混合動機型意思決定の利得行列 (5) 　　(b) 混合動機型意思決定の利得関係 (5)

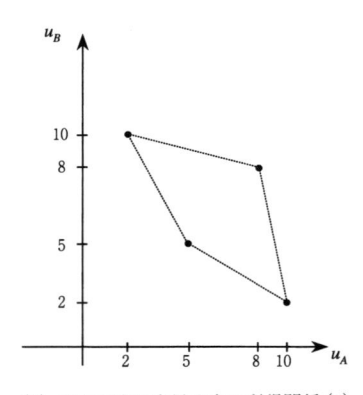

図 2.10

　主体 A と B は，高価値と低価値の財を保有し，どちらか一方を相手のものと取引したいと考えている．双方とも，

　　戦略 S_1：高価値の財で取引する．

　　戦略 S_2：低価値の財で取引する．

の二つの戦略をもつ．この取引における利得行列を，図 2.10 (a) に示す．この取引状況では，お互いに相手の戦略を全く考慮することなく，独自の判断で最良の戦略を決定することができる．このケースのように，他のどの戦略よりも有利な戦略 (図 2.10 (a) の利得行列では，戦略 S_2) が存在するとき，それを支配戦略 (dominant strategy) または絶対優位の戦略という．支配戦略が存在する状況での意思決定は容易である．相手のとる戦略を全く気にすることなく，自分の利益だけを考え，それを最適にする戦略を選択すればよいからである．ところが，お互いに支配戦略を選択することで，双方にとって望ましい結果を生むかどうかはわからない．それに反して，劣悪な結果を招くことがある．例えば，図 2.10 (a) の利得行列において，お互いにとって最も望ましいのは，双方にとって非合理的な戦略 S_1 の組合せ (S_1, S_1) である．

　このように，個々に最善を尽くすことで，全体にとって最悪の結果を招くことになるパラドックス (paradox) を抱えた状況での意思決定問題を，ジレンマあるいはコミットメント (commitment) 問題という．それは，図 2.1 の利得行列において，各利得パラメータが次の条件式を満たす場合である．

$$\begin{aligned}&\text{①}\quad c_i > a_i > d_i > b_i\\&\text{②}\quad 2a_i > b_i + c_i\end{aligned} \tag{2.6}$$

　①の条件は，戦略 S_1（協調戦略）より戦略 S_2（利己的戦略という）の方が，双方にとって有利である．しかしながら，双方とも利己的戦略を選択するならば，協調戦略を選択する場合と比較すると，より劣悪な結果に陥ることを表している．

　②の条件は，お互いに協調戦略を選択することで，双方にとって最も望ましい結果をもたらすことを表している．ところで，協調戦略 S_1 を選択することは，お互いにとって非合理的である．このことから，自分に不利で，しかも自己犠牲を強いることになる戦略を敢えて選択しようとする動機が，果たして双方に生まれるであろうか．

　多くの主体が，自らの価値基準に基づき合理的に振る舞うことで，結果的に望ましくない状況を招く問題は，我々の囲りに数多く存在する．多くの国の歴史において，暴君とその一族が長年にわたって国を支配をしてきたこと，拳銃や凶器を持った少数の犯人の前で，大勢の人が全く無力な存在であることなどは，典型的な例である．権力や暴力の前で非力な存在である多数の人たちが，もし一斉に行動を起こすならば，暴君や犯人を圧倒できる可能性は極めて高い．しかしながら，そのための意思疎通を図ることは至難の業である．そのことで，多くの人にとって悲惨な状態が長い間維持されてきた．これらの問題は，社会的ジレンマ (social dilemma) または N 人によるジレンマ問題として，次のように表すことができる．

(1)　各主体は，S_1（協調戦略）あるいは S_2（利己的戦略）の，いずれかの戦略を選択すべきかの問題に直面している．

(2)　各主体にとって個人的に望ましいのは，戦略 S_2 である．

(3)　各主体が個人的に望ましい戦略 S_2 を選択することで，全員が非合理的な戦略 S_1 を選択する場合と比較して，より悪い結果を招く．

　ここで，社会や集団を構成する主体の数を N，その中で自分を除き協調戦略をとる主体の総数を n で表す．また，各主体が戦略 S_1 または戦略 S_2 を選択した場合の利得を，以下の記号で表す．

　　C_n：戦略 S_2 を選択する主体が n 人であると予想する場合，戦略 S_2 を選択した場合の個人の利得．

D_n : 戦略 S_2 を選択する主体が n 人であると予想する場合，戦略 S_1 を選択した場合の個人の利得．

以上の各主体の利得の間に，以下のような関係式が成り立つ場合，N 人によるジレンマ問題という．

(ア) $D_n > C_n, \quad n = 0, 1, 2, \cdots, N$

(イ) $C_{n+1} > C_n, \quad D_{n+1} > D_n, \quad n = 0, 1, 2, \cdots, N$ (2.7)

(ウ) $C_N > D_0$

(ア)の条件は，協調戦略をとる主体の数に関係なく，各主体は，協調戦略をとるよりも利己的戦略をとることで，より多くの利得を獲得できる．したがって，利己的な戦略を選択しようとする誘因は，すべての主体に共通に存在する．(イ)の条件は，協調戦略をとる主体が多くなることで，協調戦略と利己的戦略を選択することによる利得が，それぞれ増加することを表している．(ウ)の条件は，全員が利己的に振る舞う場合の利得は，自分を除くすべての主体が協調した場合の利得よりも低くなることを表している．

ここで，任意の 2 人の主体の間での相互依存関係は，図 2.1 の利得行列で表されるとする．また，協調戦略 S_1 を選択する主体が全体に占める割合を p，利己的な戦略 S_2 を選択する主体が占める割合を $1-p$ で表す．すると，戦略 S_1 を選択した場合の利得 C_n と戦略 S_2 を選択した場合の個人の利得 D_n は，平均利得として次式で求まる．

$$C_n = a_i pN + b_i(1-p)N, \quad D_n = c_i pN + d_i(1-p)N \quad (2.8)$$

式 (2.6) より，以上の利得は，式 (2.7) の条件を満たしている．また，$d_i - b_i \cong 0$ として近似すると，利己的戦略と協調戦略を選択した場合の利得の差は，近似的に次式で与えられる．

$$D_n - C_n \cong (c_i - a_i) pN \quad (2.9)$$

このことから，p の値が小さい場合，あるいは社会の規模が小さい (N が小さい) 場合は，利己的な戦略をとることのメリットは小さくなる．すなわち，協調戦略を選択する者が少ないと予想される場合には，利己的戦略を選択することに対する各主体の誘因は小さくなる．逆に，p の値が大きくなる（すなわち協調戦略を選択する者が多いと予想される），あるいは N が大きくなることで，利己的戦略のメリットは高まる．このことから，大規模な社会になることで，利己的な戦略をとる者は増加し，小規模な社会になると，逆に協調戦略をとる者が増す．

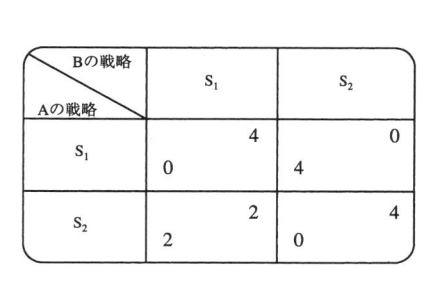

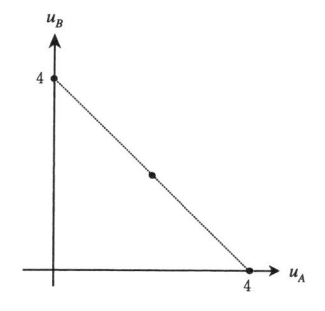

Bの戦略 Aの戦略	S_1	S_2
S_1	4 / 0	0 / 4
S_2	2 / 2	4 / 0

(a) 非対称な意思決定の利得行列　　(b) 非対称な意思決定の利得関係

図 2.11

また，協調戦略をとる者が多いと予想される場合には，自分一人が利己的な戦略をとってもその影響は少ないと，多くの人が考えることで，結果的に利己的戦略をとる者が多くなる．逆に，利己的戦略をとる者が多いと予想される場合には，協調戦略をとる者が増す．そして，このようなパラドックスは，個々の主体の心理的な読みが作り出すことになる．

(4) 非対称的な意思決定

主体 A は，相手の行動とかち合わないことで，効率的に仕事を進めることができるが，かち合うことで，ある不便さを感じ，非効率的になる．一方，主体 B は，相手行動と一致することで，効率的に仕事を進めることができるとしよう．この状況での利得行列を図 2.11(a) に，それを二次元グラフで表したのが，図 2.11(b) である．これは一定和ゲームであり，この利得行列には，均衡解は存在しない．しかしながら，双方が確率的な方法で戦略を選択することで，均衡解は存在する．このことを，次節で明らかにする．

2.3　混合戦略と均衡解の概念

相互依存的な状況での望ましい意思決定の性質は，均衡解 (equilibrium solution) を求めることで明らかになる．本節では，均衡解の概念や確率的な方法で戦略を決定する，混合戦略の性質について明らかにする．相互依存的な意思決定の均衡解を，すべての主体の利得を同時に最適にする1組の戦略として定義する．この均衡解を競争解 (competitive solution) ともいう．例えば，2人の主体による相互依存状況での均衡解は，以下の条件式を同時に満足する1組の戦略と

して定義する．
$$U_A(S_A, S_B^*) \leq U_A(S_A^*, S_B^*) \quad \forall S_A \in X_A$$
$$U_B(S_A^*, S_B) \leq U_B(S_A^*, S_B^*) \quad \forall S_B \in X_B \quad (2.10)$$
ここで，各主体の戦略の集合を $X_i=\{S_1, S_2\}$, $i=A, B$ で表す．

各主体の利得関数を最適にする（個人合理性の条件を満たすという）戦略を，次式で表す．
$$\phi_A(S_B) = \arg\max_{S_A \in X_A} U_A(S_A, S_B), \quad \phi_B(S_A) = \arg\max_{S_B \in X_B} U_B(S_A, S_B) \quad (2.11)$$
arg は，それぞれの利得関数を最大にする戦略を表す記号である．各主体の最適な戦略は，相手戦略の関数として求まることから，式 (2.11) で定義した関数を反応関数 (response function) ともいう．均衡解（競争解）は，両者の反応関数の組の不動点として，次の条件式を解くことで求まる．
$$(S_A^*, S_B^*) = (\phi_A(S_B^*), \phi_B(S_A^*)) \quad (2.12)$$
例えば，図 2.11 (a) の利得行列の各主体の反応関数は，以下のように求まる．
$$\phi_A(S_1) = S_2, \quad \phi_A(S_2) = S_1$$
$$\phi_B(S_1) = S_2, \quad \phi_B(S_2) = S_1 \quad (2.13)$$
以上の反応関数の組には不動点は存在せず，純粋戦略による均衡解は存在しない．

主体 A が，戦略 S_1 を確率 $1-x$, 戦略 S_2 を確率 x で選択することを，ベクトル変数 $\boldsymbol{x}=(1-x, x)$ で表す．同じように，主体 B が，戦略 S_1 を $1-y$, 戦略 S_2 を確率 y で選択することを，$\boldsymbol{y}=(1-y, y)$ で表す．これらのベクトル変数によって，混合戦略 (mixed strategy) あるいは確率戦略 (random strategy) を表す．それに対し確定的に選択されるのが，純粋戦略 (pure strategy) である．混合戦略は，純粋戦略を一般化したもので，ベクトル変数の成分 x（または y）を 0 または 1 とおくことで，純粋戦略を表すことはできる．

戦略の集合に混合戦略が含まれることで，各主体の反応関数は，期待（平均）効用 (expected utility) を最適にする戦略として求まる．また，それは相手の混合戦略の関数として求まる．主体 A は混合戦略 $\boldsymbol{x}$, 主体 B は混合戦略 $\boldsymbol{y}$ を選択する場合，各主体の期待効用を，$U_A(\boldsymbol{x}, \boldsymbol{y})$ と $U_B(\boldsymbol{x}, \boldsymbol{y})$ で表す．図 2.1 の利得行列では，それらは次式で求まる．
$$U_A(\boldsymbol{x}, \boldsymbol{y}) = a_A + (b_A - a_A)y + \{(a_A + d_A - b_A - c_A)y - (a_A - c_A)\}x$$
$$U_B(\boldsymbol{x}, \boldsymbol{y}) = a_B + (b_B - a_B)x + \{(a_B + d_B - b_B - c_B)x - (a_B - c_B)\}y \quad (2.14)$$
各主体の反応関数は，以上の期待効用を最適にする戦略として，次のように求

2.3 混合戦略と均衡解の概念

めることができる．主体 B の戦略が混合戦略 $\boldsymbol{y}$ で与えられる場合，主体 A の最適戦略は，混合戦略 $\boldsymbol{x}$ であるとしよう．主体 A は，混合戦略 $\boldsymbol{x}$ を選択することで，式 (2.14) の期待効用を最大にできる．したがって，純粋戦略 S_1 または S_2 を選択する場合と比較すると，混合戦略 $\boldsymbol{x}$ を選択した場合の期待効用の方が大きいことがわかる．このことから，次の二つの関係式を得ることができる．

$$U_A(S_1, \boldsymbol{y}) \leq U_A(\boldsymbol{x}, \boldsymbol{y}), \quad U_A(S_2, \boldsymbol{y}) \leq U_A(\boldsymbol{x}, \boldsymbol{y}) \tag{2.15}$$

式 (2.15) の不等式の左辺の項は，主体 A は純粋戦略 S_1 あるいは S_2 を選択し，主体 B は混合戦略 $\boldsymbol{y}$ を選択する場合の，主体 A の期待効用を表す．

次に，主体 B の最適な戦略は，混合戦略 $\boldsymbol{y}$ であるとしよう．主体 B にとっても，純粋戦略 S_1 あるいは S_2 を選択する場合と比較すると，混合戦略 $\boldsymbol{y}$ を選択した場合の期待効用の方が大きくなるので，次の二つの関係式を得ることができる．

$$U_B(\boldsymbol{x}, S_1) \leq U_B(\boldsymbol{x}, \boldsymbol{y}), \quad U_B(\boldsymbol{x}, S_2) \leq U_B(\boldsymbol{x}, \boldsymbol{y}) \tag{2.16}$$

ここで，図 2.1 の利得行列の利得成分を用いて，次のようなパラメータを定義する．

$$\alpha_i \equiv a_i + d_i - b_i - c_i, \quad \beta_i \equiv a_i - c_i, \quad i = A, B \tag{2.17}$$

また，次式で与えられるパラメータの比を，各主体のしきい値として定義する．

$$\theta_i \equiv \beta_i / \alpha_i = (a_i - c_i)/(a_i + d_i - b_i - c_i), \quad i = A, B \tag{2.18}$$

式 (2.15) の二つの不等式より，次の二つの不等式を導くことができる．

$$\begin{aligned} U_A(\boldsymbol{x}, \boldsymbol{y}) - U_A(S_1, \boldsymbol{y}) &= \{(a_A + d_A - b_A - c_A)y - (a_A - c_A)\}x \\ &= (\alpha_A y - \beta_A)x \geq 0 \end{aligned} \tag{2.19}$$

$$\begin{aligned} U_A(S_2, \boldsymbol{y}) - U_A(\boldsymbol{x}, \boldsymbol{y}) &= \{(a_A + d_A - b_A - c_A)y - (a_A - c_A)\}(1-x) \\ &= (\alpha_A y - \beta_A)(1-x) \leq 0 \end{aligned} \tag{2.20}$$

同様に，式 (2.16) の左辺の不等式より，次の二つの不等式を導くことができる．

$$\begin{aligned} U_B(\boldsymbol{x}, \boldsymbol{y}) - U_B(\boldsymbol{x}, S_1) &= \{(a_B + d_B - b_B - c_B)x - (a_B - c_B)\}y \\ &= (\alpha_B x - \beta_B)y \geq 0 \end{aligned} \tag{2.21}$$

$$\begin{aligned} U_B(\boldsymbol{x}, S_2) - U_B(\boldsymbol{x}, \boldsymbol{y}) &= \{(a_B + d_B - b_B - c_B)x - (a_B - c_B)\}(1-y) \\ &= (\alpha_B x - \beta_B)(1-y) \leq 0 \end{aligned} \tag{2.22}$$

式 (2.19) において，左辺の項 $\alpha_A y - \beta_A$ が負の場合は，$x=0$，正の場合には，$x \geq 0$ とすることで，その不等式は満たされる．一方，式 (2.20) において，$\alpha_A y - \beta_A$ が負の場合は，$x \geq 0$，逆に正となる場合は，$x=1$ とおくことで，その不等式は満たされる．このことから，主体 A の反応関数は，利得パラメータ α_A としきい値 θ_A の関数として，以下のように求まる．

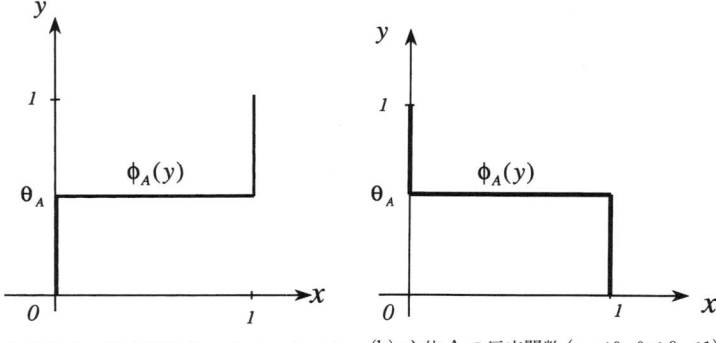

(a) 主体Aの反応関数 ($\alpha_A>0$, $0\leq\theta_A\leq1$)　(b) 主体Aの反応関数 ($\alpha_A<0$, $0\leq\theta_A\leq1$)

図 2.12

① $\alpha_A>0$ および $0\leq\theta_A\leq1$ の場合

主体Bの混合戦略 **y** において，戦略 S_2 を選択する割合である y が，主体Aのしきい値 θ_A よりも小さい場合には，$\alpha_A y - \beta_A$ は負になる．したがって，主体Aにとって最適な戦略は，x を 0 にすること，すなわち純粋戦略 S_1 を選択することである．逆に，それが θ_A よりも大きければ，$\alpha_A y - \beta_A$ は正になるので，$x=1$ とすること，すなわち純粋戦略 S_2 を選択することである．このことから，主体Aの反応関数は，主体Bの混合戦略 **y** の関数として，以下の式で求まる．

$$\phi_A(y)=\begin{cases}0\{S_1\}, & 0\leq y\leq\theta_A \\ [0,1], & y=\theta_A \\ 1\{S_2\}, & \theta_A<y\leq1\end{cases} \quad (2.23)$$

以上の主体Aの反応関数を図 2.12 (a) に示すが，自らのしきい値 θ_A を分岐点として持つステップ関数として求まる．

② $\alpha_A<0$ および $0\leq\theta_A\leq1$ の場合

このケースは，①と全く逆のケースで，主体Bの混合戦略 **y** において，戦略 S_1 を選択する割合 y が θ_A より小さければ，純粋戦略 S_2，θ_A よりも大きければ，純粋戦略 S_1 を選択することが，主体Aの最適な戦略になる．そして，主体Aの反応関数は以下のように求まる．

$$\phi_A(y)=\begin{cases}1\{S_2\}, & 0\leq y<\theta_A \\ [0,1], & y=\theta_A \\ 0\{S_1\}, & \theta_A<y\leq1\end{cases} \quad (2.24)$$

この反応関数は，図 2.12 (b) に示すステップ関数として求まる．

③　$\alpha_A > 0$ および $\theta_A > 1$　または　$\alpha_A < 0$ および $\theta_A < 0$ の場合

この条件の下では，主体 A にとっての最適な戦略は，$x = 0$，すなわち純粋戦略 S_1 を選択することである．

④　$\alpha_A > 0$ および $\theta_A < 0$　または　$\alpha_A < 0$ および $\theta_A > 1$ の場合

この場合の主体 A の最適な戦略は，$x = 1$，すなわち純粋戦略 S_2 を選択することである．同じように，式 (2.21) の不等式において，$\alpha_A y - \beta_A$ が負の場合は，$y = 0$，正の場合は，$y = 1$ とおくことで，その不等式は満たされる．そして，主体 B の反応関数は，しきい値 θ_B を分岐点としてもつステップ関数として求まる．

各主体の反応関数は，自己のしきい値を分岐点としてもつステップ関数として求まる．そして，各主体の合理的な戦略は自己の利得成分だけに依存し，相手の利得成分には全く依存しないということは，注目すべき特徴の一つである．

相互依存的な意思決定の均衡解は，式 (2.12) の条件式で与えたように，各主体の反応関数の不動点として求まる．それは，純粋戦略による一つの均衡解，純粋戦略と混合戦略による複数の均衡解，そして混合戦略による一つの均衡解が存在する場合とに分類できる．

〔ケース 1〕　純粋戦略による均衡解が一つ存在する場合

①　$\alpha_i > 0,\ \theta_i > 1$　または　$\alpha_i < 0,\ \theta_i < 0,\ i = A, B$　　　　(2.25)

②　$\alpha_i > 0,\ \theta_i < 0$　または　$\alpha_i < 0,\ \theta_i > 1,\ i = A, B$　　　　(2.26)

各主体の利得パラメータが，以上のいずれかの条件式を満たす場合は，純粋戦略によるただ一つの均衡解が存在する．式 (2.25) の条件式を満たす場合は，両者の反応関数は図 2.13 に示すステップ関数になるので，(S_1, S_1) が均衡解になる．一方，式 (2.26) を満たす場合 (例えば，図 2.10 (a) の利得行列) は，両者の反応関数は，図 2.14 に示すステップ関数になるので，(S_2, S_2) が均衡解になる．

〔ケース 2〕　純粋戦略と混合戦略による，複数の均衡解が存在する場合

③　$\alpha_i > 0,\ 0 \leq \theta_i \leq 1,\ i = A, B$　　　　(2.27)

④　$\alpha_i < 0,\ 0 \leq \theta_i \leq 1,\ i = A, B$　　　　(2.28)

以上の条件式が成り立つ場合は，両者の反応関数は，図 2.15 または図 2.16 に示すステップ関数になる．それらの交点である，純粋戦略の組 (S_1, S_1) と (S_2, S_2)，および混合戦略の組 $(\boldsymbol{x}^*, \boldsymbol{y}^*) = ((1 - \theta_B, \theta_B), (1 - \theta_A, \theta_A))$ が均衡解になる．図 2.4 (a)，図 2.5 (a)，図 2.6，図 2.7 (a)，図 2.8 (a) および図 2.9 (a) の利得行列は，

図 2.13 均衡解（ケース 1 ①）
① $a_i>0$, $\theta_i>1$ または ② $a_i<0$, $\theta_i<0$, $i=A,B$

図 2.14 均衡解（ケース 1 ②）
① $a_i>0$, $\theta_i<0$ または ② $a_i<0$, $\theta_i>1$, $i=A,B$

図 2.15 均衡解（ケース 2 ③）
（$a_i>0$, $0\leq\theta\leq1$, $i=A,B$）

図 2.16 均衡解（ケース 2 ④）
（$a_i<0$, $0\leq\theta\leq1$, $i=A,B$）

以上の条件式があてはまる場合である．

〔ケース3〕 混合戦略による均衡解が一つ存在する場合

⑤ $a_A>0$, $0\leq\theta_A\leq1$ および $a_B<0$, $0\leq\theta_B\leq1$ (2.29)

⑥ $a_A<0$, $0\leq\theta_A\leq1$ および $a_B>0$, $0\leq\theta_B\leq1$ (2.30)

上記の条件式を満たす場合は，均衡解は，図 2.17 または図 2.18 に示す二つのステップ関数の交点として求まる．そして，混合戦略によるただ一つの均衡解が存在し，それは，

$$(\boldsymbol{x}^*, \boldsymbol{y}^*)=((1-\theta_B, \theta_B),(1-\theta_A, \theta_A)) \quad (2.31)$$

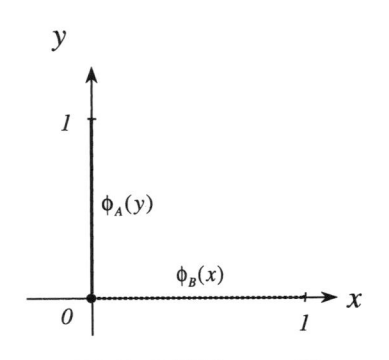

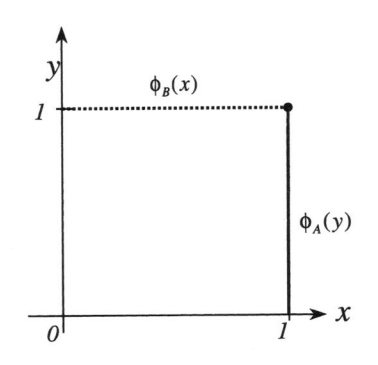

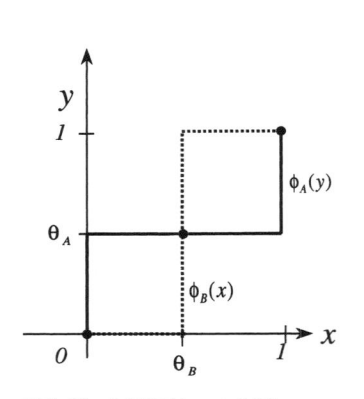

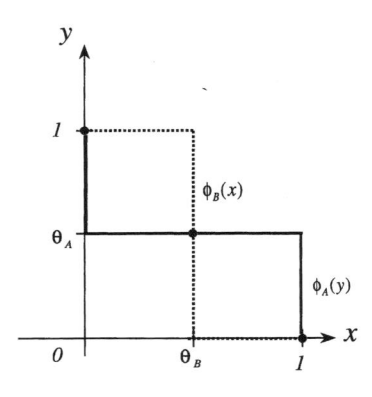

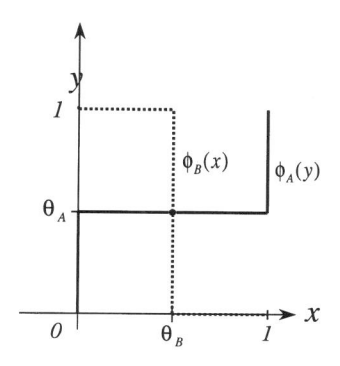

図 2.17 均衡解（ケース3⑤）
① $\alpha_A > 0$, $0 \leq \theta_A \leq 1$ および ② $\alpha_B < 0$, $0 \leq \theta_B \leq 1$

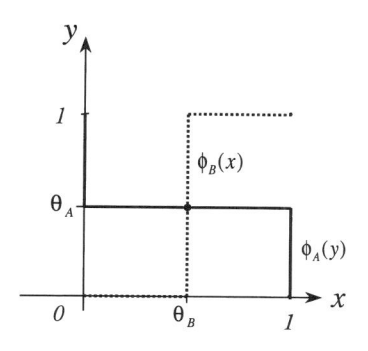

図 2.18 均衡解（ケース3⑥）
① $\alpha_A < 0$, $0 \leq \theta_A \leq 1$ および ② $\alpha_B > 0$, $0 \leq \theta_B \leq 1$

で与えられる．図2.11の利得行列は，式(2.30)の条件式があてはまる場合である．

次に，混合戦略の意味合いについて考える．混合戦略を含むことで，各主体の選択肢は増え，有限個の戦略の集合は無限集合は拡張されるので，均衡解は必ず存在する．また，確率的な方法で戦略を決定することで，分割することのできない共通の利益が分割可能になり，そのことで双方の利益が拡大されるという効果も生まれる．ところが，混合戦略は双方に望ましい結果をもたらすとは限らないのである．次に，混合戦略がもたらす潜在的な問題について明らかにする．

ここで，ゼロ和ゲームの均衡解を求めることにする．図2.1の利得行列において，式(2.3)の条件を満たし，双方の効用の和がゼロになる場合がゼロ和ゲームである．この場合，次の条件式

$$U_A(\boldsymbol{x}, \boldsymbol{y}^*) \leq U_A(\boldsymbol{x}^*, \boldsymbol{y}^*) \leq U_A(\boldsymbol{x}^*, \boldsymbol{y}) \\ U_B(\boldsymbol{x}^*, \boldsymbol{y}) \leq U_B(\boldsymbol{x}^*, \boldsymbol{y}^*) \leq U_B(\boldsymbol{x}, \boldsymbol{y}^*) \tag{2.32}$$

を同時に満たす混合戦略の組 $(\boldsymbol{x}^*, \boldsymbol{y}^*)$ を，マックスミニ (max min) またはミニマックス (min max) 解という．また，マックスミニ解を実現する戦略 $\mathbf{x}^*$ と $\mathbf{y}^*$ を，マックスミニ戦略という．式(2.32)は，次のように表すことができる．

$$U_A(\boldsymbol{x}^*, \boldsymbol{y}^*) = \max_x U_A(\boldsymbol{x}, \boldsymbol{y}^*), \quad U_A(\boldsymbol{x}^*, \boldsymbol{y}^*) = \min_y U_A(\boldsymbol{x}^*, \boldsymbol{y}) \tag{2.33}$$

$$U_B(\boldsymbol{x}^*, \boldsymbol{y}^*) = \max_y U_B(\boldsymbol{x}, \boldsymbol{y}^*), \quad U_B(\boldsymbol{x}^*, \boldsymbol{y}^*) = \min_x U_B(\boldsymbol{x}^*, \boldsymbol{y}) \tag{2.34}$$

式(2.33)と式(2.34)を同時に満たす混合戦略の組 $(\boldsymbol{x}^*, \boldsymbol{y}^*)$ は，式(2.32)の条

件式も満たすことは明らかである．各主体は，マックスミニ戦略を選択することで，自分の効用を最大にするが，反対に相手の効用を最小にするので，このような名称がつけられている．式 (2.32) より，マックスミニ戦略は双方の個人合理性を満たしているので，ゼロ和ゲームのマックスミニ解は，均衡解（競争解）でもあることがわかる．

マックスミニ解は，次のように求めることができる．主体 A がマックスミニ戦略 $\boldsymbol{x}^*$ を選択し，主体 B が純粋戦略 S_1 あるいは S_2 を選択する場合を考える．式 (2.33) より主体 A の期待効用は，次の関係式を満たす．

$$U_A(\boldsymbol{x}^*, \boldsymbol{y}^*) \leq U_A(\boldsymbol{x}^*, S_1), \quad U_A(\boldsymbol{x}^*, \boldsymbol{y}^*) \leq U_A(\boldsymbol{x}^*, S_2) \tag{2.35}$$

このことから，相手（主体 B）が，どの純粋戦略を選択したとしても，自分（主体 A）の期待効用を等しくする，すなわち，

$$U_A(\boldsymbol{x}^*, S_1) = U_A(\boldsymbol{x}^*, S_2) \tag{2.36}$$

の条件を満たす混合戦略 $\boldsymbol{x}^*$ が，主体 A のマックスミニ戦略になる．同じように，

$$U_B(S_1, \boldsymbol{y}^*) = U_B(S_2, \boldsymbol{y}^*) \tag{2.37}$$

の条件を満たす混合戦略 $\boldsymbol{y}^*$ が，主体 B のマックスミニ戦略になる．

非ゼロ和ゲームにも，マックスミニ戦略は存在する．ゼロ和ゲームでは，マックスミニ解は競争解でもある．しかしながら，非ゼロ和ゲームのマックスミニ戦略は，個人合理性の条件を満たしていないので，非ゼロ和ゲームのマックスミニ解は，競争解にはならない．非ゼロ和ゲームのマックスミニ解と競争解を求め，このことを明らかにしよう．図 2.1 の利得行列において，主体 A は混合戦略 $\boldsymbol{x}$ を選択し，主体 B が純粋戦略 S_1 または S_2 を選択する場合，主体 A の期待効用は次のように求まる．

$$\begin{aligned} &S_1 \text{を選択したとき}: U_A(\boldsymbol{x}, S_1) = a_A(1-x) + c_A x \\ &S_2 \text{を選択したとき}: U_A(\boldsymbol{x}, S_2) = b_A(1-x) + d_A x \end{aligned} \tag{2.38}$$

主体 A のマックスミニ戦略は，以上の期待効用を等しくする混合戦略として，次式で与えられる．

$$x = \{(d_A - c_A)/(a_A + d_A - b_A - c_A), (a_A - b_A)/(a_A + d_A - b_A - c_A)\} \tag{2.39}$$

同じように，主体 B は混合戦略 $\boldsymbol{y}$ を選択し，主体 A は純粋戦略 S_1 または S_2 を選択する場合，主体 B の期待効用は次式で求まる．

$$\begin{aligned} &S_1 \text{を選択したとき}: U_B(S_1, \boldsymbol{y}) = a_B(1-y) + c_B y \\ &S_2 \text{を選択したとき}: U_B(S_2, \boldsymbol{y}) = b_B(1-y) + d_B y \end{aligned} \tag{2.40}$$

主体Bのマックスミニ戦略は，以上の期待効用を等しくする混合戦略として求まり，それは次式で与えられる．

$$y=\{(d_B-c_B)/(a_B+d_B-b_B-c_B), (a_B-d_B)/(a_B+d_B-b_B-c_B)\} \quad (2.41)$$

次に，競争解を求める．主体Aの個人合理性を満たす混合戦略は，

$$U_B(\boldsymbol{x}, S_1) = U_B(\boldsymbol{x}, S_2) \quad (2.42)$$

の条件式を満たす．すなわち，主体Aにとって最適な戦略は，相手が純粋戦略S_1またはS_2のいずれを選択したとしても，相手の期待効用を等しくする混合戦略$\boldsymbol{x}$として求まる．同じように，主体Bの個人合理性を満たす戦略は，

$$U_A(S_1, \boldsymbol{y}) = U_A(S_2, \boldsymbol{y}) \quad (2.43)$$

を満たす混合戦略$\boldsymbol{y}$として求まる．

図2.1の利得行列において，主体Aが戦略S_1を確率$1-x$，戦略S_2を確率xで選択した場合，主体Bの期待効用は，

S_1を選択したとき：$U_B(\boldsymbol{x}, S_1) = a_B(1-x) + b_B x$
S_2を選択したとき：$U_B(\boldsymbol{x}, S_2) = c_B(1-x) + d_B x$ $\quad (2.44)$

主体Bが純粋戦略S_1あるいはS_2を選択しても，主体Bの期待効用を等しくする戦略が，主体Aの個人合理性を満たし，それは次式で与えられる．

$$x=\{(a_B-c_B)/(a_B+d_B-b_B-c_B), (d_B-b_B)/(a_B+d_B-b_B-c_B)\} \quad (2.45)$$

同様に，主体Bが戦略S_1を確率$1-y$，戦略S_2を確率yで選択する場合，主体Aの期待効用は次式で求まる．

S_1を選択したとき：$U_A(S_1, \boldsymbol{y}) = a_A(1-y) + c_A y$
S_2を選択したとき：$U_A(S_2, \boldsymbol{y}) = b_A(1-y) + d_A y$ $\quad (2.46)$

以上の主体Aの期待効用を等しくする混合戦略が，主体Bの個人合理性を満たし，それは次式で与えられる．

$$y=\{(d_A-b_A)/(a_A+d_A-b_A-c_A), (a_A-c_A)/(a_A+d_A-b_A-c_A)\} \quad (2.47)$$

ここで，図2.1の利得行列の各利得成分が，

$$a_B = -a_A, \quad b_B = -c_A, \quad c_B = -b_A, \quad d_B = -d_A \quad (2.48)$$

となるゼロ和ゲーム，あるいは，非ゼロ和ゲームにおいて各利得成分が，

$$a_A = a_B, \quad b_A = c_B, \quad c_A = b_B, \quad d_A = d_B \quad (2.49)$$

となる（すなわち，利得行列が対称行列になる）場合には，式(2.39)と式(2.41)で与えられる混合戦略と，式(2.45)と式(2.47)式で与えられる混合戦略は一致するので，マックスミニ解と競争解は一致することがわかる．しかしながら，そ

れ以外の場合，すなわち非対称な利得行列をもつ非ゼロ和ゲームにおける，マックスミニ解と競争解は異なる．

ここで，ゼロ和ゲームと非ゼロ和ゲームの均衡解の求め方が異なることは，注目すべき特徴の一つである．ゼロ和ゲームでは，各主体は自分の利益（効用）を基準として，自らの戦略を決定する．相手戦略に惑わされることなく，ある一定レベルの利益が保証されるような戦略の組合せが，均衡解（ミニマックス解）になる．非ゼロ和ゲームは，その反対で，相手の利益を基準にして自らの戦略を決定することになる．そして，相手がどの戦略を選択したとしても，相手の利益を等しくするような戦略の組合せが，均衡解（競争解）になる．

次に，ゼロ和ゲームのマックスミニ解を求める．式 (2.46) で求めた期待効用を等しくするとして，次式を得る．

$$a_A(1-y)+b_Ay=c_A(1-y)+d_Ay \quad \text{または} \quad \alpha_A y = \beta_A \tag{2.50}$$

同じように，式 (2.44) より次式を得る．

$$a_B(1-x)+b_Bx=c_B(1-x)+d_Bx \quad \text{または} \quad \alpha_B x = \beta_B \tag{2.51}$$

式 (2.48) を利用すると，主体 B のしきい値は，主体 A の利得パラメータを用いて，次式で与えられる．

$$\theta_B=(a_A-b_A)/(a_A+d_A-b_A-c_A)=\overline{\theta}_A \tag{2.52}$$

そして，ゼロ和ゲームのマックスミニ解は，次式で求まる．

$$(\boldsymbol{x}^*, \boldsymbol{y}^*)=((1-\theta_B, \theta_B),(1-\theta_A, \theta_A))=((1-\overline{\theta}_A, \overline{\theta}_A),(1-\theta_A, \theta_A)) \tag{2.53}$$

ゼロ和ゲームにおいて，混合戦略が果たす役割は重要である．そのことで，相手が自分のとる戦略を予想することを困難にさせることができる．戦略の確率化とは，相手が予測できるよう，自らの戦略をある一定のパターンに従って繰り返すことではない．もし，そのような方法で戦略を選択するならば，相手はその規則性を見抜くことで，自分を出し抜くことができる．例えば，製品の品質検査において，全数検査はたいへんなコストがかかることから，代替手段として，抜き打ち検査が考えられる．しかしながら，検査の対象となる製品や検査の曜日や日時などを，あらかじめ定めておくのでは，その効果はない．ランダムに，しかも抜き打ちに検査をすることで，全数検査とほぼ同じレベルでの品質保証が可能になる．

ところが，非ゼロ和ゲームにおいては，混合戦略の意味合いは全く異なったものになる．戦略を確率的に選択することで，分割することのできない共通の利益

2.3 混合戦略と均衡解の概念

などを相互に分け合うことができるようになる．例えば，図 2.9 (a) の利得行列で表される状況において，ある確率で再度アクセスし，残りの確率で相手がアクセスするのを待つという混合戦略によって，均衡解は実現する．あるいは，偶数日であれば最初にアクセスした方が，奇数日であればアクセスされた方が再度アクセスをする（このような戦略を，相関戦略ともいう）ことでも，均衡解は実現する．ところが，相関戦略による均衡解での利得と比較すると，混合戦略による均衡解の双方の利得は，低いものになってしまう．例えば，図 2.7 (a) の利得行列において均衡解となる混合戦略は $\boldsymbol{x}=\boldsymbol{y}=(2/5, 3/5)$ となり，その場合の両者の利得の合計は，$16/5+16/5=6\cdot(2/5)$ となる．一方，純粋戦略による均衡解での両者の利得の和は 10 万円であるので，混合戦略を用いることで両者の利得は低いものになる．これらの例から，混合戦略による均衡解は，相関戦略による均衡解よりも劣ることがわかる．その結果が劣っていたとしても，均衡状態であることには変りはない．なぜならば，均衡解とは，あくまでも均衡している状態を説明をするための概念であるからである．

混合戦略による均衡解が，相関戦略による均衡解より劣ったものになることを，図 2.1 の利得行列を用いて一般的に示す．図 2.1 の利得行列において，純粋戦略の組 (S_1, S_1)，(S_2, S_2) および混合戦略の組 $(\boldsymbol{x}^*, \boldsymbol{y}^*)=((1-\theta_B, \theta_B),(1-\theta_A, \theta_A))$ が均衡解であるとする．式 (2.14), (2.45), (2.47) より，混合戦略の均衡解での両者の期待利得は，次式で与えられる．

$$U_A(\boldsymbol{x}^*, \boldsymbol{y}^*)=a_A-(a_A-b_A)\theta_A, \quad U_B(\boldsymbol{x}^*, \boldsymbol{y}^*)=a_B-(a_B-b_B)\theta_B \quad (2.54)$$

ここで，各利得成分は次の条件式を満たすとしよう．

$$a_A>d_A, \quad a_B>b_B \quad (2.55)$$

すなわち，両者にとって最も望ましいのは，純粋戦略による均衡解 (S_1, S_1) であるとしよう．すると，式 (2.54) の混合戦略による均衡解における両者の利得は，純粋戦略による均衡解の利得である (a_A, a_B) よりも少ないことは明らかである．あるいは，

$$a_A>d_A, \quad d_B>a_B \quad (2.56)$$

であるとし，そして純粋戦略による均衡解 (S_1, S_1) および (S_2, S_2) に対する双方の望ましさが異なるとしよう．この場合には，混合動機型の意思決定になる．そして，純粋戦略による均衡解における利得と比較して，混合戦略の均衡解における双方の利得は少なくなる．

ある確率分布に従って戦略を選択するのは，どの戦略を選択するのか，相手から読まれるのを防ぐためである．戦略決定に関わるパターン化や規則化を防ぐことでもあることから，このことを戦略決定上の無作為化ともいう．ゼロ和ゲームにおける戦略の無作為化とは，自分のとる戦略が相手から予測されるのを防ぐことである．自分の戦略がある一定パターンに基づき決定されることを相手が知ることで，相手はそれに乗じることができ，そして自分より有利な立場になれる．混合戦略の本質は，相手から自分の戦略が予想されることを不可能にすることにある．そして，双方が予測不可能性の原理に基づき自らの戦略を決定することで実現するのが，マックスミニ解である．また，ゼロ和ゲームのマックスミニ解においては，どの戦略を相手が選択したとしても，自分の利益は同じになる．このことから，相手の戦略に依存することなく，ある一定レベルで自分の利益が保証される戦略が均衡解を作り出すことがわかる．

　ところが，予測不可能性の原理に基づく戦略の決定は，ゼロ和ゲーム特有のものであり，双方に共通の利益が存在するような非ゼロ和ゲームでは，全く異なる意味合いをもつことになる．非ゼロ和ゲームでは，双方とも相手を信頼し，暗黙の合意によって協調関係を生み出すことで，お互いにとって最も望ましい結果を作り出すことができる．ところが，混合戦略を用いることで，お互いの利益は小さいものになってしまう．このことから，混合戦略は両刃の剣であるといえよう．すなわち，混合戦略を用いることで，お互いの選択肢が拡大されることで，均衡解が存在することになる．しかしながら，それは両者の間に協調的な関係を作り出すのではなく，反対に敵対関係を作り出してしまうことになる．

　非ゼロ和ゲームは，主体同士が敵対関係にあって，一方の利得は他方の損になるようなゼロ和ゲームとは本質的に異なるのである．ところが，非ゼロ和ゲームでの混合戦略による均衡解は，ゼロ和ゲームのマックスミニ解に一致することになる．そして，マックスミニ解を実現するマックスミニ戦略は，自分の利得を最大にするような戦略ではなく，むしろ相手の効用を最小にする戦略である．このことから，混合戦略を用いることで，双方に共通する利益を獲得できる協調関係を壊してしまい，逆に敵対関係を持ち込むことになってしまうのである．すなわち，たとえ双方に敵対心がなくても，敵対心をもって対立する完全対立型の意思決定にしてしまうのである．

　ここで，完全対立型，協調型，そして混合動機型の意思決定を一本のスペクト

ラム上に表すと，その一端に位置するのが完全対立型の意思決定で，それと反対の一端に位置するのが協調型の意思決定である．そして，その中間的な位置を占めるのが混合動機型の意思決定である．完全対立型の意思決定では，両者の利害が完全に対立していることで意思決定が困難になる．協調型の意思決定では，共通する利益が複数存在することが意思決定を困難にさせる．一方，混合動機型の意思決定では，完全対立型および協調型の意思決定の両方の困難性を併せて抱え込むことになる．

　お互いの利得関係が完全に対立した状況では，自らの戦略を秘匿することが重要になる．一方で，協調型や混合動機型の意思決定では，双方に共通する利益が存在することから，お互いの戦略を暗黙的に調和させることで，最も望ましい状況を作り出すことができる．ところが，事前合意が許されない状況にあって，お互いの戦略を調整することは容易なことではない．このことから，自分の意図や動機を秘匿するのでなく，それを相手にうまく伝えることで，あるいは自分の戦略に関して手がかり，あるいはヒントとなることを相手に事前に伝えることで，有利な結果をもたらすことがある．すなわち，競争的な状況にあって，双方が何らかの知識や情報を共有することでプラスになることは多い．ところが，非ゼロ和ゲームの相互依存状況を，ゼロ和ゲームの敵対した状況として読み間違えることで，戦略の選択上，大きな失敗を犯してしまった例は数多く存在するのである．

　相互依存型の意思決定問題を，非ゼロ和ゲームとゼロ和ゲームに区別して扱ってきたが，これらとは全く異なるタイプの意思決定問題も存在する．今まで扱ってきた相互依存型の問題は，事前の話し合いや調整が不可能，あるいは許されないことから，非協力ゲーム (noncooperative games) ともいう．それに対し，意思決定する前に，事前の話し合いが許される場合もある．そして，これらを協力ゲーム (cooperative games) という．協力ゲームでは，事前の話し合いによって決定された戦略をお互いに選択することになるが，そのような戦略を相関戦略 (correlated strategy) という．ところで，非協力ゲームが繰り返されることで，双方とも相関戦略をとるようになることが知られている．このことは，競争的な関係が協力関係に進化することを意味している．しかしながら，協力ゲームの均衡解 (協力解という) は無限に多く存在し，その中から，どの相関戦略，そしてどの協力解が実現されるのか未決定になる状況は多い．長期的な観点からの意思決定問題は，7章で扱う．

3

戦略的操作

　相互依存的な状況において，自分にとって最適な戦略を放棄し，あえて非合理的な戦略を選択することで，結果的に良い成果をあげることがある．また，相手の心理面に働きかけることで，自分にとって不利な状況が，逆に有利な状況に変更されることがある．相手の心理的な読みを変更させることで，自分に有利な均衡状態を作り出すことを狙いとした行為を，戦略的操作という．本章では，さまざまな戦略的操作を紹介し，それらがうまく機能するための条件について明らかにする．

3.1 心理面での相互依存関係

　相手が利益を得ることで，その分自分は損をすることになるのが，完全対立型の意思決定問題である．そのような特徴をもった相互依存状況は少なく，その多くは，双方に共通する利益が存在する，協調型あるいは混合動機型の意思決定問題である．そのような状況にあって，自分だけの利益の拡大を図ろうとするならば，双方に共通するより多くの利益が存在することを見失いかねない．ところで，双方に共通する利益を首尾よく獲得するには，競争相手とうまく向き合うための工夫が必要になる．競争的な状況にあって，真の利益とは，相手から奪い取るものではなく，自分自身の価値体系の中で再評価することで新たに発見されるものである．そのような認識をお互いに持つことで，それぞれ独立して決定する戦略が暗黙的に相互調整され，共通利益を首尾よく獲得するための協調関係を成立させることができる．

　シェリングは，利益獲得に関わる主体間の相互依存関係を，心理面での相互依存関係としてとらえることの重要性を指摘している．その中で，相手の心理面に

働きかけることで，自分にとって都合がよいように相手戦略を変更させることができることなどを明らかにしている．相手の心理的な読みを操作し，そして相手戦略を変更させることを意図した行為を，戦略的操作 (strategic manipulation) という．相互依存的な状況にあって，自分にとって有利な戦略を考えるだけでなく，相手の心理面に何らかの影響を及ぼす戦略的操作について考えることが重要になってくる．

競争的な状況の最終局面を決定づけるのは，直接的な力の行使ではなく，相手の内面に巧みな作用を加えることを狙いとした，戦略的操作であることが多い．そのことで，圧倒的に優位な立場にある強者との競争にあって，弱者の方が必ずしも弱い立場にあるとは限らず，逆に強者と十分に対抗できることもある．本章では，戦略的操作の例をいくつかあげ，それらが効力を発揮するための条件を明らかにする．

主体の内面の働きを左右するのは，感情 (emotion) である．主体は，感情の働きによって，自分の行動を拘束することができる．そのことを，コミットメント (commitment) という．ところで，感情の働きによって，ある特定の戦略にコミットしていることを，相手はどのようにして知ることができるのであろうか．相手の心理面に何らかの作用を及ぼすことを目的とした行為として，誇示行為 (display) がある．それは，自らの意図を相手に言葉によって伝えるコミュニケーションと同じ働きをすることがある．相手に自分の感情をうまく伝えることで，相手を操ることも可能である．また，お互いの心理的な読みがどのように収束するかによって最終的な局面が決まるような相互依存状況にあって，あえて非合理的な戦略にコミットメントすることで，良い結果を生むことがある．非合理的な戦略を選択することを相手に意思表示することで，自分にとって都合がよいものに相手の戦略が変更されるからである．ところで，戦略的操作が高い効力を発揮するのは，相互依存状況がどのような条件を満たしている場合であろうか．

共通利益を首尾よく獲得するには，共通する利益をお互いに認識し，それぞれ独立して決定する戦略を，暗黙的に調整することが必要である．また，自らの合理性を放棄し，自己抑制することが，暗黙の合意になることも求められる．しかしながら，このことは極めて困難である．例えば，ある領域を分割するための話し合いが行われている状況において，領域分割のための合意が得られなければ，2人とも何も得ることはできない．ところが，分割されたどちらか一方の領域

に，より多くの資源が偏在しているなどの理由で，分割された領域に対する双方の価値が同じとは限らない．おのおのの価値や利益の大きさは，分割された領域に依存することから，これは混合動機型の意思決定となり，協調関係と敵対関係の両方を抱えた問題になる．この状況では，お互いに自己の主張を抑制することで，合意を得ることが可能であろう．しかしながら，双方の利益の間に，ほんのわずかな差が存在するだけで，そのことが困難になる．また，そのための交渉において，相手に消極的な態度を示すならば，自分は最終的に合意することを拒否するかもしれないと相手に思い込ませてしまい，そのことで相手の不信感を増大させてしまう．逆に，合意を得ることに積極的な意欲を示すと，相手からは，それが過度な熱望として解釈され，自分だけが有利になるように何らかの企てをしているのではないかといった誤解を相手に与えてしまい，そのことで合意を得ることが困難になる．このことから，取引や交渉を首尾よく進めるには，相手と十分に話し合う機会を確保するだけでなく，相手の心理的な読みについても十分に配慮する必要があろう．

　一方で，たとえ話し合うことが不可能な状況にあっても，暗黙の中で合意を得ることも可能である．お互いの心理的な働きによって暗黙の合意が得られることを，暗黙の協調 (implicit cooperation) ともいう．暗黙の協調関係を得るには，お互いが持っている戦略の中に，ある共通する特徴などが必要になってくる．シェリングは，これらをフォーカル・ポイント (focal point) と定義した．例えば，雑踏の中で，あるカップルがはぐれたとしても，再び落ち合う可能性は十分に高い．それは，前もって決めておかなくても，お互いに落ち合うことができそうな場所（これらが，お互いの戦略になる）を思い浮かべ，相手行動を予想しながら，個々に判断するからである．それらの中に顕著な特徴をもつのがあれば，それを相互に確信し合うことで，彼らは再び落ち合うことができる．お互いが同じものをイメージすることで，それが手がかりとなって，それぞれ独立して決定される戦略を一致させることができる．心理的な働きだけによって，必ず出会えるということに保証はないが，お互いに無鉄砲に行動する場合と比較して，その可能性が十分に高いことは，シェリングや松原 望らによる数多くの実験結果によって実証されている．見知らぬ者同士の取引や交渉でも同じで，暗黙の了解事項などが存在することで，お互いの思惑や期待を一致させることができ，そのことで双方に利益をもたらす形で取引や交渉が成立することが多い．

それぞれの心理的な読みによって，お互いの行動が一致するのは，論理的な思考を超えた，いわば暗示的な力の働きであるともいえよう．世論，前例，共通の経験などを共有することで，同じフォーカル・ポイントをお互いにイメージすることができるのは，お互いの想像力にも大きく依存している．お互いの心の中で，フォーカル・ポイントは，いわば磁石的な働きをする．数多くのフォーカル・ポイントの中から，お互いに一致するものを見いだす能力は，ゲシュタルト心理学 (Gestalt psychology) として知られている，人間の認識機能に類似している．それは，次のように説明される．例えば，目の一部に障害のある人に不完全な絵を見せると，彼は，その絵をより完全な形で見ることができる．また，以前あまり目にしたことのない，不慣れでしかも単純な形状の物体は，親しみのある，そして複雑な物体と比較すると，認識することがより困難になることが多い．人間の認識やイメージ形成に，以上のような働きがあるとするならば，人間同士の相互認識，相互期待，そして共通イメージの形成などにも，ゲシュタルト心理学と同じ働きがあると考えるのは，ごく自然ではなかろうか．

　自分と同じ手がかりとなることを，相手も認識していることを知ることは困難であるために，暗黙の協調関係が生まれない状況も数多くある．多数の人がいっせいに行動を起こすには，そのために手がかりとなる共通のシグナルなどを必要とする．共通のシグナルには，誤りがなく，またわかりやすいことなども，そのための条件として求められる．さらに，同じシグナルを認識することで多くの人が同じ行動をとることに関して，暗黙の合意なども必要になる．例えば，集団で行動を起こすには，それに参加しようとする人たちが，集合するための場所や日時に関する情報を共通に知っていることが必要である．ところが，そのような情報が集団行動を鎮圧する側に知られることで，事前に抑圧されてしまうことにもなりかねない．したがって，集団行動を首尾よく起こすには，たとえ明白な指示がなくても，多くの人たちがいっせいに行動を起こすことができるための工夫が必要である．そのための方法として，多くの人が確信を持てる共通のシグナルを作り出すことなどが考えられよう．ある小さな出来事がそのための役割を果たすこともある．それらが明確な指示やコミュニケーションの代替手段となって働き，それらを共通の手がかりとして，多くの人がいっせいに行動を起こすことができる．投票行動にも同じことがいえる．多くの人は，当選可能性の高い人に投票することを望んでいる．そのことは，多くの人に共通する事実でもある．自分

の投票行動が無駄にならないことに，多くの人が，わずかな願望を抱くだけで，多数派を形成するための特別な運動をしないのにも関わらず，ある特定の候補者が一人勝ちすることもある．この問題は，6章で扱う．

　伝統や慣例は，規則やルールと同じように，社会を構成する多くの人たちに対し，強い規制力となって働く．それは，伝統や慣例に従うことを周りの多くの人が期待していると，一人ひとりが考えているからである．自分の行動が伝統や慣例に反するならば，周りに対してたいへん目立ったものに映ると考えることで，個人の自由意思に基づく行動を自らの手で規制することになる．多くの人が，結婚式や儀式などに同じ服装で参加するのも，このためであろう．また，ある特定の思想やファッションなどが一時的に流行するのも，多くの人に共通する行動から自分の行動がかけ離れることで周りから孤立するといった小さな恐れが，一人ひとりの心の中に存在するからでもある．

　社会や集団における各人の役割は，他の人がその人に対してもつ一種の期待感の表れでもある．多くの人は，特定の自分の役割などを気にしながら行動する．周りの人たちも，社会的役割や立場からその人を理解しようとする．軍隊組織における集団主義，教育機関での競争主義，企業組織での実力主義などは，組織固有の性質であると考える人は多い．それは，そのような視点から，それらの組織を理解しようとするからである．組織を構成している一人ひとりが，そのような固有の性質を持つことを周りから期待されていると考える．また，組織に新しく加わる者も，そのような役割や性質を持つことが期待されていると考え，そしてその組織の一員に加わることになる．そのことで，組織の構成メンバーは絶えず入れ替わるにも関わらず，それらの諸性質は，組織固有のアイデンティティ (identity) として維持されていくことになる．世代を超え継承されていく普遍的なものの中には，それらの本来の意義は薄れ，逆に組織全体に悪影響を及ぼしているのにも関わらず，伝統や慣習という名の下で庇護されるものも少なくないのは，このためである．この問題は，7章で扱う．

3.2　戦略的操作の例

　選択肢の数が多く，それらを選択する上での自由度が高いことは，個人的な意思決定にとっては望ましいことである．しかしながら，相互依存的な状況においては，このことで必ずしも有利になるとは限らない．逆に，自らの選択肢を限定

し，意思決定上の自由度を拘束することで，有利な結果を生むことがある．また，合理的な戦略をあえて放棄することで，新たな価値を生み出すことすらある．それは，自分の動機や意図などが変更したことを相手に知らせることで，相手戦略が変更されるからである．相手の予想や信念に対し何らかの作用を及ぼすことで，相手戦略を変更させることを意図した行為を，戦略的操作という．本節では，そのような戦略的操作についていくつか紹介する．

(1) コミットメント (公約)

ある有名な戦史を例として取り上げる．ある町の攻防をめぐり，A 将軍と B 将軍の部隊が対立していた．将軍 B は，1 万の兵を有して敵国の町を占領している．そこへ，将軍 A が率いる 2 万の部隊が町を奪還しようとして進攻してきた．両者の兵力差から判断して，まともに戦えば B 将軍の方が負けることは明らかであった．町の背後には河が流れており，この河に架かっている橋を無事に渡ることができれば，両方の部隊とも無傷で自国に引き返すことができる．

A 将軍は，次の二つの戦略をもっている．

　　戦略 S_1：撤退する．

　　戦略 S_2：攻撃する．

一方，B 将軍は，次の二つの戦略をもっている．

　　戦略 S_1：撤退する．

　　戦略 S_2：籠城し，抵抗する．

A 将軍が攻撃をしかけ，B 将軍が撤退した場合には，A 将軍は，自分の戦力を消耗することなく町を奪回できる．一方で，B 将軍は，前線としての活動拠点を失うことになる．A 将軍が撤退し，B 将軍が籠城する場合は，A 将軍は無駄な遠征費を出費したことになるが，B 将軍にとっては最良の結果になる．一方，A 将軍が攻撃し，B 将軍が籠城して抵抗する場合は，双方とも最悪の結果を招くことになる．この状況における A 将軍と B 将軍の利得関係を，図 3.1 の利得行列で与える．

両将軍とも，戦略 S_2 を選択すると事前に宣言することで，有利になる可能性がある．将軍 A が，撤退することなく必ず攻撃をする (戦略 S_2 をとる) と宣言したとしよう．事前に自分の戦略を拘束することから，このことをコミットメントという．将軍 A が戦略 S_2 にコミットメントすることで，将軍 B は -20 または -100 の利得の選択になるので，彼は戦略 S_1 (撤退する) を選択するであろう

と，将軍Aは予想する．その予想どおりに，将軍Bが戦略S_1を選択したならば，戦略の組合せ(S_2, S_1)が均衡解になるので，将軍Aにとって有利な結果になる．もし将軍Bが撤退することなく籠城する（戦略S_2）とコミットメントするならば，将軍Aは-20と-100の利得の選択になるので，彼は戦略S_1（撤退する）を選択するであろうと，将軍Bは予想する．そして，将軍Bが先にコミットメントするならば，彼にとって有利な均衡解(S_1, S_2)が実現する．このことから，お互いに先にコミットメントすることで，自分に有利な形で均衡解を実現させることができる．

ところが，もし双方が同時にコミットメントするならば，(S_2, S_2)が均衡解となって結果的に双方にとって最悪の事態を招く．このことから，コミットメントには大きなリスクが伴い，そのことが必ず望ましい結果を生むという保証はないのである．コミットメントしたことを相手が受け入れる場合に限り，それは有効に機能する．先にコミットメントした方が最終的な帰結を決定することはできず，それは，コミットメントしたことを受け入れるかどうかの最終的な判断をする，相手側のコントロール下にある．そして，コミットメントが実行可能で有効かどうかは，コミットメントしたことを相手に強要できるかどうかに依存している．

コミットメントは，相手の心理的な読みに何らかの作用を及ぼすことで，新たな戦略的な価値を生むことから，その信頼性を高めるための工夫が必要とされる．そのための方法として，コミットメントしたことを後で変更できなくする，あるいは後戻りできなくすることで，それが揺るぎないことを相手に明確に伝えることなどが考えられよう．例えば，A将軍は自分が撤退するために使用しな

A将軍＼B将軍	S_1（撤退）	S_2（籠城）
S_1（撤退）	0　　　0	100　　　-20
S_2（攻撃）	-20　　　100	-100　　　-100

図3.1　コミットメント問題の利得行列

ければならない橋を自らの手で壊してしまうことで，戦略 S_2 の選択が揺るぎないものであることを B 将軍に知らせることが考えられる．これは，退路を断つ方法として，古代から知られている．

(2) 脅　　迫

コミットメントに似た戦略的操作として，脅迫 (threat) がある．図 3.2 の利得行列において，戦略 S_2 は主体 B にとって支配戦略である．主体 B が戦略 S_2 を選択するのならば，主体 A は 8 または 1 の利得の選択になり，したがって戦略 S_1 を選択することになるので，(S_1, S_2) が均衡解になる．この均衡解では，主体 A の利得より主体 B の利得の方が多くなる．たとえ，主体 A が最初に戦略を決定したとしても，戦略 S_1 は主体 A の支配戦略でもあるので，やはり (S_1, S_2) が均衡解になる．すなわち，どちらが先に戦略を選択したとしても，主体 B にとって有利な均衡解が実現することになる．

ところが，主体 A は相手を脅迫することで，自分に有利な均衡解に変更することができる．もし主体 B が戦略 S_2 を選択するのであれば，主体 A は自分に不利な戦略 S_2 をあえて選択すると，主体 B を脅迫したとしよう．すると，主体 B は (S_2, S_2) または (S_1, S_2) のいずれかの均衡解を選択することになるので，戦略 S_1 を選択するであろうと予想できる．したがって，主体 A に有利な均衡解 (S_1, S_1) を実現させることができる．ところが，主体 B が戦略 S_2 を選択したならば，主体 A は必ず戦略 S_2 を選択するということを主体 B が信じた場合に限り，この脅迫は成功する．主体 B がこのことを信じないのであれば，主体 A による脅迫は効果なく，主体 B は自分に有利な戦略 S_2 を選択することになるであろう．

脅迫が全く有効に機能しない場合もある．例えば，図 3.3 の利得行列において（これはジレンマゲームである），双方にとって最も望ましいのは，均衡解 $(S_2,$

A の戦略 \ B の戦略	S_1	S_2
S_1	8 10	10 8
S_2	1 3	3 1

図 3.2　脅迫が有効な状況

A の戦略＼B の戦略	S_1	S_2
S_1	10 / 3	5 / 5
S_2	7 / 7	3 / 10

図 3.3 脅迫が有効でない状況 (1)

A の戦略＼B の戦略	S_1	S_2
S_1	10 / 4	8 / 6
S_2	6 / 8	4 / 10

図 3.4 脅迫が有効でない状況 (2)

S_1) である．ところが，主体 A が先に戦略 S_2 を選択すると，主体 B は戦略 S_1 でなく戦略 S_2 を選択する．主体 B が先に戦略 S_1 を選択をすると，主体 A は戦略 S_1 を選択する．また，双方が同時に戦略を選択する場合には，主体 A にとっては戦略 S_1 が，主体 B にとっては戦略 S_2 が，それぞれ支配戦略になっているので，(S_1, S_2) が均衡解として実現する．したがって，このような相互依存状況では，双方とも相手を首尾よく脅迫することはできない．

利得行列が図 3.4 で与えられる場合（これは一定和ゲームである）も，脅迫は有効ではない．もし，主体 A が先に戦略を選択すれば，支配戦略である S_1 を選択し，その後に，主体 B は戦略 S_2 を選択する．主体 B が先に選択する場合でも，彼は支配戦略である S_2 を選択し，その後に，主体 A は戦略 S_1 を選択する．両者が同時に戦略を選択する場合でも，(S_1, S_2) が均衡解になる．このことから，双方とも相手を首尾よく脅迫することはできない．これは，どの戦略の組合せもパレート最適，すなわち相手の利得を犠牲にしない限り，自分の利得を増加できないような利得関係になっているからである．

脅迫が有効に機能する状況は，双方の利得関係が非対称となる場合である．これ以外に，コミュニケーション上の非対称性やコミットメントや脅迫を強要する上で非対称性などがある場合にも有効になる．このような非対称性が両者間に存在する場合，脅迫は有効に機能することになる．脅迫の本質は，コミットメントと同じように，戦略決定上の自由度を自ら制限することにある．自らの動機の変更を相手に悟らせ，そのことで自分が有利になるように相手戦略を変更させることである．脅迫とは，ある義務的なものを相手に強要することであるが，コミットメントと明らかに異なるのは，自分に不利なことをあえて実行する意思がある

ことを相手に明確に伝える点にある．そのことは，もし脅迫に失敗した場合は，自分も必要以上に不利な状態に陥ることを意味する．例えば，もし相手が窓を閉めなければ，お互いに損害を被ることになる行動に出ると，相手を脅迫したとしよう．その脅迫が失敗に終わり，脅迫したことを実行するはめになるならば，自分も結果的に大きな犠牲を被ることは明白である．このことから，脅迫したことを実行する以外に選択の余地が残されていないと相手が悟らない限り，自分が損害を被ることになる行動はとらないであろうと相手が予想することになり，そのことで脅迫が有効に機能しないことになる．

　脅迫する側の行動は，脅迫された側がどのような行動をとるのかに大きく依存することになる．このことは，脅迫は条件付き行動であることを意味し，この点においても，コミットメントとは異なる．コミットメントとは，ある特定なものに自分の行動を固定することである．一方脅迫とは，先に行動する相手に反応した自分の行動を固定することである．またコミットメントは，最初に行動することで有利になる状況において，自分の行動を事前に公約することである．それに対し，脅迫は，先に相手に行動させ，それに反応した自分の行動に関する公約である．したがって，相手が最初に行動するよう強要できる場合に限り，脅迫は有効に機能する．また，脅迫する側より脅迫される側に，より大きな損害をもたらす場合に限り，脅迫は実行可能になる．いずれにしろ，両者の心理的な読みによって最終的な局面が決定される状況では，脅迫は，実際の力の行使以上の働きをすることがある．

　ところで，相手に何かを行わせることを目的とする脅迫と，相手行動を抑止することを目的とする脅迫との間には，明らかな相違点がある．相手に何かを行わせることを目的とした脅迫の例として，次のような状況が考えられる．片側通行しか許されない道路上で，2人が衝突しそうな状況において，前進することを止め，退却することを相手に強要するためには，相手の進行方向に障害物を置くことなどで，力ずくで相手の前進を阻止することが考えられよう．また，自分は絶対に後退しないで，前進し続けるという意思を相手に明確に伝えることも考えられる．自分は絶対に撤退しないということを相手に悟らせるためには，自らの退路を絶つことは有効な手段になり得る．一方で，相手行動を抑止することを目的とする脅迫の例としては，図3.1の利得行列で与えた2人の将軍による作戦計画がある．これらの二つのタイプの脅迫の相違点は，戦略決定のタイミング，すな

わち，誰が最初に脅迫するかにある．相手行動を抑止することを目的とする脅迫は，受動的である．例えば，相手の進行方向に障害物を置き，相手の進行を妨害するには，障害物に衝突するかどうかの最終決定権は，相手が握っている．だからといって，相手は有利な立場にあるわけでなく，脅迫による抑止力が効力を発揮することは多い．

コミットメントや脅迫の本質は，相手に先行して，ある特定の戦略を選択する意思を宣言することにある．戦略的操作が有効に機能するかどうかは，宣言したことが確実に行使されるかどうかに依存している．コミットメントあるいは脅迫したことが，実際には行使されないかも知れないと相手から疑われる余地が残されているのであれば，相手の戦略を変更させることはできない．このことから，戦略的操作を有効に機能させるには，その信頼性が課題となる．戦略的操作の信頼性を高めることは容易なことではないが，それは不可能でもない．そのための方法として，コミットメントしたことを実行しなかった場合には，それを実際に実行した場合と比較して，より多くの犠牲を伴う状況を意図的に作り出す，あるいはコミットメントしたことから後戻りできなくすることなどが考えられる．

(3) 瀬戸際戦略

瀬戸際戦略とは，極めて悲惨な状況に相手を追い込むことで，相手戦略を変更させることを意図した行為である．例えば，ある人(主体A)の操縦するセスナ機が砂漠に不時着し，丸1日砂漠をさまよっていたとしよう．水や食料がなくなり，もうこれ以上だめだと思ったとき，一人の商人(主体B)に出会った．その人は，1杯の水を1万円で譲ってほしいと嘆願した．しかしながら，商人は，100万円の小切手との交換ならば譲ってもよいと主張した．この状況での両者の利得関係を，図3.5の利得行列で表す．主体Aが弱気な態度(戦略S_1)をとり，

Aの戦略 \ Bの戦略	S_1 (弱気)	S_2 (強気)
S_1 (弱気)	0 / 0	100 / -50
S_2 (強気)	1 / 50	0 / -1000

図3.5 瀬戸際戦略が有効な状況

主体Bは強気な態度(戦略S_2)をとるならば,主体Aは1杯の水を手に入れることはできるが,その代償として100万円支払わされる(代金を支払って水を手に入れることの効用を-50とする).逆に,主体Aが強気(戦略S_2)で,主体Bが弱気な態度(戦略S_1)をとるならば,1万円の代金で水を手に入れることができる(この場合の主体Aの効用を50とする).もし両者とも強気ならば,その交渉は決裂し,どちらも損することになるが,主体Aにとっては致命的な結末になる(この場合の主体Aの効用を-1000とする).主体Aは,自分に致命的な結果を招くことになる戦略S_2をとらないと,主体Bは容易に予想することができるので,この取引での主導権は主体Bが完全に握り,自分に有利な形で交渉を進めることができる.

瀬戸際戦略の例として,夫婦間のトラブルにおいて,もしこれ以上妥協しなければ離婚するしかないと相手に迫ること,労働組合と経営者側の交渉において,自分たちの要求が受け入れられなければストライキに入ると,労働者が経営者に迫ることなどが考えられる.瀬戸際戦略の本質は,相手が譲歩することを狙いとして,故意に危険な状況を作り出すことにある.その危険を相手にとって十分に大きいものとし,危険を避けた行動をとるよう相手を仕向け,そのことで自分の希望に沿った状況を作り出すことである.

瀬戸際戦略は,この言葉が文字どおり意味するように,いわば鋭い崖淵に立たされた状況において,崖下に飛び込むか,あるいはそれを止めるかといった,二者択一的な選択を相手に迫ることではない.ある特定の方向へ状況が進むことで,そのことを境に最悪の事態を招くリスクを急激に高めることである.そのリスクがどの程度増大するのか誰にもわからない状況にあって,もし相手が最悪の状態を招く可能性のある戦略を選択したならば,最悪の状況に陥るプロセスを誰も止めることのできない状況を作り出すことである.相手が誤った判断をしてしまった場合,後になって助けようとして,どのような努力をしても,必ず最悪の事態に陥ることになる状況を巧みに作り出すことである.また,直面するリスクの大きさを明らかにし,相手を道連れにして最悪の事態を招くと脅すことで,相手行動が抑止されるのを狙う場合もある.ある方向に状況がいったん進行したならば,最悪の事態を招くプロセスを誰も止められなくすることで,相手がそのリスクに耐えられなくなり,こちらの要求に応じることを期待した行為である.瀬戸際戦略は非常に巧みな戦略的操作であるといえよう.

(4) 確率的な戦略的操作

　脅迫の目的は，相手行動を事前に抑止することである．脅迫の信頼性を高め，それを有効なものにするには，脅迫という手段に訴えなければならない動機，脅迫したことは確実に実行する意思を持つことなどを，相手に明確に伝えることが必要である．また，自分にとって都合がよいことをあえて犠牲にする強い意思を持つことも伝える必要がある．自分の意思に従わない場合には，脅迫したことを行使するかも知れないといったあいまいな形ではなく，脅迫したことは必ず実行するという強い意思の下で脅迫をする必要がある．脅迫を確実なものにしないことで，脅迫に伴う対罰を受け入れるかどうかの判断の余地を相手に与えてしまうことになり，そのことで相手にその状況の支配権を握られることになる．

　コミットメントとは，それが成功したときに，公約したことをその代償として支払うことになる．したがって，必要以上のことをコミットメントすることで，たとえそれに成功したとしても，必要以上のコストを支払うはめになる．一方脅迫とは，それが失敗に終ったときに脅迫したことを代償として支払うことになるので，同じように必要以上のコストを支払うことになりかねない．さらに，あまりにも強いレベルで脅迫することで，脅迫そのものが支配的になり，そのことで新たなコストが伴うこともあり得る．このことから，脅迫を行使する上では，その強さが問題になる．ある一定レベルの強さの脅迫によって相手を十分に説得でき，相手戦略を変更させることができるのであれば，それ以上の強いレベルでの脅迫は不必要である．必要以上に強いレベルでの脅迫よりも，それが十分に機能するのであれば，低いレベルでの脅迫の方が望ましい．なぜならば，相手戦略を変更させることに失敗し，脅迫したことを実際に実行するはめになることで，大きな犠牲を伴うからである．脅迫に成功するとは，実際には脅迫したことが行使されない場合のことである．

　このことから，相手行動を抑止する上では，確定した方法より，確率的な方法で脅迫する方が，より効果的な場合がある．確率的な脅迫とは，最悪の事態を招く可能性があると，相手を脅迫することである．ある特定の行動を相手がとるならば，最悪の事態を招く行動を必ず実行すると脅迫するのではなく，そのような行動を確率的な方法で選択すると脅迫することである．そのことで，脅迫が失敗に終った場合のリスクを小さくすることができる．しかしながら，確実な脅迫と比較し，その脅迫度が小さくなることから，できるだけ客観的な方法を用いて確

率的な脅迫を作り出し,そのことで最悪の事態を招く危険性を誰もコントロールできないようにする工夫などが必要になる.

確率的な脅迫がより効果的になるのは,相手が自分の意図などを過大評価する可能性のあるような状況においてである.このような状況では,相手の誤った判断がもたらす最悪の事態において負うべき代償を考慮しながら,相手を脅迫する必要がある.確率的な方法で脅迫することで,最悪の事態を招くリスクだけでなく,脅迫に失敗した場合に負うべき代償をも小さくすることができる.また,相手の動機や意図などを誤解することで,誤って脅迫してしまうことで負うはめになる代償も小さくすることができる.

確率的な脅迫の利点について,シェリングによる例題を用いて明らかにする.図3.6(a)の利得行列において,もし主体Bが戦略S_2を選択するならば,主体Aは戦略S_2を選択すると主体Bを脅迫するとしよう.そのような脅迫をしなければ,主体Aは戦略S_1を選択せざるをえなくなる.そして,(S_1, S_2)が均衡解となって,主体Aの利得は0になる.その脅迫が効力を発揮し,脅迫に応じる形で主体Bが戦略S_1を選択するならば,(S_1, S_1)が均衡解になり,主体Aは利得1を得ることができる.一方で,主体Bがその脅迫に屈することなく,戦略S_2を選択するならば,(S_2, S_2)が均衡解となり,双方にとって最悪の結果を招くことになる.主体Aは,自分に不利な戦略S_2をあえて選択すると宣言することで,主体Bを脅迫できるが,その脅迫が失敗に終われば,自分にとっても最悪

(a) 確率的な戦略的操作が有効な状況 (b) 確率的な戦略的操作が有効な利得関係

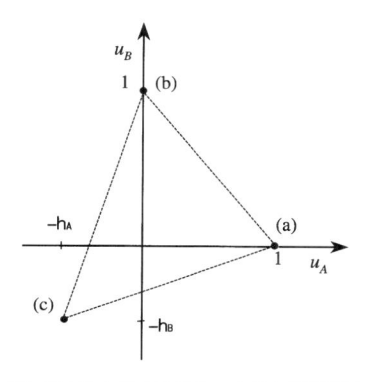

図3.6

の結末を招くことになる．脅迫が失敗する理由としては，双方ともコントロールできない要因も存在する．例えば，自分の強い意思が相手に十分に伝わらないことで，その脅迫が無視されてしまうこともあろう．脅迫に失敗することで，その代償は高くつく．成功する脅迫とは，それが実際には実行に移されないことである．したがって，脅迫という手段に訴える前に，脅迫しない場合と脅迫に失敗した場合の両方の結末を，よく比較検討しておく必要がある．

　図 3.6 (a) の利得行列において，主体 B が戦略 S_2 を選択するならば，主体 A は，混合戦略 $\boldsymbol{x}=(1-x, x)$ による確率的な方法を用いて脅迫するとしよう．すなわち，主体 B が戦略 S_2 を選択するならば，主体 A は確率 x で戦略 S_2 を選択し，残りの確率 $1-x$ で戦略 S_1 を選択することである．そのことで，主体 B が承諾しない場合に負うべき代償を削減することができる．ところで，確率的な脅迫が失敗に終わらないためには，どのような混合戦略を主体 A は，用いるべきであろうか．主体 B が戦略 S_1 を選択すれば，主体 B の利得は 0 になる．一方で，主体 B が戦略 S_2 を選択した場合の利得は，1 と $-h_B$ を $1-x$ と x で重みづけした期待利得として求まる．したがって，

$$1-x-xh_B < 0 \tag{3.1}$$

の条件式が成り立つならば，戦略 S_2 よりも戦略 S_1 の方が有利なので，主体 B は明らかに戦略 S_1 を選択する．このことから，確率的な脅迫が有効であるための条件の一つは，式 (3.1) で与えられる．

　次に，どのような理由であれ，確率的な脅迫が失敗に終わる可能性があるとし，それを確率 π で表す．この確率によって，双方とも全くコントロールすることのできない客観的な不確実性が生じる可能性などを表す．π がどのような値をとろうとも，確率的な脅迫が失敗しないためには，主体 A はどのように x を設定すべきであろうか．主体 A の脅迫が成功する場合の利得は 1 で，それが失敗に終わる（主体 B が戦略 S_2 を選択する）場合の利得は，0 と $-h_A$ の利得を確率 $1-x$ と x で重みづけした値として，$-xh_A$ で与えられる．一方，主体 A が脅迫しない場合の利得は 0 である．確率 $1-\pi$ で脅迫が成功し，残りの確率 π で失敗することになるので，確率的な脅迫が効果的なのは，次の条件式が成り立つ場合である．

$$1-\pi-x\pi h_A > 0 \tag{3.2}$$

式 (3.1) と (3.2) の条件式より，次の関係式を得る．

$$(1-\pi)/\pi h_A < x < 1/(1+h_B) \tag{3.3}$$

ここで，x は確率的な脅迫の強さを表し，それはできるだけ小さいことが望ましい．x を小さくすることで，主体 A の利得は，脅迫に成功した場合の利得 1 に近い値になる．しかしながら，その値を大きくすることで，最悪の結末での利得である $-h_A$ に近づくからである．一方で，その値があまりにも小さいと，式 (3.3) の条件を満たさなくなる．

ここで，図 3.6(b) の利得関係のグラフを用いると，確率的な脅迫の意味合いがより明白になる．もし主体 A が脅迫しなければ，図 3.6(b) の a 点が均衡解となり，主体 A にとって不利な結果に終わる．主体 A が脅迫に成功した場合は，b 点が均衡解になるので，今度は主体 A にとって有利になる．一方で，それが失敗に終わった場合には，c 点が均衡解となるので，双方にとって最悪の結果になる．主体 A が確率的な方法で脅迫した場合には，双方の期待利得は，脅迫しない場合の均衡点 a，主体 A が脅迫に成功した場合の均衡点 b，そして脅迫が失敗した場合の均衡点 c に囲まれた領域の内点になる．このことから，確率的な方法で脅迫をすることで，確実な方法での脅迫が失敗に終わった場合に負うべき代償を削減できることがわかる．

確率的な脅迫が有効に機能するためには，脅迫される側が応諾しない場合，脅迫したことを実行するかどうかの最終判断を誰も予知できないようにすることである．そのための方法としては，全く偶発的な事象に依存させる，当事者以外の第三者に最終判断を委ねることなどが考えられよう．ところで，不確定な要因には，どちらか一方の誤った処置，相手の意図に対する誤解，それに基づく誤った反応など，人為的なものも多く含まれる．これらの人為的な要因は，偶発的な要因と異なり，後になって取り返しのつかない最悪の状況に発展させてしまうことがある．このことから，人為的な不確定要因がきっかけとなって最悪の事態に陥る可能性を，できるだけ最小限に抑えるための工夫が必要である．相手の先制行動に迅速に対処しなければならないという焦りから，優柔不断な態度を嫌うことで，あるいは周りの者からそのように見られることを恐れることで，誤った判断を下してしまうことなどは，できるだけ避けるように心がけるべきであろう．しかしながら，これらは極めて難しい課題でもある．

3.3 非合理性の合理化現象

　本節では，どちらか一方が攻撃的な態度を示すことで，最初は非合理的な戦略であったのが，合理的な戦略に変更されてしまうことがあることについて紹介する．相手の恐れていることに対する自分の恐れが累積され，そのことで相互に不信感が高まることで，非合理的な戦略が合理的な戦略に変更されてしまう．最悪の事態が相手行動に依存して決定される状況にあって，相手の態度が攻撃的になればなるほど，最悪な事態を招く可能性は高まる．反対に，相手が友好的な態度をとることで，そのようなリスクが低下する状況は少なくない．このような状況にあっては，非合理的な戦略を誤って選択してしまうことで，最悪の事態を招くことになる危険性が高まるのではない．相手は最悪の事態を招く戦略を選択するかも知れないと，お互いに不安感を持つことで，相互不信がエスカレーションされ，そのことが最悪の事態を招く可能性を高めてしまうことになるのである．

　最悪の事態を避けるための合理的な戦略が存在し，その戦略を選択することが双方の暗黙の合意となっているような状況について考える．例えば，図 3.2 の利得行列において，最初に戦略を決定し，その戦略を相手に強要できる方が有利であった．自分が最初に行動することで獲得できる利益が小さければ，先に行動しようとする動機は小さい．しかしながら，利益の大きさからは先に行動しようとする動機がたとえ小さくても，自分が先に行動するかも知れないという誤解や恐れを相手に与えてしまう可能性はある．あるいは，相手が先に行動するかも知れないという恐れや不安を抱くことで，相手よりも先に行動してしまうこともある．同様に，先に行動しようとする相手の動機も小さいのだが，自分と同じような恐れを抱くことで，先に行動してしまう可能性がある．そして，相手を出し抜こうとする誘惑は，双方に存在する．この誘惑は最初は小さいものであっても，相手が先に行動することを自分が恐れ，そのことを相手が恐れるといったような一連の心理的な連鎖反応によって，もともと非合理的な存在であった戦略が，合理的なものに変更されてしまう．このことを非合理性の合理化現象というが，次にそのような現象が生まれるメカニズムについて明らかにする．

　相手を出し抜く，あるいは相手に先んじて機先を制することを，先制行動という．先制行動をとることなく，そして抑止行動をとることが双方にとって最も望ましいということがお互いの共通の認識であるならば，両者の暗黙の合意によっ

3.3 非合理性の合理化現象

A の戦略 \ B の戦略	S_1（抑止行動）	S_2（先制行動）
S_1（抑止行動）	1 \ 1	h_B \ $-h_A$
S_2（先制行動）	$-h_B$ \ h_A	0 \ 0

図 3.7 利得行列

て抑止行動をとることはできるのであろうか．この問題を，トーマス・シェリングの著書『紛争の戦略』から引用した図 3.7 に示すような利得行列を用いて考えることにする．各主体は，次の二つの戦略をもっている．

戦略 S_1：抑止行動をとる．
戦略 S_2：先制行動をとる．

一方的に先制行動することの利得を h_i，自分は抑止行動をとり，相手に先制行動を許してしまうことの損失は $-h_i$, $i=A,B$ で与えられるとしよう．また，双方が抑止行動をとる場合の利得を 1，逆に双方が先制行動をとる場合の利得を 0 とする．この利得行列から，双方にとって最も望ましいのは，明らかに抑止行動をとることである．もし，双方とも相手を信頼していれば，暗黙の合意によって，お互いに抑止行動をとり続けるであろう．しかしながら，相互信頼性の低い状況では，このことは疑わしくなる．先制行動をとる側が有利になるので，相手の先制行動に対する不安感や恐怖感などは必ず生まれる．そのことで，非合理的な戦略 S_2（先制行動）を選択してしまう可能性は否定できない．

ここで，相手が恐れていることを，どのように恐れることになるのかを定量的に表すことにする．そして，外的な要因に対する不確定性（客観的な不確定性という）が存在することで，各主体の不安要素（主観的な不確定性という）は，どのように増大するのか具体的に求めることにする．戦略 S_1（抑止行動）をとることを決定したのにも関わらず，お互いに誤って先制行動をとる可能性が存在するとしよう．主体 A と主体 B が誤って先制行動をとる確率を，それぞれ p_A と p_B で表す．それらには，不注意に，あるいは何らかの誤解が生じることで，非合理的な戦略 S_2 を誤って選択してしまう確率などが含まれる．それらの誤り確率が，

どんなに小さい値でも，お互いの心理的な連鎖反応によって拡大され，そのことで非合理的な戦略が合理的な戦略に変更されてしまうことがある．お互い心の中に存在する小さな不安がきっかけとなって，自分の非合理的な一面をそれぞれが拡大させてしまうことになる．

各主体が，それぞれの戦略を選択した場合の期待効用は，次式で求まる．

$$U_A(S_1)=(1-p_B)-h_Ap_B, \quad U_A(S_2)=h_A(1-p_B)$$
$$U_B(S_1)=(1-p_A)-h_Bp_A, \quad U_B(S_2)=h_B(1-p_A)$$
(3.4)

誤って先制行動をとる確率が存在したとしても，次の条件式が成り立つならば，お互いにとって合理的な戦略である抑止行動をとることになる．

$$U_i(S_1)>U_i(S_2), \quad i=A,B \tag{3.5}$$

しかしながら，以下の条件式が成り立つならば，非合理的な戦略 S_2 が合理的な戦略に変更され，お互いに先制行動をとることになる．

$$U_i(S_2)>U_i(S_1), \quad i=A,B \tag{3.6}$$

式 (3.5) と式 (3.6) より，次のことがいえる．

〔ケース 1〕

$$h_A>1-p_B, \quad h_B>1-p_A \quad \text{ならば，双方とも先制行動をとる．} \tag{3.7}$$

先制行動のメリット h_i, $i=A,B$ が 1 以上，あるいは 1 以下であっても，誤って先制行動をとらない確率 $1-p_A$ または $1-p_B$ 以上の値ならば，先制行動をとることが，双方の合理性の条件を満たす．そのことで，双方にとって最も望ましくない均衡解 (S_2, S_2) を招くことになる．このことから，暗黙の合意によって抑止行動を維持するには，一方的な先制行動によるメリットをできるだけ小さくする工夫が必要である．

〔ケース 2〕

$$p_A<1-h_B, \quad p_B<1-h_A \quad \text{ならば，双方とも抑止行動をとる．} \tag{3.8}$$

お互いに誤って先制行動をとる確率 p_A と p_B が，(3.8) 式の右項の上限値以下ならば，双方とも戦略 S_1 をとる．すなわち，それらの不確定要素の存在は，お互いの合理的な判断に何ら影響を及ぼすことなく，双方とも抑止行動をとる．このことから，誤って先制行動をとってしまう確率を，できるだけ小さく抑える工夫が求められる．

誤って先制行動をとる確率が，式 (3.8) の上限値を超えるならば，大きな問題に発展してしまう．そのことで，双方の合理的な戦略は変更され，先制行動が合

理的な戦略になるからである．何らかの原因で，誤って非合理的な戦略をとる確率が高まることで，双方が先制行動をとる可能性はいっそう高められる．反面，相互信頼性を高めることで，誤って非合理的な戦略を選択してしまう確率を低く抑えることができるならば，双方にとって最も望ましい状態を維持することができる．

以上のことを，さらに詳しく分析することにしよう．図 3.7 の利得行列の各要素に誤り確率 p_A と p_B を乗じることで，図 3.8 の利得行列を得る．その利得行列の上段の左側のセルの利得は，図 3.7 の利得行列の四つのセルの値を誤り確率で重みづけをして求めた期待値であるが，それらは次のようにして求まる．もし 2 人とも先制行動をしないと決定した場合，実際に生起する状態は，次の四つのいずれかである．

① 実際に先制行動は起きない (その生起確率は，双方とも誤って先制行動をしない確率 $(1-p_A)(1-p_B)$ で与えられる)．

② 主体 A は誤って先制行動するが，主体 B は誤って先制行動をしない (その生起確率は $p_A(1-p_B)$ で求まる)．

③ 主体 B は誤って先制行動をするが，主体 A は誤って先制行動しない (その生起確率は $p_B(1-p_A)$ で求まる)．

④ 2 人とも誤って先制行動してしまう (その生起確率は $p_A p_B$ で求まる)．

図 3.8 の上段の右側のセルも，同じように計算することで求まる．このケースは，主体 A は抑止行動，主体 B は先制行動を選択した場合である．この場合，主体 B は誤ることなく先制行動するので，実際に生起するのは，次の二つのう

B の戦略 A の戦略	S_1 (抑止行動)	S_2 (先制行動)
S_1 (抑止行動)	$(1-p_A)(1-p_B)+h_B p_B(1-p_A)$ $-h_B(1-p_B)p_A$ $(1-p_A)(1-p_B)+h_A p_A(1-p_B)$ $-h_A(1-p_A)p_B$	$h_B(1-p_A)$ $-h_A(1-p_A)$
S_2 (先制行動)	$-h_B(1-p_B)$ $h_A(1-p_B)$	0 0

図 3.8 不確実性を考慮した利得行列

ちのいずれかである.
① 主体Aも誤って先制行動してしまう（その生起確率は p_A）.
② 主体Aは誤って先制行動しない（その生起確率は $1-p_A$）.

図3.8の下段の左側のセルの利得は，次のようにして求まる．このケースは，主体Bは抑止行動，主体Aは先制行動を選択した場合である．主体Aは誤ることなく先制行動をしかけるので，実際に生起するのは，次の二つのいずれかである．

① 主体Bは誤って先制行動してしまう（その生起確率は p_B）.
② 主体Bは誤って先制行動しない（その生起確率は $1-p_B$）.

図3.8の下段の右側のセルの利得は，お互いに先制行動を選択した場合である．このケースでは，お互いが決定したことは，誤りなく実行されるので，利得は，図3.7と同じく，0である．

図3.8の利得行列において，主体Aが合理的な戦略として，戦略 S_1 でなく戦略 S_2 を選択するのは，以下の条件式が成り立つ場合である．

$$h_A(1-p_B) > (1-p_A)(1-p_B) + h_A(1-p_B)p_A - h_A(1-p_A)p_B \tag{3.9}$$

同様に，主体Bが合理的な戦略として，戦略 S_1 でなく戦略 S_2 を選択するのは，以下の条件式が成り立つ場合である．

$$h_B(1-p_A) > (1-p_B)(1-p_A) + h_B(1-p_A)p_B - h_B(1-p_B)p_A \tag{3.10}$$

以上の条件式を整理すると，お互いに抑止行動を望みながら，結果的に先制行動をとるのは，以下の条件式が成り立つ場合である．

$$h_A > 1-p_B, \quad h_B > 1-p_A \tag{3.11}$$

そして，式(3.7)と同じ条件式が求まる．

外的な不確定要素の生起確率 p_A と p_B の値をお互いに知ることができるならば，これ以上分析する必要はない．二つの確率のどちらか一方が大きくなることで，お互いの不安感が高まり，非合理的な戦略を合理的なものと判断して選択してしまうことになる．逆に，それらの値が小さければ，相手の合理的な判断が変更される可能性について気にすることなく，双方とも抑止行動をとり続けることになる．

お互いに合理的な計算に基づき自らの戦略を決定するとしても，神経質になることは十分にありうる．特に，誤って非合理的な戦略を選択してしまう可能性のある状況になると，全く異なった様相になる．このような状況では，相手の戦略

は，自分の神経質の度合いなどにも依存するからである．お互いに先制行動を望んでいなくても，ある不安感が双方に生じ，そのことで先制行動をとってしまう可能性を増大させてしまう．自分の神経質な性格を知ることで，相手も神経質になる．そのことで，相手行動に対する自分の恐怖感が増大され，相手より先に行動を起こそうとしてしまう．自分の神経質な面が増大されることで，より大きな不安を感じ，結果的に先制行動をとってしまうことさえある．これらのことから，何らかの不安要素がわずかでも存在することで，お互いに誤った判断をしてしまう可能性が高いことを意味している．

　一人ひとりは合理的な存在であっても，誰でも神経質になることはある．このことは，個人的な意思決定より，集団の意思決定では，より顕著かも知れない．集団になると，相手集団から一方的に先制行動されることに対して，個々に異なる不安感を持つ．個々に異なる心理的な働きを持った主体の集合体となることで，集団全体を一人の合理的な主体とみなすことはできなくなる．そして，個々に異なる内面の働きを持つ主体の集団の意思決定には，さまざまな非合理的な側面が内在することについて，5章で明らかにする．

4

適応的な意思決定

　本章では，集団による意思決定問題を取り上げ，適応的な合意形成法について考える．集団として効率的に活動を進めるには，構成メンバーの価値観や選好関係の相違などが主な原因となって生じる，集団内部でのさまざまな対立や争いなどを解消し，集団として優先すべき目標や行動方針に関して合意を得る必要がある．そのためには，各メンバーの価値観の表現である選好関係を一つに集約することが求められるが，これは一般には不可能であることが知られている．各主体が自らの選好関係を自主的に修正することで，合意形成を図るための方法について示す．自らの選好関係を適応させる度合いによって各主体を特徴づけ，異なる適応度をもつ主体の集団の合意形成上の特徴などについて明らかにする．

4.1 合意形成の困難性

　集団としての選好関係を定めることができれば，集団の意思決定は容易である．集団選好に関する合意を得ることで，選好関係の相違などが原因となって生じる，集団内部での不調和の問題も解決できる．また，協力関係を促進し，集団に共通する目的などを効率的に実現することもできる．「三人寄れば文殊の知恵」という慣用句にもあるように，重要な意思決定が集団で行われることが多いのは，個人で行う場合と比較し，集団は過ちを犯しにくい，という共通の信念が存在するからであろう．さらに，集団で問題解決や意思決定を行うことで，個人では思いもつかないような新しい発想や優れた知恵が生まれる，あるいは新しい創造の芽に対する強い期待感があるからである．

　しかしながら，個人による意思決定よりも集団による意思決定の方が優れ，そして多くの利点をもつというわけでもない．これとは反対に，個人の判断より劣

悪な判断を下してしまうこともある．集団を形成することで，個人の動機づけや問題意識が低下してしまう，あるいは個人の努力の度合いや貢献度の正当な評価が困難になることで，ただ乗り (free riding) や手抜きといった新たな問題なども生じるからである．また，他の誰かが処理してくれるのを期待する，あるいは自分はあまり関わりたくないと，多くの人が考えることで，集団としての力を十分に発揮できないこともある．より根本的な問題として，個人の自由な意思や選好関係をできるだけ尊重しながら，それらを一つに集約することが困難なことがあげられる．

　ここで，集団の意思決定と合意形成との関係について明らかにしておく．いずれも，集団として複数の選択肢の間に優先順位を定めること，あるいはさまざまな意見や考え方を一つに集約する問題としてとらえることができる．しかしながら，集団による意思決定という場合には，集団の目的を実現する上でのさきざまな方針，あるいは直面する問題を解決するための解決法がもたらす効果や影響について分析検討し，集団として選択すべき最適な方策を決定することを指す．このことから，決定される内容が主な関心の対象になり，物事を決めるという側面が強調される．一方，合意形成という場合には，一人ひとりの選好関係や価値観の相違を認め合いながら，それらをうまく集約することを重視する．そして，意思決定に至るまでのプロセス，すなわち物事が決まるという側面が強調される．

　自らの価値観に基づき，あるいは欲求の充足に動機づけられて行動する主体にとって，それらが反映されている自らの選好関係にこだわるのは，いわば本能的な態度であろう．また，集団の選好関係を決定する際に，たとえ他の主体との間で激しい対立が生じたとしても，自らの選好を主張することは，当然の権利として一人ひとりに認められるべきであろう．一方で，一人ひとりが自らの選好関係にこだわることで，集団としての選好関係が定まらなくなり，自己主張することが結果的に不利になることもある．一人ひとりに自らの選好関係を主張することを個人の権利として認めることで，集団として悪い結果を招くことを，セン (A. Sen) は，合理的な愚か者たち (rational fools) とも呼んでいる．

　お互いの価値観や選好関係を尊重し合いながら，集団としての選好関係を定めることが重要であるとしても，そのための方法がなければ，それは別問題である．この場合，どのような工夫を一人ひとりがすることで，このような問題を解決することができるであろうか．お互いの選好関係が異なることで，集団内部の

対立が表面化した場合，他の主体との調和を図るために，一人ひとりが自らの選好関係を自主的に修正するならば，その問題が解決され，集団における協力関係をいっそう促進することができるのではなかろうか．

何らかの評価基準に基づき，個人や集団が選択(choice)しようとする対象を，選択肢(alternative)という．また，自らの評価基準に照らし合わせて，複数の選択肢の中から最良のものを選択するとき，その選択(決定)を合理的(rational)であるという．ところで，複数の選択肢の中から最良のものを選ぶには，評価のための計算を行い，これらの間に優先順序を定める(ordering)ことが必要になる．二つの選択肢の間で，一方の選択肢が他方の選択肢よりも優れている，あるいは望ましいとする，主体あるいは集団全体の価値判断を，選好(preference)という．また，選択肢の集合の任意の二つの選択肢の間での価値判断の集合を，選好関係(preference relation)という．特に，個人の価値判断の場合には，個人の選好関係，集団の価値判断の場合には，集団の選好関係という．選好は，二つの選択肢の間の相対的な優先順位のことであるが，絶対的な選好上の差，すなわち，個々の選択肢に対する各主体の選好の強さが必要になることもある．

次に，選好関係を定義する．主体の集団を，$G=\{A_i : i=1, 2, \cdots, n\}$，各主体に共通する選択肢の集合を，$W=\{O_i : i=1, 2, \cdots, m\}$で表す．二つの選択肢 O_x, $O_y \in W$ に対する各主体の価値判断を，以下のように表す．

① O_y より O_x を選好する(このことを，$O_x > O_y$ と表す)
② O_x より O_y を選好する(このことを，$O_y > O_x$ と表す)
③ O_x と O_y とは，無差別(同等)である(このことを，$O_x = O_y$ と表す)

(4.1)

W に含まれる任意の二つの選択肢に対する価値判断の集合を，その主体の選好関係というが，それを次の二項関係で表す．ここで，O_y より O_x を選好することを (O_x, O_y) で表し，主体 $A_i \in G$ の価値判断の集合を，その主体の選好関係として次式で表す．

$$R_i = \{(O_x, O_y) : (O_x, O_y) \in W \times W\} \qquad (4.2)$$

ある集合の要素と別の集合の要素との間に成り立つ関係を，関数というが，選好関係 R_i は，選択肢の集合 W 上に定義される関数として表される．

ここで，選好関係に関する公準として，次の四つの性質を定義する．

[反射性] W の任意の選択肢に対し，それ自身との選好判断が含まれること

を，反射性(reflectiveness)という．すなわち，

$$\forall O_x \in W \quad \text{に対し}, (O_x, O_x) \in R_i \quad \text{が成立すること．} \tag{4.3}$$

［完備性］ W に含まれる任意の二つの選択肢に対する選好判断が可能なことを，完備性(または連結性)(completeness)という．すなわち，

$$\forall O_x, O_y \in W \quad \text{に対し}, (O_x, O_y) \in R_i \quad \text{または} \quad (O_y, O_x) \in R_i$$
のいずれか一方が成立すること． \tag{4.4}

［非同等性］ 同程度に好むという選好判断が含まれないことを，非同等性(無差別性)(indifference)という．すなわち，

$$\forall O_x, O_y \in W \quad \text{に対し}, (O_x, O_y) \in R_i \quad \text{および} \quad (O_y, O_x) \in R_i$$
が同時に成立するのは，$O_x = O_y$ となる場合だけである． \tag{4.5}

［推移性］ 選好判断が矛盾していないことを，推移性(transitivity)という．すなわち，

$$\forall O_x, O_y, O_z \in W \quad \text{に対し}, (O_x, O_y) \in R_i \quad \text{および} \quad (O_y, O_z) \in R_i$$
ならば，$(O_x, O_z) \in R_i$ が成立すること． \tag{4.6}

選好関係 R_i が，以上の四つの性質を満足する場合，強順序関係(strong ordering)という．一方，非同等性を除く三つの性質を満足するとき，弱順序関係(weak ordering)という．強順序関係から非同等性の条件を取り除くと，同程度に望ましいとする選好判断が含まれない．すべての選択肢に対する選好判断を1本の直線上に並べて表すことができる．このことから，弱順序の選好関係を線形順序(linear ordering)ともいう．反射性と推移性だけを満足する場合，半順序関係(partial ordering)という．

個々の主体の選好関係が弱順序関係を満たす場合，それらを集約し，同じように弱順序関係を満たす集団の選好関係を求めることは不可能であることは，アロウ(K. Arrow)の不可能性定理(impossibility theorem)として知られている．個人の権利として，自らの選好を自由に決定することを認め，そして個人の選好を全く規制しないのであれば，独裁者的な存在である人の選好を集団の選好としない限り，集団の選好関係は存在しないことを，アロウは証明した．

ところで，我々は集団の一員として何かを決めるとき，自分勝手に決めることはまれで，他のメンバーはどのように考えているのを絶えず気にしながら，判断することは多い．また，自らの選好を他の人の選好に調和させようとするのは，その人の社会性に基づく行為であるともいえよう．一人ひとりが，そのような社

会性を持たないで個人の権利だけを主張をする,あるいは自己本位的に振る舞うのであれば,集団や社会は全く無秩序な状態になってしまうであろう.しかしながら,現実の社会は,そのようにはならず,一人ひとりが何らかの社会的配慮をすることで,合意形成が図られることは多い.

次に,合意形成のための方法について,いくつか紹介する.集団の選好関係を決定するとは,共通の選好対象の集合 W 上に定義される各主体 $A_i \in G$ の選好関係 $R_i, i=1, 2, \cdots, n$ を一つに集約し,集団の選好関係 R を求めることである.ここで,選好対象 O_y より O_x の方を上位に選好する主体の数を,指標関数 $\#((O_x, O_y) \in R_i : i=1, 2, \cdots, n)$ で表す.また,各主体の選好関係に対し,指標関数 $r_i(O_x) = \#(O_y \in W, (O_y, O_x) \in R_i)$ を定義する.この指標関数は,主体 A_i の選好関係 R_i において,選択肢 O_x より上位に選好される選択肢の数を表す.

(1) 多数決の原理

多数決の原理に基づく方法は,選択肢 O_x より O_y の方を上位に選好する主体より,O_y より O_x を上位に選好する主体の方が多い場合,集団としては,O_y よりも O_x を上位に選好することである.すなわち,

$$\#((O_x, O_y) \in R_i : i=1, 2, \cdots, n) > \#((O_y, O_x) \in R_i : i=1, 2, \cdots, n) \quad \text{ならば}$$
$$(O_x, O_y) \in R \tag{4.7}$$

多数決の原理に基づき集団の選好関係 R を決定することで,それは反射性と連結性を満たす.すなわち,

［反射性］ $\forall O_x \in W$ に対し $(O_x, O_x) \in R$

［連結性］ $\forall O_x, O_y \in W$ に対し $(O_x, O_y) \in R$ または $(O_y, O_x) \in R$ のいずれか一方が成り立つ.

しかしながら,推移性は満たさない.すなわち,$(O_x, O_y) \in R$ と $(O_y, O_x) \in R$ の両方が成立しても,$(O_x, O_y) \in R$ とはならないことがある.このことを,投票のパラドックスの例を用いて示す.三つの選択肢に対する3人の主体の選好関係が,以下のように与えられているとしよう.

主体 A_1: $O_x > O_y > O_z$

主体 A_2: $O_y > O_z > O_x$

主体 A_3: $O_z > O_x > O_y$

集団の選好関係を,多数決の原理に基づき決定するならば,それぞれ2対1で,① $O_x >_G O_y$, ② $O_y >_G O_z$, ③ $O_z >_G O_x$ となる.ここで,集団の選好関係「$>_G$」

が推移性を満たすと仮定すると，①と②より，$O_x >_G O_z$ を得るが，これは③と矛盾する．このように，投票のパラドックスとは，一人ひとりの合理的な投票上の判断を，多数決によって集約することで，矛盾した結果を招くことをいう．

(2) パレートの原理

パレートの原理に基づく方法は，すべての主体が O_y より O_x を上位に選好するならば，集団として O_y より O_x を上位に選好することである．すなわち，

$$\forall A_i \in G \text{ に対して，} (O_x, O_y) \in R_i, \text{ ならば } (O_x, O_y) \in R \tag{4.8}$$

パレートの原理に基づき求めた集団の選好関係 R は，反射性と推移性を満たす．すなわち，

［反射性］ $\forall O_x \in W$ に対し，$(O_x, O_x) \in R$

［推移性］ $\forall O_x, O_y, O_z \in W$ に対し，

$(O_x, O_y) \in R$ かつ $(O_y, O_z) \in R$ ならば $(O_x, O_z) \in R$

しかしながら，完備性を満たさないことがある．すなわち，ある二つの選択肢 $O_x, O_y \in W$ に対し，$(O_x, O_y) \in R$ あるいは $(O_y, O_x) \in R$ の，どちらも成立しないことがある．このことは，どちらを上位に選好するのか，集団として決定できない複数の選択肢が存在することを意味している．

(3) ボーダーの原理

ボーダーの原理は，順位評点法とも呼ばれている．それは，各主体の選好関係に基づき，最高位で選好される選択肢から順番に，$m-1$ から 0 までの点数をつける．そして，各選択肢に対する個々の主体の評点の合計点によって，集団の選好関係を決定する方法である．各選択肢の集団全体の評点を，ボーダー数 (Borda count) ともいう．選択肢 $O \in W$ に対するボーダー数は，指標関数を用いると次のように求まる．

$$B(O) = \sum_{i=1}^{n} r_i(O) \quad \forall O \in W \tag{4.9}$$

選択肢 O_y のボーダー数よりも，選択肢 O_x のボーダー数の方が大きい場合には，集団として O_y より O_x の方を上位に選好する．すなわち，

$$B(O_x) > B(O_y) \text{ ならば } (O_x, O_y) \in R \tag{4.10}$$

例えば，3人の主体の四つの選択肢に対する選好関係が，以下のように与えられているとしよう．

主体 A_1 :　$O_x > O_y > O_z > O_w$

主体 A_2 :　　　$O_x > O_y > O_z > O_w$
主体 A_3 :　　　$O_y > O_z > O_w > O_x$

　各選択肢のボーダー数を求めると，$B(O_x)=6, B(O_y)=7, B(O_z)=4, B(O_w)=1$ となるので，集団の選好関係は，$O_y >_G O_x >_G O_z >_G O_w$ として決定される．

　ボーダーの原理に基づき決定した集団の選好関係 R は，反射性，完備性，そして推移性を満たすので，弱順序関係になる．ところが，ボーダーの原理に基づく決定法には，新たに戦略的操作という問題が生じてしまう．それは，各主体が自己の選好関係を偽って報告することで，集団の選好関係が操作されることをいう．

4.2　個人選好の適応

　個人は，自らの意見を言明する上で，集団全体の雰囲気から何らかの影響を受ける．さらに，自らの選好関係を変えるよう，周りから強い影響を受けることもある．このような影響力は，実在する明白な力としてではなく，多くの場合，一人ひとりの心理的な働きの連鎖反応によって生み出される．さらに，周りからの期待感などが暗黙の圧力となって作用することもある．多くの人に共通する考え方や行動様式を規範 (norms) というが，このような規範が集団圧力となって影響を及ぼすこともある．以上のことから，一人ひとりの心理的な働きが合意形成に及ぼす影響は大きいといえよう．

　合理性の原則とは，自らの選好の一貫性を維持することである．ところが，多くの人が自らの合理性を抑制し，集団全体の傾向や大勢を占める意見に歩調を合わせることで，集団としてうまく機能することが多い．今までの研究では，集団による意思決定を一つのブラックボックスとして扱う傾向が強く，各メンバー間の異質性や一人ひとりの心理的な働きが集団の意思決定にどのような影響を及ぼすのかについて，十分には解明されてはいない．従来の研究のように，集団の意思決定をマクロレベルでとらえるだけでなく，一人ひとりの個人的な属性の違いや心理的な働きにも着目し，そしてミクロレベルからのアプローチと融合した新しいアプローチが，集団の意思決定の研究には必要であろう．

　さまざまなマクロ的な現象を扱う上で，個人レベルでの意思決定を分析上の基本単位とするアプローチを，方法論的個人主義という．集団や社会全体による現象は，個人のミクロ的な行動の集積の結果であり，個人のミクロ行動を分析する

ことで，その全体像を明らかにしようとする．しかしながら，ミクロ的な行動や現象を単純に足しあわせることで，マクロ的な現象を説明しようとするアプローチは，必然的に合成上の誤りを生むことになる．なぜならば，個人同士の相互作用が複雑で非線形的な現象を生み出している場合には，そのようなアプローチでは，それらのことをすべて把握し，分析することができなくなるからである．このことからも，個人と集団の二つの異なるレベルでの意思決定に着目し，それらの間に生じる双方向的な作用にも分析上の焦点をあてる必要がある．

　弱順序の選好関係は，効用関数という定量的な尺度で表すことができる．そして，合理的な意思決定は，効用関数の最適化問題を解くことで求まる．ところで，各主体の選好関係を集約し，集団の選好を求める上で，さまざまな制約や限界があることを前節で述べた．ここで，各主体の選好関係は弱順序であるとする条件を緩め，反射性と推移性だけを満たす半順序関係を仮定する．半順序関係とすることで，弱順序関係のように，各主体の選好関係を1本の直線上に表すことはできないが，それを階層的に表すことはできる．この性質を利用して，半順序の選好関係を次のようにインデックス化する．

(1) 個人の選好関係のインデックス化

（ⅰ）基準となる選好インデックスの設定

　選択肢の集合 $W=\{O_k : k=1, 2, \cdots, m\}$ に含まれるすべての選択肢に対し，i 番目の要素は 1，それ以外の要素は 0 となる m ビットのベクトルを付与する．選択肢 $O_k \in W$ に付与したビットベクトル（0または1の要素をもつベクトル）を，選好インデックスとして $C(O_k)$ で表す．

（ⅱ）選好インデックスの継承演算

　上位関係にある選択肢の選好インデックスと下位関係にある選択肢の選好インデックスの間で，次のような継承演算を行う．選択肢 O_k より下位関係にある選択肢の集合を，$D(O_k)$ で表す．$O_j \in D(O_k)$ となるすべての O_j の選好インデックスに対し，次のような演算を施す．

$$C(O_j) = C(O_k) \oplus C(O_j) \tag{4.11}$$

$\oplus$ は，二つのビットベクトルの各要素間での OR（和）演算を表す．このようにして求めた選好インデックスの例を，図4.1に示す．

　選好インデックスには，次のような性質が成り立つ．

［性質1］　選択肢 O_x は O_y より上位に選好される，すなわち，$O_x > O_y ((O_x,$

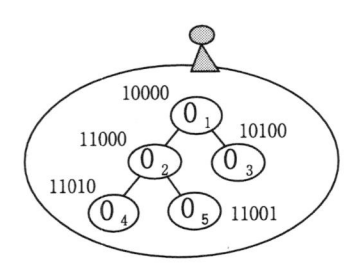

```
              10000
                ○ O₁
        11000 ╱    ╲ 10100
           ○ O₂    ○ O₃
    11010 ╱  ╲
      ○ O₄   ○ O₅  11001
```

図 4.1 選好インデックスの例

$O_y) \in R$) ならば，選好インデックス $C(O_x)$ と $C(O_y)$ の間に，

$$C(O_x) \otimes C(O_y) = C(O_x) \tag{4.12}$$

の関係式が成り立つ．ここで $\otimes$ は，選好インデックスの各要素ごとの AND (積) 演算を表す．

[性質 2] 三つの選択肢 $O_x, O_y, O_z \in W$ の間で，$(O_x, O_y) \in R$ と $(O_y, O_z) \in R$ が成り立つとする．性質 1 より，$C(O_x) \otimes C(O_y) = C(O_x)$ および $C(O_y) \otimes C(O_z) = C(O_y)$ の関係式を得る．また推移性より，$(O_x, O_z) \in R$ を得る．そして，$C(O_x) \otimes C(O_z) = C(O_x)$ の関係が得られるので，選好インデックスにも推移性に関する演算が成り立つことがわかる．

選好インデックスは，さらに次のような性質を持つ．主体 $A_i \in G$ の選好関係 R_i の選好インデックスの集合を，$\{C^{(i)}(O) : O \in W\}$ で表す．主体 $A_i \in G$ の選好関係において，$(O_x, O_y) \in R_i$ であるとする．すると，選択肢の選好インデックス $C^{(i)}(O_x)$ と $C^{(i)}(O_y)$ のノルム値 (各要素の和) を比較すると，次の関係式を得る．

$$\|C^{(i)}(O_x)\| < \|C^{(i)}(O_y)\| \tag{4.13}$$

つまり，上位に選好される選択肢の選好インデックスのノルム値は，下位の選択肢の選好インデックスのノルム値よりも小さいことがわかる．

(2) 集団の選好関係の決定

各主体の選好インデックスを集計することで，集団の選好関係を決定する．各選択肢 $O \in W$ に対し，次式で定義される値を付与する．

$$B(O) = \sum_{i=1}^{n} \|C^{(i)}(O)\| \tag{4.14}$$

以下の値は，すべての主体の選好インデックスのノルム値の総和を表すが，それ

を集団の評価値として定義する．二つの選択肢 $O_x, O_y \in W$ に対する集団の評価値が，

$$B(O_x) < B(O_y) \tag{4.15}$$

となる場合には，集団として，O_y より O_x を上位に選好するとし，このことを，

$$O_x >_G O_y \quad \text{または} \quad (O_x, O_y) \in R \quad \text{で表す．} \tag{4.16}$$

以上の方法に基づき求めた集団の選好関係 R は，反射性，完備性および推移性を満たす．したがって，弱順序関係を満たすことから，個人の選好関係よりも強い選好上の条件を満たすことがわかる．

人間の行動を，欲求や動機，あるいは選好関係などの内部属性から理解しようとする方法以外に，社会性など，その人の外部属性から理解しようとするアプローチがある．個人は，社会生活をする上で，他の主体や集団からさまざまな制約や影響を受ける．そのことで，個人行動が変化することを，同調 (conformity) という．同調行動は，人間の非合理性の一面を表しているが，そのことで集団や社会がうまく機能することも多い．合意形成の問題を考える上で，一人ひとりの社会性や同調性に着目することで，今までにはない新しい知見を得ることができる．

お互いに一人ひとりの個人的な欲求などを相互に認め合いながら，その上で全体の妥協点を見いだそうと努力することで，合意形成が促進されることは望ましいことである．各主体が自らの選好関係を自主的に修正することを，個人選好の適応モデルとして次に定式化する．各主体の選好関係（選好インデックス）を集約し，集団の選好インデックスを求め，それを集約情報として各主体にフィードバックする．各主体は，個人の選好インデックスと集団の選好インデックスの差を評価し，個人の選好インデックスを修正する．修正された個人の選好インデックスは再度集約され，各主体にフィードバックされる．

各主体の選好インデックスをノルム値の総和で割った値を，正規化された選好インデックスとして次式で定義する．

$$C^{(i)}(O) := C^{(i)}(O) / \sum_{O \in W} \| C^{(i)}(O) \| \tag{4.17}$$

誤解が生じない限り，正規化された選好インデックスも同じ記号で表す．個人選好の適応モデルを，以下のように定義する．

$$C^{(i)}_{t+1}(O) = \alpha_i (G_t(O) - C^{(i)}_t(O)) + C^{(i)}_t(O) \tag{4.18}$$

ここで，$C^{(i)}_t(O)$ は，時点 t における選択肢 $O \in W$ に対する主体 $A_i \in G$ の選

好インデックス，$G_t(O)$ は，同じ時点での集団の選好インデックスを表す．また α_i は，主体 $A_i \in G$ の適応度を表し，0 から 1 の間の値をとる．以上の個人選好の適応モデルは，次のような性質をもつ．

［性質 1］

$$G_t(O) > C_t^{(i)}(O) \quad \text{ならば} \quad C_{t+1}^{(i)}(O) > C_t^{(i)}(O) \quad t = 0, 1, 2, \cdots \quad (4.19)$$

つまり，選択肢 O に対する主体 $A_i \in G$ の選好インデックスが，集団の選好インデックスよりも低い場合には高くなるように，逆に高い場合には，それを低くするような方向に修正をする．

［性質 2］

① $\alpha_i = 0$ の場合は，次式を得る．

$$C_{t+1}^{(i)}(O) = C_t^{(i)}(O) \quad (4.20)$$

すなわち，適応度の低い主体は，自らの選好関係をあまり変更しない．そして，自らの合理性を最大限に追求する，あるいは自己主張の強い主体である．

② $\alpha_i = 1$ の場合は，次式を得る．

$$C_{t+1}^{(i)}(O) = G_t(O) \quad (4.21)$$

すなわち，適応度の高い主体は，自己の選好より集団の選好の方を重視する．そして，自らの合理性を極端に抑制し，過度に順応的な主体である．

4.3 集団の多様性と合意形成

本節では，適応型合意形成法の特徴や集団の多様性との関係について，シミュレーションによって明らかにする．5 人の主体の集団を考える．全部で 5 個の選択肢に対する各人の選好関係を以下のように与える．そして，これを Case 1 として扱う．

$$\begin{aligned} R_1 &: O_1 > O_2 > O_3 > O_4 > O_5 \\ R_2 &: O_2 > O_3 > O_4 > O_5 > O_1 \\ R_3 &: O_3 > O_4 > O_5 > O_1 > O_2 \\ R_4 &: O_4 > O_5 > O_1 > O_2 > O_3 \\ R_5 &: O_5 > O_1 > O_2 > O_3 > O_4 \end{aligned} \quad (4.22)$$

このケースでは，投票のパラドックスと同じように，循環順序関係が生じることになる．したがって，自らの選好に各主体が固執するならば，選択肢の間に集団としての優先順序をつけることができなくなる．図 4.2 と図 4.3 に，各主体の

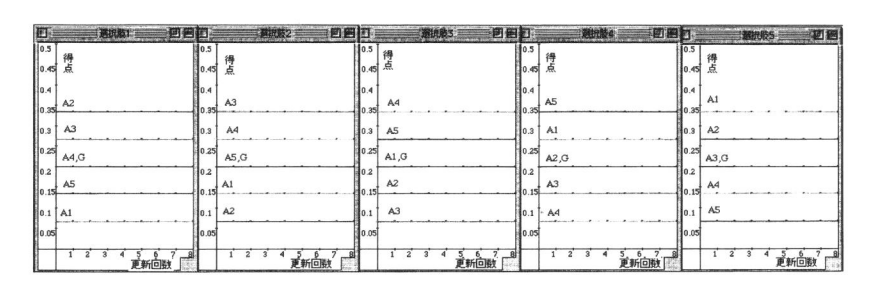

図 4.2 Case 1 (a) のシミュレーション結果（個人適応なし）

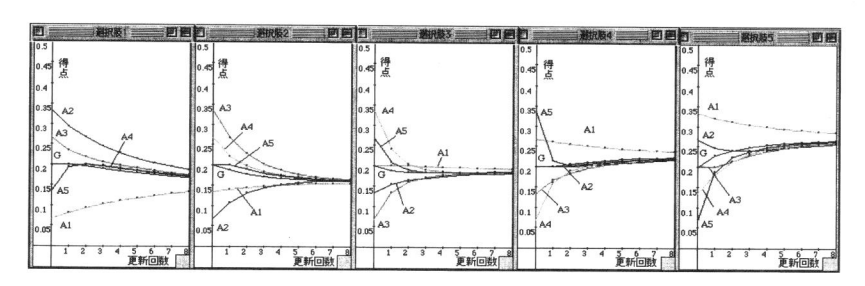

図 4.3 Case 1 (b) のシミュレーション結果（個人適応あり）

選好インデックス（A1～A5）と集団選好のインデックス（G）の推移を示す．各主体が自らの選好関係を修正しない場合には（各主体の適応度がゼロの場合で，これを Case 1 (a) とする），各選択肢に対する集団の選好インデックスは等しいままである（図 4.2）．図 4.3 には，各主体が自らの選好を修正する場合（Case 1 (b)）を示す．図 4.3 において，選択肢 O_1 の集団の選好インデックスは，選択肢 O_3 の集団の選好インデックスより低い値で収束している．このことは，集団としては，選択肢 O_3 より選択肢 O_1 の方を上位に選好することを意味する．このケースでは，個々の選択肢に対する集団の選好インデックスは異なる値に収束し，集団としての選好関係を決定することができる．投票のパラドックスとは，自らの選好を自由に主張することを個人の権利として認めることで，集団としての選好関係に循環順序が生じてしまい，そのことで選択肢間で優先順位を決定することができないことをいう．しかしながら，個人属性としてさまざまな適応度を持つ主体が，自らの選好関係を自主的に修正することで，集団としての選好関係が定まることが，図 4.3 に示す結果よりわかる．

適応型の合意形成法の特徴を明らかにするには，選好関係と適応度の二つの個人属性の観点から分析する必要がある．式 (4.18) は，個人の適応度は，個人の選好関係を基準とする個人合理性と，集団の選好関係を基準とする集団合理性との間のバランスを表している．そして，各主体の選好関係の組合せは同じであっても，各主体の適応度が異なることで，合意形成の内容が大きく異なることになる．次に，個人の適応度が合意形成に及ぼす影響が極めて大きいことを示す．ここで，ほぼ同じ適応度をもつ主体の集団を同質集団，個々の適応度が大きく異なる集団を混質集団と呼ぶことにする．

(1) 同質集団の合意形成

個々の主体の適応度が高い場合と低い場合の，同質の集団の合意形成について比較をする．シミュレーションの条件を，次のように設定する．

① 5人で構成される集団　$G=\{A_1, A_2, A_3, A_4, A_5\}$

② 5個の選択肢の集合　$W=\{O_1, O_2, O_3, O_4, O_5\}$

③ 個々の主体の選好関係

$$R_1: O_1>O_2>O_4, \quad O_1>O_3, \quad O_2>O_5$$
$$R_2: O_2>O_3>O_4>O_5>O_1$$
$$R_3: O_3>O_2>O_1, \quad O_3>O_4>O_5$$
$$R_4: O_4>O_5>O_3>O_1, \quad O_3>O_2$$
$$R_5: O_5>O_1, \quad O_5>O_4>O_3>O_2$$

以上の選好関係の特徴は，各主体が最上位に選好する選択肢がそれぞれ異なることにある．各主体の適応度を，次の2ケースで考える．

Case 2 (a)：適応度の高い場合 ($\alpha=0.9$)

Case 2 (b)：適応度の低い場合 ($\alpha=0.1$)

Case 2 (a) と Case 2 (b) のシミュレーション結果を，図 4.4 と図 4.5 に示す．各グラフの縦軸は，各選択肢に対する各主体の選好インデックス，横軸は，選好関係の修正回数を表す．また，図の中の G は，集団の選好インデックスを表す．図 4.4 より，各主体の選好は当初はバラバラであるが，高い適応度をもって個々に修正することで，合意形成が速く得られることがわかる．一方で，図 4.5 に示す結果から，各人の適応度が低い場合には，合意形成には時間がかかることがわかる．しかしながら，十分に時間をかけることで，合意形成の内容は，Case 2 (a) の場合と同じになる．すなわち，同質集団では，個人の適応度は合意形成の

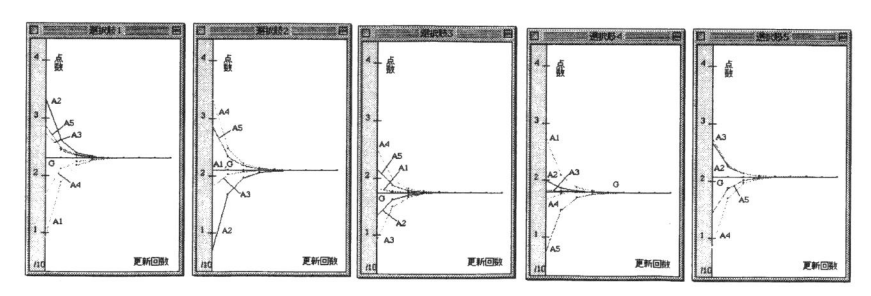

図 4.4　Case 2(a) のシミュレーション結果 (高い適応度の同質集団)

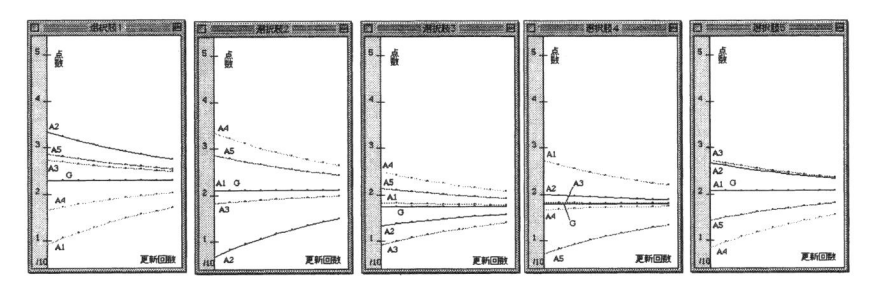

図 4.5　Case 2(b) のシミュレーション結果 (低い適応度の同質集団)

速さに影響を与えるだけで，合意形成の内容には何ら影響を与えない．そして，合意形成の内容を左右するのは，集団を構成する各メンバーの選好関係の組合せであることがわかる．

(2)　混質集団の合意形成

次に，個人の適応度が異なる混質集団の合意形成を考える．各人の適応度の組合せを，$\alpha = \{0.1, 0.3, 0.5, 0.7, 0.9\}$ とし，また各主体の選好関係の組合せは，Case 2 の場合と同じとする．このケースを Case 3 とし，そのシミュレーション結果を図 4.6 に示す．図 4.4 と図 4.5 に示す Case 2 の結果と比較すると，各人の選好関係の組合せが同じであっても，各人の適応度が異なることで合意形成の内容が大きく異なることがわかる．また混質集団では，適応度の低い主体の選好関係に強い影響を受ける形で，合意形成が進むこともわかる．

ここで，集団の選好関係に循環順序関係が生じるケースを取り上げ，集団の異質性と合意形成との関係について明らかにする．各主体の選好関係を，Case 1 と同じ組合せ，すなわち投票のパラドックスが生じる問題を扱う．各主体の適応

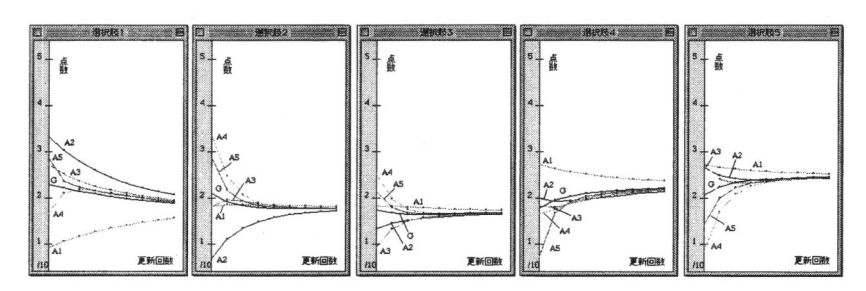

図 4.6 Case 3 のシミュレーション結果（混質集団）

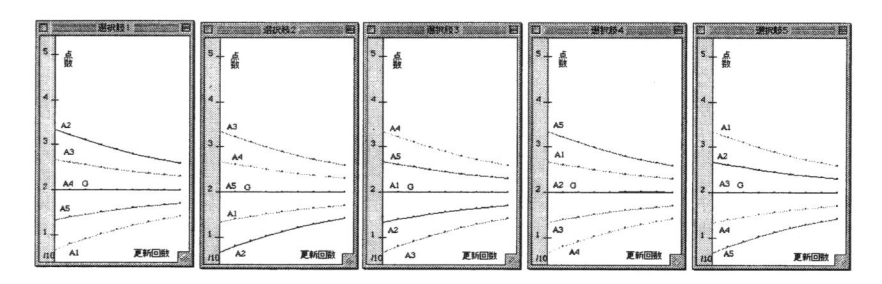

図 4.7 Case 4 (a) のシミュレーション結果（投票のパラドックス：同質集団）

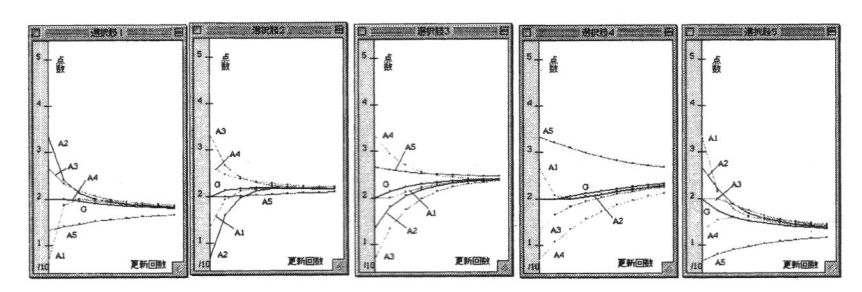

図 4.8 Case 4 (b) のシミュレーション結果（投票のパラドックス：混質集団）

度の組合せは，全員が $\alpha=0.1$ の場合，Case 3 と同じで，$\alpha=\{0.1, 0.3, 0.5, 0.7, 0.9\}$ の場合とを考える．これらを，Case 4 (a) (b) とし，そのシミュレーション結果を，図 4.7 と図 4.8 に示す．これらの結果より，同質集団と混質集団の合意形成の相違が顕著なことがわかる．同質集団の場合，各選択肢に対する集団の選好インデックスは，ほぼ同じ値で推移し，それらの間に優先順序をつけることは

できない．ところが，混質集団では，各選択肢の選好インデックスは異なる値に収束し，集団の選好関係を決定することができる．このことから，個人属性として異なる適応度を持つ混質集団では，合意形成が促進されることがわかる．

(3) 階層集団の合意形成

すべての人が対等な立場でなく，さまざまな上下関係が構成メンバー間に存在するのが，階層型集団である．階層集団では，上位者の意思決定が集団全体での意思決定に大きな影響力を持つことが多い．逆に，上位者の意思決定が集約された下位の者の意見に左右されることもある．ここでは，対等な立場にある複数の主体（下位集団という）と，彼らより上位の地位にある一人の主体で構成される階層型集団の合意形成について考える．このような階層集団による適応型合意形成法の仕組みを，図4.9に示す．上位主体は，集約された下位主体の選好関係を評価し，自らの選好関係に何らかの修正を加える．そして，集団全体の合意形成は，下位集団の選好関係と上位の主体の選好関係によって決定される．

式(4.18)で与えた個人の適応モデルを修正することで，上位主体と下位主体の適応モデルを定義する．時点 t における下位集団の選好インデックスを $G_t'(O)$，上位主体の選好インデックスを $C_t^{(Meta)}(O)$ で表す．上位主体は，自らの選好と下位集団の選好との関係から，選好インデックスを以下の式に基づき修正する．

$$C_{t+1}^{(Meta)}(O) = \alpha_{Meta}(G_t'(O) - C_t^{(Meta)}(O)) + C_t^{(Meta)}(O) \tag{4.23}$$

ここで，α_{Meta} は上位主体の適応度を表す．

下位主体は，上位主体の選好関係に自らの選好関係を近づけることで，集団全体の選好に調和させる．そして，選好インデックスを以下の式に基づき修正する．

$$C_{t+1}^{(i)}(O) = \alpha_i(C_t^{(Meta)}(O) - C_t^{(i)}(O)) + C_t^{(i)}(O) \tag{4.24}$$

選択肢 $O \in W$ に対する時点 t での集団の選好インデックスを，$G_t(O)$ で表す．それを，上位主体の選好インデックスとして次式で定義する．

$$G_t(O) = C_t^{(Meta)}(O) \tag{4.25}$$

上位主体と下位主体が，式(4.23)と式(4.24)に基づき自らの選好関係を適応させることで，上位主体を含む集団の選好関係が決定される．

ここで，シミュレーションの条件を次のように設定する．

① 1人の上位主体と4人の下位主体による集団　$G = \{A_{Meta}, A_1, A_2, A_3, A_4\}$

84   4. 適応的な意思決定

```
        G'_t(O)    ：下位主体の集団の選好インデックス
        G_t(O)     ：上位主体を含む集団全体の選好インデックス
        C_t^{(Meta)}(O) ：上位主体の選好インデックス
上位主体の適応モデル   C_{t+1}^{(Meta)}(O)=α_{Meta}(G'_t(O)-C_t^{(Meta)}(O))+C_t^{(Meta)}(O)
```

上位主体の選好 $C_t^{(Meta)}(O)$

下位集団の選好 ／ 集団全体の選好

集約 適応

個人選好 $C_t^{(i)}(O)$　個人選好 $C_t^{(i)}(O)$　個人選好 $C_t^{(i)}(O)$

下位主体の適応モデル $C_{t+1}^{(i)}(O)=α_i(G_t(O)-C_t^{(i)}(O))+C_t^{(i)}(O)$

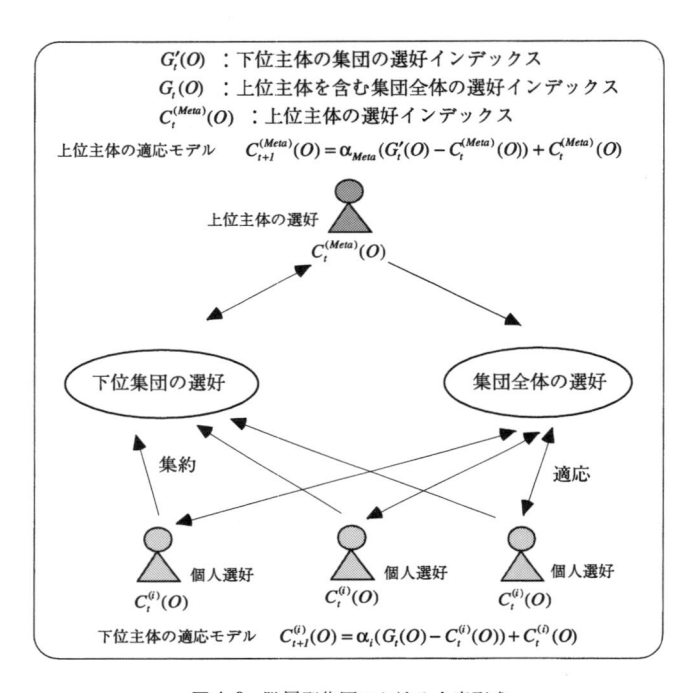

図 4.9　階層型集団における合意形成

② 4 個の選択肢の集合　$W=\{O_1, O_2, O_3, O_4\}$
③ 上位の主体と下位の主体の選好関係

$$R_{Meta}：O_1>O_2>O_3>O_4$$
$$R_1：O_4>O_3>O_1,\quad O_3>O_2$$
$$R_2：O_4>O_2>O_1,\quad O_4>O_3$$
$$R_3：O_4>O_1,\quad O_4>O_2,\quad O_4>O_3$$
$$R_4：O_4>O_3>O_1,\quad O_3>O_2$$

次の二つのケースで，シミュレーションを実施する．

Case 5 (a)：下位主体の適応度は高い．上位主体の適応度は，それよりも低い場合

Case 5 (b)：下位主体の適応度は低い．上位主体の適応度は，それよりも高い場合

Case 5 (a) と Case 5 (b) のシミュレーション結果を，図 4.10 と図 4.11 に示

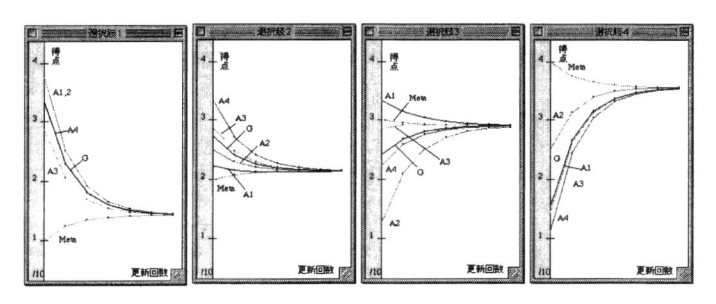

図 4.10 Case 5 (a) のシミュレーション結果 (階層型集団)

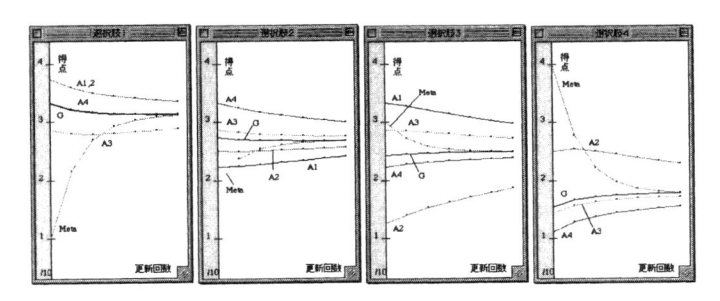

図 4.11 Case 5 (b) のシミュレーション結果 (階層型集団)

す．Case 5 (a) の場合，集団全体の選好は，上位主体の選好に近い形で決定される．このケースは，上位主体の適応度が小さいことから，いわば独裁的な存在である指導者に，多くの下位の者が盲従している階層集団であるといえよう．一方，Case 5 (b) の場合，上位主体の適応度が高く，逆に下位の主体の適応度が小さいため，集団全体の選好は，下位主体の集団の選好に大きな影響を受ける．このケースは，優柔不断な上位者を，発言力の強いスタッフが支えている階層集団である．

4.4 インフォーマルグループと合意形成

合意形成には，個人の妥協や適応が不可欠なことを，前節で明らかにした．本節では，合意形成におけるインフォーマルグループ (informal group) の役割について考える．集団の意思決定に際し，自分たちの意見や選好が最大限に反映されることを狙いとして，さまざまなグループが集団内部に形成されることがあ

る．多数派を形成することを主な目的とし，結託や根回しなどの方法によって形成される内部集団のことを，インフォーマルグループという．インフォーマルグループは，その名のとおり，非公式で私的な集団であることから，その存在自体，良いイメージを与えないことが多い．しかしながら，集団の意思決定においては，重要な役割を果たす．すなわち，選好関係や価値観の似た者同士が，話し合いなどによって事前に選好関係を調整しておくことで，より高いレベルでの合意形成が図られる可能性は高い．

一人ひとりにとって望ましい合意形成は，その中に，自らの選好が最大限に反映されていることであろう．しかしながら，単独で個人の選好を主張するのでは，その影響力は小さいものになる．また，そのことで他の主体との対立や争いなども増すことになる．このことは，集団の規模が大きくなることで，より顕著になる．したがって，大規模な集団になることで，集団内部にさまざまな動きが生まれ，その一環として非公式なグループが形成されるのは，ごく自然なことである．価値観などを共有できる者同士で結託をする，そして多数派を形成しグループとしてまとまって行動することで，より大きな影響力を行使することもできる．インフォーマルグループが形成されるのは，自分たちに有利な形で合意形成を図ろうとするからだけではない．事前に選好関係などを調整しておくことで，集団内部での対立や争いごとを解消することができ，そのことで集団による協力体制を強化できるからである．

ところで，インフォーマルグループを形成することによって，以上の効果を果たして期待できるのであろうか．例えば，グループの選好を事前に決める上で，メンバー間に不公平感が生じ，そのことでインフォーマルグループとして，うまく機能しないことも考えられる．また，インフォーマルグループに参加しない者にとって不利にならないであろうか．

合意形成に対する満足度は，個人によって異なるが，それは，最終的に決定される個人の選好と集団の選好との一致度から評価することができる．時点 t での主体 $A_i \in G$ の選好インデックスを $C_i^{(t)}(O)$，集団の選好インデックスを $G^{(t)}(O)$ で表し，その時点での主体 $A_i \in G$ の評価値を，集団の選好と個人の選好の差として次式で定義する．

$$f_i^{(t)} = \sum_{O \in W} \| G^{(t)}(O) - C_i^{(t)}(O) \| \tag{4.26}$$

以上の評価値が小さい場合には，個人の選好と集団の選好の差は小さく，個人の満足度は高い．その評価値が大きい場合は，逆に個人の満足度は低いことがわかる．集団全体での評価値を，個人の評価値の総和として次式で定義する．

$$F^{(t)} = \sum_{i=1}^{n} f_i^{(t)} = \sum_{i=1}^{n} \sum_{O \in W} \|G^{(t)}(O) - C_i^{(t)}(O)\| \tag{4.27}$$

以上の定義式より，集団の評価値が低い場合は，合意形成は高いレベルにあるが，それが高い値をとる場合は，逆に低いレベルにあることがわかる．

各主体は，あらゆる状況において，自分にとって何が望ましいのか個々に判断をしながら行動する．ところが，集団の中では，周囲から何らかの影響や制約を受けることが多い．例えば，自分を取り巻く多くの者が，自分とは異なる考えを持つならば，果たして自分の主張は妥当なのかなどの不安感を抱く．その場合，自分の主張を集団の中で大勢を占める意見に合わせることで，そのような不安感を解消しようとする．このような個人の同調的な行為は，感情の働きによるものであることから，個人の感情の働きが意思決定に及ぼす影響は極めて大きいといえる．

式 (4.18) の個人の適応モデルにおいて，個人の適応度 a は，合意形成に対する個人の態度を表し，それは不変な値であるとした．次に，各主体の適応度は，合意形成の推移とともに変化するとしよう．その適応度が変化する様相によって，個々の主体の感情タイプを特徴づけることにする．ここでは，次の三つのタイプを考える．

タイプ 1 (安定型)：$a(t) = $ 一定 \hfill (4.28)

タイプ 2 (協調型)：$a(t) = at + b$ \hfill (4.29)

タイプ 3 (偏屈型)：$a(t) = -at + b$ \hfill (4.30)

それぞれの感情タイプを持つ主体の適応度が変化する様相を，図 4.12 に示す．$a(-1 \leq a \leq 1)$ は，適応度の変化係数，$b(0 \leq b \leq 1)$ は，初期段階での適応度を表す．タイプ 1 の主体の適応度は常に一定であるので，安定した感情の持ち主といえよう．タイプ 2 は，時間が経過することで，集団の選好を重視するので，協調的な感情の持ち主といえる．一方タイプ 3 は，合意形成の交渉が進むことで，自己の選好にいっそう固執することから，偏屈な感情の持ち主といえる．

インフォーマルグループが形成される場合，集団全体での合意形成の概念を，図 4.13 に示す．図 4.13 において，G_1, G_2, G_3 は，三つのインフォーマルグルー

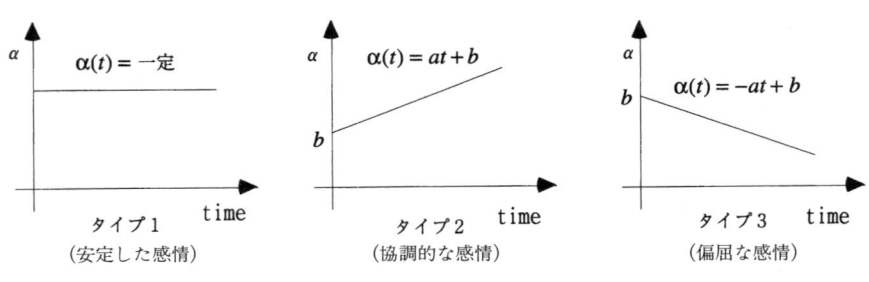

図 4.12 主体の感情のタイプ

タイプ1（安定した感情）： $\alpha(t) = $ 一定
タイプ2（協調的な感情）： $\alpha(t) = at + b$
タイプ3（偏屈な感情）： $\alpha(t) = -at + b$

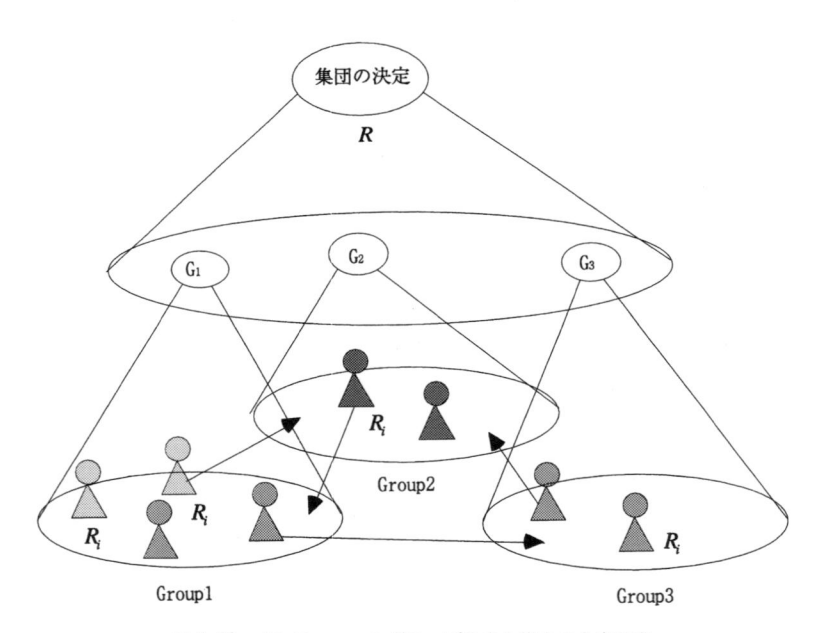

図 4.13 インフォーマルグループを含む場合の合意形成

プの選好関係を表す．それらの選好関係を集約することで，集団全体の選好関係が決定される．主体 $A_i \in G$ は，後述する選択基準 $P_i(R, R_i)$ に基づき，自ら所属するインフォーマルグループを決定する（ただし，最初のグループ分けはランダムに行う）．各主体は，集団全体の合意形成の内容を評価し，現時点で所属するインフォーマルグループが，自分にとって有利なものなのかどうかについて判断をする．そして，必要に応じて新たなインフォーマルグループに移る．移動す

4.4 インフォーマルグループと合意形成

る場合の新たなインフォーマルグループの選択は，ランダムに行うものとする．各主体はインフォーマルグループを自由に移動するので，その構成メンバーは常に変化することになる．

次に，各主体のインフォーマルグループの選択基準 $P_i(R, R_i)$ を，次のように設定する．

① $f_{t-1}^{(i)} < f_t^{(i)}$ かつ $f_t^{(i)} + d^{(i)}$ ならば，他のインフォーマルグループに移動する．

② これ以外の場合，現在のグループにとどまる． (4.31)

現在のインフォーマルグループにとどまる場合，主体 $A_i \in G$ の満足度は，式 (4.26) で定義した評価値 $f_t^{(i)}$ で与えられる．また $d^{(i)}$ は，インフォーマルグループにとどまるための主体 A_i の最小限の満足レベル，すなわち許容値を表す．以上の式で定義した選択基準 $P_i(R, R_i)$ は，時点 t における集団の合意形成の評価値 $f_t^{(i)}$ が変化する方向を表す式と，その時点での評価値と許容値 $d_t^{(i)}$ との関係を表す式の二つから構成される．現在のインフォーマルグループにとどまるか，あるいは新たなグループに移動するかの判断は，次のように行われる．合意形成が経過することで，主体 $A_i \in G$ の評価値 $f_t^{(i)}$ が増加 (すなわち満足度が減少) し，あらかじめ設定した許容レベルを越えた場合には，他のインフォーマルグループに移動する．しかしながら，それが許容値以下ならば，現在のグループにとどまる．また，たとえ許容範囲を越えたとしても，前回と比較して満足度が向上していれば，今後満足度が改善されることを期待して，同じグループにとどまる．以上の二つの条件を同時に満たすこととしたのは，ある時点での満足度と許容値の関係といった短期的な視点ではなく，前の時点から現在までの経過に基づき，次の時点以降に対する期待感から，各主体は判断をするとしたためである．そのことで，インフォーマルグループの過敏な再編成を防ぐことができる．

インフォーマルグループと合意形成との関係を明らかにするために，次のような条件の下でシミュレーションを行う．

① 主体の集団が 25 人と 100 人の二つのケースを設定：$G_1 = \{A_i : i = 1, 2, \cdots, 25\}$, $G_2 = \{A_i : i = 1, 2, \cdots, 100\}$

② 選好対象空間：$W = \{O_i : i = 1, 2, \cdots, 5\}$

③ 主体の選好関係

集団が 25 人の場合 (G_1) は 5 人ずつ，100 人の場合 (G_2) は 20 人ずつ，それぞれ

同じ選好関係をもつものとする．集団規模が25人の場合，五つのタイプの選好関係を以下に示す．これらの選好関係は，循環関係が生じる場合である．

$$R_1, R_6, R_{11}, R_{16}, R_{21} : O_1 > O_2 > O_3 > O_4 > O_5$$
$$R_2, R_7, R_{12}, R_{17}, R_{22} : O_2 > O_3 > O_4 > O_5 > O_1$$
$$R_3, R_8, R_{13}, R_{18}, R_{23} : O_3 > O_4 > O_5 > O_1 > O_2$$
$$R_4, R_9, R_{14}, R_{19}, R_{24} : O_4 > O_5 > O_1 > O_2 > O_3$$
$$R_5, R_{10}, R_{15}, R_{20}, R_{25} : O_5 > O_1 > O_2 > O_3 > O_4$$

また，各主体の感情タイプを次の3ケースで考える．

Case 6 (a)：すべての主体がタイプ1 (安定型)の場合 ($a=0.1$)
Case 6 (b)：すべての主体がタイプ2 (協調型)の場合 ($a=0.1, b=0.1$)
Case 6 (c)：すべての主体がタイプ3 (偏屈型)の場合 ($a=-0.1, b=0.1$)

それぞれのケースでのシミュレーション結果を，図4.14，図4.15，図4.16に示す．

これらの左側の図は25人の集団，右側の図は100人の集団の結果を表す．グラフの横軸は，合意形成の回数 (あるいはグループの再編成回数)，縦軸は，式 (4.27) で定義した集団の評価値を表す．図の中の直線は，インフォーマルグループが形成されない場合の評価値を表している．インフォーマルグループが形

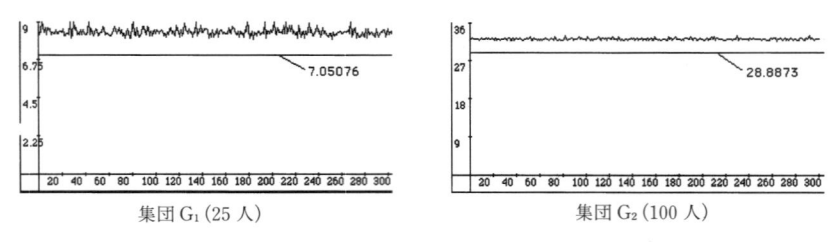

集団 G_1 (25人)　　　　　　　　　集団 G_2 (100人)

図 4.14 Case 6 (a) 同質集団の場合 (安定した感情の持ち主)

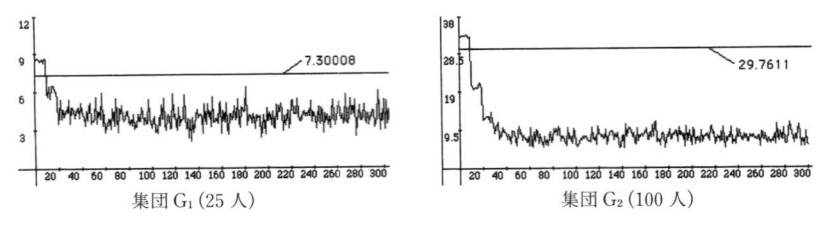

集団 G_1 (25人)　　　　　　　　　集団 G_2 (100人)

図 4.15 Case 6 (b) 同質集団の場合 (協調的な感情の持ち主)

4.4 インフォーマルグループと合意形成　　　　91

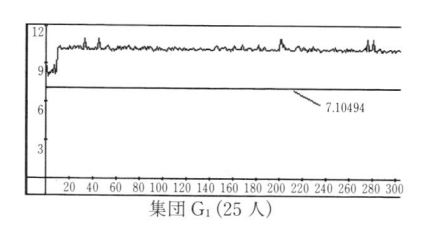

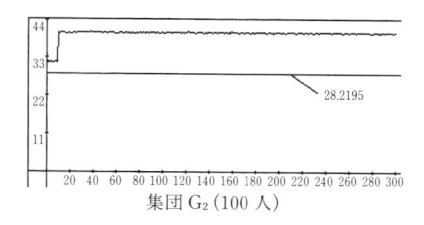

集団 G_1 (25 人)　　　　集団 G_2 (100 人)

図 4.16 Case 6 (c) 同質集団の場合 (偏屈な感情の持ち主)

成される場合，集団の評価値は大きく変動している．これは，各主体が移動することで，インフォーマルグループの構成メンバーが絶えず変化するためである．

図4.14に示すのは，適応度 α の値が一定，そして安定した感情タイプの主体の集団の合意形成である．インフォーマルグループが形成される場合の評価値は，形成されない場合の評価値よりも高くなっている．インフォーマルグループの選好が集団全体の選好に十分に反映されないことで，各主体の選好と集団の選好との間の差が大きくなる．そのことで，集団の評価値が高まったためと考えられる．このことから，タイプ1の安定した感情をもつ主体で構成される集団では，インフォーマルグループを形成することのメリットはあまりなく，逆にインフォーマルグループを形成することで，その合意形成レベルは低いものになることがわかる．

図4.15に示すのは，個々の適応度が合意形成の進捗とともに増加する，協調的な感情タイプの主体の集団の合意形成である．集団の評価値は，インフォーマルグループを形成しない場合よりも低くなっている．各人の選好関係が大きく異なっていても，さまざまなインフォーマルグループが形成され，各人がインフォーマルグループを自由に移動することで，集団全体での合意形成レベルがいっそう高まることがわかる．

図4.16に示すのは，合意形成が進むことで自己の適応度を減少させる，偏屈な感情の持ち主の集団である．インフォーマルグループを形成した場合の評価値は急速に増加し，やがて一定の値に収束し，Case 6 (a) の低い適応度をもつ主体の集団と，ほぼ同じ結果になる．初期段階では，たとえ高い適応度をもつ主体であっても，やがて自己主張の強いタイプと同じ適応度になる．そのことで，インフォーマルグループを形成しても，グループ内での合意が得にくくなるためである．

インフォーマルグループを形成することで，より高いレベルで合意形成が得られるのは，そのことで集団内部の対立などが減少するためである．集団の規模が大きくなることで，主体間の対立は必然的に増すことになることから，インフォーマルグループの効果がより顕著になるのは，大規模な集団の場合ではなかろうか．このことを明らかにするために，集団の規模を100人に拡大してシュミレーションを行ったのが，図4.14から図4.16の右側の図に示す結果である．いずれのケースも，集団の評価値は集団規模にほぼ比例して増加している．これは，集団の規模を拡大する際に，個人の選好関係の組合せを変えずに，主体数を増やしためである．その中で，タイプ1とタイプ3の主体で構成される集団の評価値は，図4.14と図4.16に示すように，インフォーマルグループが形成されない場合と形成される場合では，集団の規模の比と同じで約4倍になっている．すなわち，インフォーマルグループを形成した場合と形成しない場合の評価値は，25人の集団と100人の集団のいずれの場合も，ほぼ同じである．つまり，安定した感情の主体，あるいは偏屈な感情の持ち主の集団では，構成メンバーの選好関係の組合せが変わらない限り，単純に集団の規模が拡大しただけでは，インフォーマルグループを形成することによる効果はあまりないことがわかる．

一方で図4.15は，タイプ2の主体によって構成される集団である．このケースでも，インフォーマルグループを形成しない場合の集団の評価値は，小規模な集団と比較すると，約4倍になっている．一方，インフォーマルグループを形成した場合の評価値と比較すると，集団の規模が4倍になっているにも関わらず，評価値は約2倍にしか増えていない．このことから，協調的な主体の集団では，インフォーマルグループを形成することによる効果は，集団の規模が拡大することで，より顕著になって現れることがわかる．

自己の満足度を増加させるために，各主体がインフォーマルグループを自由に移動するのは，実社会における利益追求集団において，さまざまなインフォーマルグループが形成され，その間を人々が自由に移動することにも類似している．インフォーマルグループは，人間関係の好き嫌いなどを基にして形成される，いわば友好集団であることが多い．グループに属さない他のメンバーに対する好き嫌いなどを，あからさまにすることは許されないことから，このようなグループの存在自体，公にはならないことが多い．非公式な存在であったのが，そのグループのもつ影響力が次第に大きくなることで，個人的な利益を求めてそれに加

入する者は増すことになる．また，当初は単なる友好集団が，次第に利益追求型の集団に変貌することもある．個人の失敗や不正などに対する外部からの非難に身を守るために，インフォーマルグループに加入しようとする者も現れる．個人的に何らかの不都合が生じた場合，インフォーマルグループのもつ大きな影響力の下で庇護してもらおうとするためである．このことで，失敗や不正を身内で隠ぺいし合うという悪循環が生じ，インフォーマルグループのもつ本来の意義を衰退させることにもなりかねない．

インターネットの急速な普及によって，情報ネットワークのグローバル化が進むとともに，社会構造にも大きな変化を見せている．木村忠正と土屋大洋は，著書『ネットワーク時代の合意形成』の中で，従来の中央集権的な意思決定の限界を，次のように指摘している．従来の社会問題は複雑かつ困難であったが，問題そのものは比較的明確なものが多い．また，関与する当事者も明確であった．例えば，環境問題であれば，被害者や加害者の関係，あるいはその因果関係は比較的明確であった．また，意思決定や紛争解決における最上位主体は，各国の中央政府，議会制民主主義，司法制度，あるいは官僚機構のように，明らかな存在であった．さらに，社会の意思決定や合意形成に関する手続きなども，明確に制度化されている．ところが，多元化した現代の社会では，多様化した社会的ニーズに対し，きめ細かい対応をしようとすればするほど，求められる意思決定は複雑で困難なものになってきている．

人材，物資，資本の流通が世界的な規模で拡大する中で，国際社会には，NGO (Non-governmental Organization) など，従来の国家単位を超えた新しい社会的主体が強い影響力を持ち始めている．また，多くの国々の内部では，さまざまな非営利団体 NPO (Non-profit Organization) の活動はめざましい．NPOやNGOとは，ある特定の問題や活動に対し，関心や利害関係にある人たちが，その参加資格などに関係なく自由に議論あるいは活動に参加できる，いわばインフォーマルな組織である．また，ボトムアップ的な活動を繰り広げることから，このような組織は開放型集団としても特徴づけられる．これらの組織では，特定の機関が定めた法律のような明示的規則によって規制されることなく，また中央集権的な形で統制をとることなく，多くの参加者の意思を反映した形で，自然と決まっていく形態の活動をとることが多い．そして，従来のように「何かを決める」というのではなく，事実上の標準（デファクト・スタンダード）や勧告という

形で，問題解決のための方策や手順についての合意形成を得ようとすることから，「何かが決まっていく」というプロセスを，より重視した組織であるといえる．また，インターネット社会では，自律統治(self-governance)が重要な概念になっている．それは，統括あるいは管理するための特別の組織をもたない，いわば「王も大統領も投票も必要としない」，そして緩い形での合意形成によって，自分たちの問題を自分たちで解決していこうとする基本姿勢のことである．

　個々のメンバーが自らの意見を主張し，それをぶつけ合うことに終始することなく，お互いの主体性や権利を尊重し合いながら，全体の活動の調和を図ることができる，新しい合意形成上の仕組みについて提案した．このような手法は，今後ますます重要になるであろう．適応型の合意形成法は，工学的な応用にとどまらず，意思決定論や組織論などの研究にも新しい視点を提供するものと期待できる．情報通信の変革や社会の情報化に伴い，特にインターネット上で，お互いの活動を相互調整し合うための仕組み，そしてネットワーク時代にふさわしい新しい合意形成法が求められている．本章で提案した適応型合意形成法は，このための第一歩となることを期待したい．

5

倫理的な意思決定

本章では，倫理的な意思決定とはいったい何で，それはどのような条件を満たすべきなのかなどについて明らかにする．また，合理的な意思決定との関係について明らかにし，個人の評価基準に基づき合理的に決定したことを，全体的な観点から望ましいものにするための仕組みについても考える．当初は，理想とする状態が誰にもわからなくても，各人が自らの意思決定を逐次改善していくことで，全体としてその方向に進むならば，そのような意思決定の仕組みは倫理的であるとしてとらえる．そのような意思決定の仕組みの下では，一人ひとりが自己利益の拡大を目指しながら，集団や社会の一員として果たすべき責務や役割について学習できることを示す．選好関係などの個人情報を公開することなく，そして全体に関する共通情報を共有しながら，各人が自らの意思決定の改善に努めることで，倫理的な意思決定が行われる仕組みについて考える．

5.1 意思決定の合理性と倫理性

「我々は，どのような時代を生きているのか」，「その時代をどのように生きるべきなのか」，「そもそも自分とはいったい何者で，何を基軸にして，その時代を見ているのか」といった問いかけは，一人ひとりに共通に存在するといえるであろう．我々は，このような問いかけをすることで，心の中で自分自身と出会うことになる．また，自分自身を観察することも，あたりまえのことになる．ところが，心の中で考え，想像し，あるいは願っていることと比較して，我々が実際に行動し，また言葉で表現したりすることは，そのごく一部に過ぎないのである．

自分の気持ちや感情に素直で，それに忠実に従って行動することは，個人にとって最も望ましい，と考える人は多い．果たしてそうであろうか．その人の理

念や動機が純粋で，その行為も正しい方向を目指しているのであれば，結果的に正しいものでなくても，それは社会的に正当化されるべきであるという考え方がある．一方で，感情や動機の純粋さからではなく，その人の行為がもたらす結果によって，その倫理性について判断すべきであるという考え方もある．このように，個人の意思決定の倫理性を論じる上で，目的，意図，あるいは動機など，その人の内面的な正しさ，あるいはその人の行為の結果責任の，どちらを優先すべきかという大きな問題がある．自分の願いや理想とすることを，実際の行動に一致させることは，そう簡単ではない．ある人の行為が，その志の高さから評価されることもあまりない．それは，外面からしか評価できないことで，その正当性について正しく評価することが困難になることが多いからである．このことから，一人ひとりの自意識に基づく意思決定や行為の正当性を，いかに評価すべきかは極めて困難な課題である．

　また，意思決定上の評価基準をどのように設定すべきかも，たいへん難しい課題である．集団や社会全体の利益を優先すべきか，あるいは個人の利益を優先するのか，難しい選択に迫られることは多い．その場合，個人の利益を基準にした個人合理性 (individual rationality) と，集団の利益を基準にした集団合理性 (collective rationality) の概念を区別して考えることが大切になる．ところで，個人にとって合理的な意思決定，あるいは集団や社会にとって合理的な意思決定が倫理的であるとはいえないことを，次に示そう．個人で収集あるいは蓄積した知識を，共通の知的資源として多くの人に提供することの重要性について異論はないであろう．ところが，人々の自発的な活動によって共通の知的財を蓄積することは可能なのであろうか．新しい知識を獲得するにはコストなどが伴うことから，自分は何もしないで，他の人が獲得した知識を利用することの方が，個人的には有利なことは明らかである．ここで，話をわかりやすくするために，2人の主体の場合を考える．そして，高価値と低価値の二つのタイプの知識が，それぞれ確率0.5の割合で存在するとしよう．各主体の利得を，図5.1に示す二つのケースで考える．2人とも，次の二つの戦略を選択肢としてもつ．

　戦略 S_1：自ら知識獲得を行い，相手も利用できるよう獲得した知識を蓄積する．

　戦略 S_2：自分は何もしないで，相手が蓄積した知識をただで利用する．

両者の利得関係は，お互いの戦略の組合せとして，図5.2の利得行列で求まる．

5.1 意思決定の合理性と倫理性

(ケース1)

主体 \ 知識の価値 (存在確率)	高価値 (0.5)	低価値 (0.5)
A	10	-12
B	10	-12

(ケース2)

主体 \ 知識の価値 (存在確率)	高価値 (0.5)	低価値 (0.5)
A	10	-12
B	40	-20

図 5.1 知識獲得上の利得

(ケース1)

Aの戦略 \ Bの戦略	S_1 (活動する)	S_2 (ただ乗り)
S_1 (活動する)	-1, -1	5, -1
S_2 (ただ乗り)	-1, 5	0, 0

(ケース2)

Aの戦略 \ Bの戦略	S_1 (活動する)	S_2 (ただ乗り)
S_1 (活動する)	10, -1	20, -1
S_2 (ただ乗り)	10, 5	0, 0

図 5.2 知識獲得上の利得行列

ケース1の場合，もし双方が知識獲得をするならば，お互いの期待利得は -1 になる．お互いに何も活動をしなければ，双方とも期待利得は 0 になる．一方で，相手が獲得した知識を利用する場合には，高価値の知識だけを利用すればよい．そして，高価値の知識の存在確率は 0.5 であるので，ただ乗りをする人の期待利得は 5 になる．

この問題を，損得計算に基づく合理的な観点と倫理的な観点の両方から考えることにする．ケース1の場合，双方にとって最適な戦略は，相手のとる戦略に依存することなく，S_2 である．すなわち，コストを伴う知識獲得は行わないで，相手が獲得した知識をただで利用することが，個人的には最も望ましい．そして，双方とも，ただ乗りしようとすることで，戦略の組合せ (S_2, S_2) が均衡解になる．ところが，集団合理性の条件を満たすのは，(S_1, S_2) または (S_2, S_1) であ

る．すなわち，一方が知識獲得を行い，他方は何もしないことが，双方にとって最も望ましい．これらの均衡解は，一方が自分に不都合な戦略を選択し，もう一方は自分に最も都合のよい戦略を選択することなので，自己犠牲を強いられる側に不公平感が残ることになる．

一方で，双方とも，自分にとって不都合な戦略 S_1 を選択することで，(S_1, S_1) が均衡解になる．すると，お互いに自分に最も都合がよい戦略を選択した場合の均衡解である (S_2, S_2) と比較すると，さらに悪い結果に陥ることになる．双方が自己利益を追求することで陥る罠 (entrapment) が，ジレンマ問題である．一方で，そのような罠から免れようとして，お互いに譲り合うことでも新たな罠に陥ることになる．双方にとって最も望ましい均衡解を実現するには，合理的な戦略と自己犠牲的な戦略を交互に選択することが求められる．

次にケース 2 の場合，主体 A にとって最適な戦略は S_2 で，ケース 1 と同じように，それは支配戦略である．コストのかかる知識獲得はいっさい行わないで，主体 B が獲得した知識をただで利用することが，主体 A にとっては最も望ましい．一方で，そのような主体 A の支配戦略を知る主体 B にとっては，戦略 S_1 を選択することが最も望ましい．したがって，(S_2, S_1) が均衡解として実現する．ところが，集団合理性を満たすのは，それとは逆の戦略の組合せ (S_1, S_2) で，主体 A が知識獲得を行ない，逆に主体 B は何もしないことである．ところで，その均衡解においては，主体 B だけが大きな利得を獲得し，一人勝ちになる．相手が利得を独占する均衡解を実現するために，自己犠牲に耐えようとする動機が，主体 A に果たして生まれるのであろうか．また，たとえ集団合理性を満たすとしても，一方だけが利得を独占することになる状態は，社会的な見地から容認されるべきであろうか．

ケース 1 の場合，両者の利得関係を表す利得行列は対称行列になっている．この場合，長期的な相互依存関係の中から，自己犠牲を伴う非合理的な戦略と合理的な戦略を交互に選択する仕組みが生まれることが期待できる（この問題は，7 章で扱う）．しかしながら，ケース 2 の場合の利得行列は非対称で，お互いの利得構造が大きく異なる．この場合，一人勝ちする者から利得の少ない者へ所得移転をすることなどが必要であろう．しかしながら，利得を公平な方法で再配分することは極めて困難である．この問題は，5.3 節で扱う．

個人合理性の条件と集団合理性の条件とが一致すれば，意思決定上のジレンマ

は生まれないであろう．自己利益を優先する利己心と，全体の利益を優先する利他心とは誰にでも存在し，両者の間で激しい葛藤が生じることも少なくないであろう．個人にとって最適な意思決定が，集合全体にとって最適であるとは限らない．そして，一見矛盾しているのだが，過剰な自己愛は，かえって自己利益に反する結果をもたらすことも多い．このことからも，個人的な利益だけにとらわれて行動すべきではないということは肝に銘じておくべきであろう．

　自己の利益を追求することで，結果的に劣悪な状態を招くような問題の解決には，個人的に望ましいことと全体にとって望ましいことを区別して考えることが重要であることを，経済学者セン (A. Sen) は指摘している．また，ゲーム理論の研究者ハーサニ (J. Harsanyi) は，個人は，個人的な効用と社会的な効用の二つの価値基準を持ち，個人の効用を基準とした合理的な判断と社会的効用を基準とした合理的な判断を区別することが多いとも指摘している．合理的な意思決定とは，利益の最大化や効率化を目指した意思決定である．複数の人が協力することで，一人ひとりがより多くの利益を獲得することができ，それを協調効果ともいう．そのような余剰効果は，できるだけ公平に構成メンバー間で配分されるべきである．このことから合理的な意思決定には，最適性や効率性の条件だけでなく，倫理性の条件をも満たすことが求められる．

　意思決定とは，個人の価値に関わる問題でもある．価値判断の問題に関し，多くの人が一致をみることはたいへん難しい．なぜならば，価値の問題は，最終的には個人の判断に依存するからである．また，国家や集団における集合的な価値で計れるものでもない．例えば，豊かな社会が，集合的な価値のスローガンになるとしても，そのことに多くの人が価値を見いだせないのであれば，それはあまり意味を持たない．社会とは，一人ひとりに自己実現を図る上での場や環境を提供するものであって，社会のために個人が存在するのではない．一方で，個人の価値に意思決定上の基準を見いだすことで，組織や社会の健全な運営が果たして可能であろうか．

　ここで，我々が求めている意思決定上の倫理性とは何か，もう一度考え直す必要がある．倫理性を考える上で，アダム・スミス (A. Smith) が提唱した，共感 (sympathy) の概念は重要である．スミスは，人々の利己心に基づく行為は，他人を著しく侵害するものでない限り，最大限に認められるべきであると考えた．彼が経済理論を構築する上で，その基底に人々の利己心を置いたのは，多くの人

が利己的に行動すると考えたからではなく，相手の利己心を認めることは誰にでもできる，と考えたからであるといわれている．共感とは，同情とか慈愛のようなものではない．それは，相互理解のために必要な本質的なものであって，自分の視点だけでなく，他人はどう見ているのか，すなわち共感される側の視点に立つことである．自分を観察する他人の共感を立場を交換して想像することで，彼の感じることに共感することができ，それを自らの行為の励みにすることもできる．例えば，「あなたの論文はすばらしい」と評価されたとき，自分のこれまでの努力が報われたと自己満足に浸ることに終始するだけでなく，数多くの論文の中から自分の論文を発見し，そして関心を抱いてくれた相手に対し，自分の感謝の気持ちを素直に伝える行為は，共感によって生まれる．

倫理的な立場から，自分の行為の社会的な影響について評価するには，自分が置かれている立場を離れ，他人の立場から評価することが求められる．他人に共感するとは，その人を思いやることでもある．他人の痛みを自分の痛みとすることで，思いやりが生まれる．共感と対峙する概念が，反感である．倫理的な価値判断には，共感は欠かせない．なぜならば，倫理的な意思決定には，自己犠牲を伴うからである．このことから，倫理の根幹は共感であるといえる．例えば，苦痛を感じている人，危険にさらされている人，恵まれていない人，そして犠牲になっている人たちに共感し，彼らの苦しみなどを共有することで，その人たちを心から援助しようとする動機などが生まれる．自分を他人の立場から観察する能力は，倫理的な諸原則を遵守するために不可欠なことである．このことから，倫理的な意思決定は，一人ひとりが「全体からの眼」を持つことで可能になる．

ところで，自らの世界イメージや価値観を修正するには，自分の意識を自分自身で眺めることが必要であり，そのことを自己言及 (self-reference) ともいう．その人が持つイメージを，世界イメージともいう．自分の世界イメージをできるだけ広く，そして筋の通ったものにしようとする努力は，その人の思想の力でもある．他者との関わり合いに積極的に取り組み，お互いの世界イメージをできるだけ交流させることで，相互理解をいっそう深めることができる．また，自分自身の存在を他の主体の存在と相対化できる．そのことで，より上位の価値基準に基づく判断が可能になり，そして自らの価値基準に照らし合わせて判断すると非合理的なことが，より上位レベルからの判断では合理的になることがある．

自己言及とは，社会的な観点から自己の価値体系をとらえなおし，より高次の

価値体系の下で，自分の世界イメージを再評価することである．そのことで，異なる思想や世界イメージをもつ人たちとの相互理解を深めることができる．村上泰亮は，著書『反古典の政治経済学』の中で，共約性という相互理解のための枠組みを提案している．他の主体の異質性を尊重し，お互いの主体性や独自性を相互に認め合う．また，他の主体の存在を積極的に評価し，彼らと積極的な関わり合いをもつことで，お互いに共通の世界イメージを共有することができる．このような状態のことを，共約性という．

合理的な意思決定においては，効率性が基準となる．効率とは，究極的には人的資源や経済財などを最大限に活用することである．他方，個人によってどのような環境の下で生まれたのかまちまちである，あるいは，いつどのような不遇な状況に遭遇するのかわからないという不確実性を誰もが抱えているという前提の下，多くの人が少しでも良い方向に向かうことのできる社会のあり方について考えるのが，公平であろう．効率と公平は，時として相対立し，どちらを優先すべきか，いつの時代にも大きな社会問題になる．より多くの人が共感や共約性を身につけることで，効率性を追求しながらも，公平さにも配慮した，優しい意思決定が可能になるのではなかろうか．

5.2 不確実な意思決定における倫理性

意思決定の良し悪しが，その妥当性や正当性からではなく，それがもたらした結果から判断されることは多い．しかしながら，正しい意思決定とは，その結果の良し悪しを言及するものではない．また，結果が悪かった原因を，すべてその意思決定のせいにすることも間違いである．意思決定の良し悪しに，すべての結果が依存するわけではない．悪い結果は必ずしも悪い判断を意味していない．不都合な結果は，すべて意思決定が悪いからであるという誤った見方をすることで，優れた意思決定になる可能性のあることを事前に棄下してしまうことにもなりかねない．

倫理的な倹約や禁欲は，多くの宗教に共通する思想の一つである．それは，現在より未来に対し，より高い価値を置く考え方である．また，未来はリスクだけでなく好機をもたらす，未来には無限の可能性が満ち溢れていることなどを期待した考え方でもある．ところが，予測不可能なことがあまりにも頻繁に起きることで，将来に夢や希望を抱く人よりも，現在の生活を優先させる人の方が多い．

将来の布石になることは勇気をもって実行する，未来のために現在の生活をある程度犠牲にする忍耐力を持つことなどは，いつの時代にも共通して求められる．また，何か新しいことを発案し，それを実行して失敗に終わる罪より，何もしないで結果的に悪い状態を招いてしまう罪の方が重いことを，より多くの人が認識すべきであろう．しかしながら，何もしないことに対しての評価は極めて難しい．

　意思決定には，不確実なことが多く伴うことから，意思決定の善し悪しは，結果そのものではなく，それが最善のプロセスを経て決定されたかどうかによって評価されるべきである．しかしながら，これもたいへん難しい．成功の要因が偶然の結果であって，その意思決定に大きな欠陥があったとしても，すべてのことが肯定的に評価される．一方で，失敗することで，その失敗の原因が十分に解明されることなく，意思決定に関わった当事者の責任問題にすり替えられてしてしまうことも多い．さらに，集団による意思決定になると，個々のメンバーの個人的な貢献度や努力を正当に評価することが極めて困難になる．そのために，成功することで，その成功に直接関与しなかった人まで評価される．逆に，うまくいかなかった場合には，責任回避や責任のなすりつけなどに人々の関心が集まり，意思決定プロセスの全体が正当に検証されないことは多いのである．

　多くの人は，物事を決定論的な立場から見ようとする．また，単なる偶然で起きたことに対しても，何らかの因果関係をつけたがる傾向が強い．意思決定の結果を，すべて意思決定のコントロール下におくことはできない．それは，ある種の運や偶然に依存して決まることを認識しておくべきである．偶然性に関わることには，規則性はない．多くのばらつきがあり，それらを予測することは困難である．ところが，我々は限られた情報処理能力しか持たなく，ランダムなことをすべて記憶しておくことはできない．このことから，ばらばらに起きた事象にも，何らかの関係や規則性を見いだそうとする．そして，自らの経験を過剰に一般化してしまい，誤った意思決定上のルールを導き出すことにもなりかねない．市川伸一は，著書『考えることの科学』の中で，「人間は，一を聞いて十を知る．そして，三誤る」と述べている．我々は，不確実な世界の中で生活をしている．変動する現象の多くは，たくさんの，しかも見えない要因が複雑に絡み合うことで生じ，意思決定の結果は，それらに大きく左右されることも認識しておくべきである．

　意思決定において，確率的な判断を避けることはできない．不確実な事象は，

ランダムな事象，我々の無知に基づくもの，あるいは他の人の意図的な行動に起因するものなど，広範囲に存在する．それらは，ランダムな事象と真に不確実なものとに分類できる．そして，前者の不確実性の下での意思決定を，リスクの下での意思決定という．ランダムな事象が既知の確率分布に従って起こるならば，この種のタイプの不確実性に対処することは可能である．例えば，できるだけ良い情報を集めることで，それらの多くは排除できるであろう．一方，後者の真の不確実性は，その確率分布が未知であることから，それを主観的に判断しなければならない．しかしながら，真の不確実性とは，主として将来の事象に関連した不確実性であり，時間が経過することでしか解決できないという性質を持っている．これらを主観的に判断することで，大きな誤りを犯す可能性も潜んでいる．真の不確実性には，人々の意図的行動も含まれるが，これらは2章で扱ったゲーム理論の枠組みで扱うことができる．

ここで，意思決定上の不確実性を，次のように分類しておく．
① 概念的不確実性：何が問題なのかに関する不確実性．
② 事実的不確実性：代替案や現在の状況に関する不確実性．
③ 予測的不確実性：何らかの判断が下される前に，どのような状況の変化が起こるのかに関する不確実性．あるいは，選択すべき代替案によって，どのような影響や効果が生起するのかに関する不確実性．
④ 戦略的不確実性：相手は，どのような行動をとるのかに関する不確実性．
⑤ 倫理的不確実性：何を目的とすべきか，また目的に照らし合わせて何が望ましい結果なのかに関する不確実性．

不確実なことを定量的に評価することで，それらをうまく管理するための手法は，数多く存在する．その中に，一人では手に負えないリスクを共同で管理するための方法として，リスク共有(risk sharing)という手法がある．それは，個々に負うべきリスクの軽減化を図ることで，個人の能力を超えた大きな不確実性に共同で対処するための方法である．個人単独では，リスクの伴う行動をとらないことが合理的な状況にあって，複数の人が協力することで，逆にリスクを伴う行動をとることが合理的になる．ところで，リスク共有が無条件で成立するわけではない．一人ひとりの勇気ある行動を結びつけるための工夫を必要とする．

例として，ネットワーク上に存在する計算資源を，2人のユーザーAとBが利用しようとしている状況を考える．ネットワークの利用には，通信コストを負

担する必要がある．それは，利用時間や通信経路の状態に依存し，通信経路が混雑していれば通信コストは高く，空いていれば安くなる．ネットワークの状態は時々刻々変化することから，通信コストを事前に確定することは困難である．ここで，各ユーザーの計算資源を利用することの便益は，高い場合と低い場合の2ケースあるとしよう．価値とコストの差分で便益を定義し，高い場合の便益をw，低い場合の便益を$-c$とする．また，便益が高い場合と低い場合は，それぞれ確率0.5の割合で生じるとしよう．便益に対する各ユーザーの価値を，効用関数U_AとU_Bで表す．また，計算資源を利用しない場合の効用を0とする．各ユーザーの，計算資源を利用する，あるいは利用しないかの分岐点は，次の方程式の解として求まる．

$$0.5U_A(w)+0.5U_A(-c)=0, \quad 0.5U_B(w)+0.5U_B(-c)=0 \qquad (5.1)$$

以上の方程式の解の例を，図5.3の$c_A(w)$と$c_B(w)$で示す．例えば，計算資源$\alpha(w_1, c_1)$を利用することによるお互いの効用は，それを利用しない場合の効用よりも低い．したがって，お互いにとって利用しないことが合理的な判断になる．一方，計算資源$\gamma(w_3, c_3)$に対しては，お互いにとって利用することが合理的な判断になる．一方，計算資源$\beta(w_2, c_2)$は，ユーザーBは利用しない，ユーザーAは利用することが，それぞれ合理的な判断になる．ところが，もし双方が協力するならば，計算資源$\alpha(w_1, c_1)$や計算資源$\beta(w_2, c_2)$を利用することが，お互いに合理的になる．例えば，より多くのコストをユーザーAが分担することで，$\beta(w_2, c_2)$の計算資源を利用することは，ユーザーBにとっても合理的になる．複数の主体の間で負担すべきコストを相互調整することで，それぞれの選

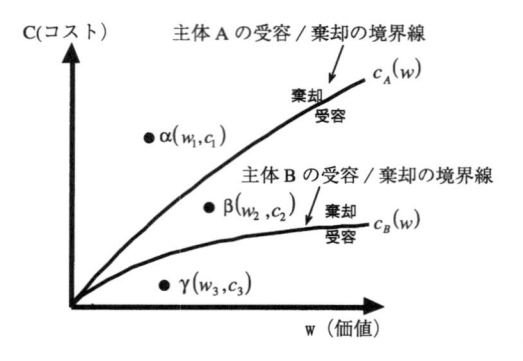

図5.3 価値とコストの組合せと各ユーザーの分岐点

択肢が拡大されることになる．

　リスク共有の問題は，共通コストの分担問題として扱うことができる．ここで，主体 A_i の便益 w_i とコスト分担量 c_i の差を利得として，$x_i = w_i - c_i$ で表す．また，共通コストの総額を $C = C(x(i), x_i)$ で表す．主体 A_i にとって最適なコスト分担量は，自己の効用関数を最適にする利得を求めればよい．それは，次式の最適解として求まる．

$$\max_{x_i} U_i(x_i)$$

（制約条件） $\quad C(x(i), x_i) = C \quad\quad\quad (5.2)$

この最適解は，次の方程式を解くことで求まる．

$$\partial \overline{U}_i(x_i)/\partial x_i = \partial U_i(x_i)/\partial x_i - \lambda \partial C(x(i), x_i)/\partial x_i$$
$$= M_i(x_i) - \lambda MC_i(x(i), x_i) = 0 \quad\quad (5.3)$$

ここで，$M_i(x_i)$ は，主体 A_i の限界効用関数，$MC_i(x(i), x_i)$ は限界コスト関数，そして λ は，すべての主体にとって共通の係数である．

　一方，集団合理性を満たす解は，各主体の効用関数の総和を最適にする解として，次の最適化問題を解くことで求まる．

$$\max_{(x_1 \cdots x_n)} S(x(i), x_i) = \sum_{i=1}^{n} U_i(x_i)$$

（制約条件） $\quad C(x(i), x_i) = C \quad\quad\quad (5.4)$

集団合理性を満たす解は，次の方程式の解として求まる．

$$\partial \overline{S}(x(i), x_i)/\partial x_i = M_i(x_i) - \lambda MC_i(x(i), x_i) = 0, \quad i = 1, 2, \cdots, n \quad (5.5)$$

ここで，式 (5.3) と式 (5.5) は同じであるので，個人合理性と集団合理性を満足するコスト分担の仕方は一致することがわかる．そして，集団全体で最適なコストの分担の仕方（コスト分担ルール）は，各主体にとって最適なコスト分担量の組合せとして求めることができる．個人的に合理的な意思決定の集合体が，共通の制約条件を満たす働きをするのが，共通係数 λ である．共通係数を共有しながら，各主体が自らの合理性を追求することで，全体の最適性は保証される．しかしながら，共通係数 λ は求めようとしている最適解に依存することから，それをいかに求めるかという問題は残されている．

　不確実性に対する各主体の固有の態度は，リスク回避度という概念で表すことができる．リスク回避度の高い主体は，リスクを伴う行動を選択しないことが，それが低い主体は，逆に選択することが，それぞれ合理的になる．リスク回避度

は，各主体の効用関数の一階微分関数と二階微分関数の比として，次式で定義される．

$$r_i(x_i) = -U'(x)/U''(x) \tag{5.6}$$

例えば，効用関数が指数関数として，

$$U_i(x_i) = 1 - \exp(-x_i/r_i) \tag{5.7}$$

で与えられる場合，その主体のリスク回避度は次式で与えられる．

$$r_i(x_i) = -U'(x)/U''(x) = 1/r_i \tag{5.8}$$

この場合，リスク回避度は，その主体の保有する利得に依存しない一定の値になる．r_i をリスクパラメータと呼ぶが，その逆数がリスク回避度になる．

各主体の効用関数が式(5.7)の指数関数で与えられる場合，式(5.5)を解くことで集団全体にとって最適な利得配分ルールは次式で与えられる．

$$x_i = \frac{r_i X}{\sum_{i=1}^{n} r_i} - \frac{1}{\sum_{i=1}^{n} r_i} \left(\sum_{j \neq i}^{n} r_i r_j \log\left(\frac{r_i}{r_j}\right) \right) \quad (\text{ここで，} X = \sum_{i=1}^{n} x_i \text{ とする}) \tag{5.9}$$

この式に，利得の関係式 $x_i = w_i - c_i$ を代入すると，最適なコスト分担ルールは次式で求まる．

$$c_i = \frac{1}{\sum_{i=1}^{n} r_i} \left\{ r_i C + \sum_{j \neq i} r_j w_i - r_i \sum_{j \neq i} w_j \right\} + \frac{1}{\sum_{i=1}^{n} r_i} \left(\sum_{j \neq i} r_i r_j \log\left(\frac{r_i}{r_j}\right) \right) \tag{5.10}$$

以上のコストルールの第2項は，リスク回避度の低い（リスクパラメータの高い）主体から，リスク回避度の高い（リスクパラメータの低い）主体に対する副支払い(side-payment)を表す．例えば，主体 A_i と主体 A_j のリスクパラメータが，$r_i > r_j$ となる場合，リスク回避度の低い主体 A_i からリスク回避度の高い主体 A_j に対して支払いが生じる．各主体のコスト分担量は，個々の主体の便益とリスク回避度から求まる分担量と，主体間での副支払いによって決まる．すなわち，各主体の便益の大きさから決定されるコスト分担量を，お互いのリスク回避度によって再調整することを意味している．

リスクに協同で対処するための協力関係は，それぞれが個人合理性を追求することで生まれるのであって，各人のボランティア精神や自己犠牲に基づくのではないことは銘記しておくべきであろう．各人は，自己の効用を少しでも高めようとするが，その上で個人属性によって決定される副支払いに応じることで，すなわち自己の利己性に利他性を加味することで，リスク共有のための協力関係が成

立することになる．

　価値やリスクパラメータなどの各主体の個人的属性は，私的な情報であり，その内容の信憑性を客観的に確認するための方法は，一般には存在しない．このことから，個々の主体に，私的な情報を操作することで，自分だけ有利になろうとする誘惑が生まれる可能性は否定できない．例えば，各主体のリスクパラメータが等しいならば，各主体のコスト分担量は次式で与えられる．

$$c_i(w_i, w(i)) = \frac{1}{\sum_{i=1}^{n} r_i} \left\{ r_i C + \sum_{j \neq i} r_j w_i - r_i \sum_{j \neq i} w_j \right\} \quad (5.11)$$

ここで，主体 A_i が自分の便益を偽り，$\overline{w}_i < w_i$ と低く申告すると，自らのコスト分担量を少なくでき，その差は次式で与えられる．

$$c_i(w_i, w(i)) - c_i(\overline{w}_i, w(i)) = (w_i - \overline{w}_i)(1 - 1/n) > 0 \quad (5.12)$$

どの主体も，自分の便益を偽って低く報告することで，自ら分担すべきコストを少なくできる．その分，他の主体は多く分担するはめになり，正直者は損をするはめになる．自らのリスクパラメータを偽って申告することでも，分担すべきコストを操作することができる．

　個人情報の操作によって影響を受けることのない資源配分メカニズムをいかに設計するかは，誘因両立性(incentive compatibility)の問題として知られている．そのための方法として，ピボタル方式(pivotal mechanism)が知られている．それは，個々の主体に対し，① 彼がいなければ合意されたであろう分担ルールを受け入れさせ，それによって決定された分担量の支払いに応じさせる．あるいは，② 彼を除く他の主体たちが決定した分担ルールを自由に修正することは認めるが，それと引換えに，そのことで他の主体に生じたコストの増加分を彼に分担をさせる，のいずれかを選択させることである．この方式に基づくことで，他の主体が公表した私的情報の真偽の如何に関わらず，自らの私的情報を正しく表明することが，どの主体にとっても合理的になることが知られている．ピボタル方式に基づくことで，私的情報の操作に影響されない方法での資源配分が可能になるが，新たに資源の過小性や非効率性の問題が生じてしまう．それは，その方式を設定する側に余剰効果を生み，その分，各主体は多くの負担を強いられることである．このことから，誘因両立性の問題の解決は極めて難しいことが知られている．

誘因両立性の問題が生じるのは，資源配分メカニズムが個人の私的情報に依存しているからである．自らの個人情報が相手に知られることで，相手は有利に交渉を進めることができるので，各主体にとって個人情報を公表しないことは望ましいことである．各主体が，私的情報を公表することなく自らの意思決定を逐次改善することで，最適な資源配分の仕方が定まるための方法について次に示す．ここで，式 (5.5) で求めた最適なコスト分担の条件式を用いる．各主体は，自己の限界効用関数の値と共通係数 λ を比較し，その時点において自分にとって最も望ましいコスト分担量を決定する．各人が決定したコスト分担量は公開され，それらの総和が全体の制約条件（コストの総和）を満足しない場合には，共通係数が更新される．新たな共通係数の下，各主体は自己のコスト分担量を再度計算する．共通係数も，共通の制約条件を満たす方向に逐次更新されていく．このことを，適応的な意思決定プロセスとして次のように定式化する．

Step 1：[各主体のコスト分担量の決定] 時点 t での共通係数 $\lambda(t)$ に基づき，各主体は，自らのコスト分担量 $c_i(t)$ を決定する．

Step 2：[共通係数の更新] 各主体が提示したコスト分担量の総和と総コストを比較し，以下のルールに基づき共通係数 $\lambda(t)$ を更新する．

$$\text{もし} \quad \sum_{i=1}^{n} c_i < C \quad \text{ならば} \quad \lambda(t+1) = \lambda(t) + \Delta\lambda(t)$$
$$\text{もし} \quad \sum_{i=1}^{n} c_i > C \quad \text{ならば} \quad \lambda(t+1) = \lambda(t) - \Delta\lambda(t) \quad (5.13)$$

Step 3：[各主体のコスト分担量の更新] 更新された共通係数 $\lambda(t+1)$ の下，各主体は，新しいコスト分担量 $c_i(t+1)$ を次式に基づき求める．

$$\text{もし} \quad U_i'(c_i(t)) < \lambda(t+1) \quad \text{ならば} \quad c_i(t+1) = c_i(t) + \Delta c_i$$
$$\text{もし} \quad U_i'(c_i(t)) > \lambda(t+1) \quad \text{ならば} \quad c_i(t+1) = c_i(t) - \Delta c_i \quad (5.14)$$

Step 4：[終了条件] 各主体のコスト分担量の総和が，総コスト C に等しい（あるいは十分に近い）場合に終了する．

合理的な意思決定は，その人の資産の大きさに依存することが多い．資産の少ない人と多い人では，その他の個人属性が同じであっても，それぞれの合理的な判断は異なる．例えば，リスク回避度は同じでも，資産の少ない人は，資産の多い人と比較すると，高いリスクを伴う行動は避ける傾向が強い．このように，資産の大きさによってその人の合理的な判断が変化することを，意思決定上の資産

5.2 不確実な意思決定における倫理性

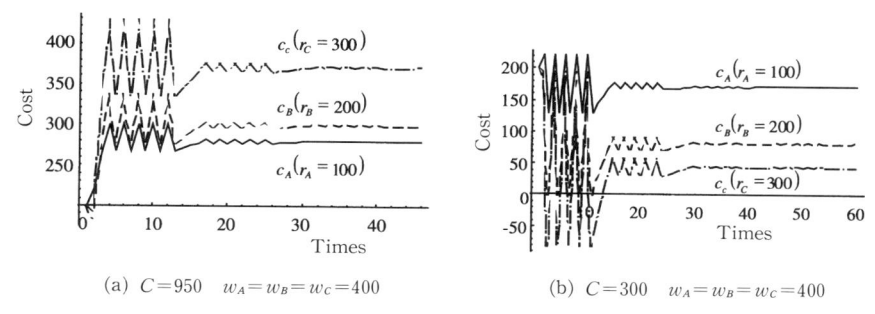

(a) $C=950$ $w_A=w_B=w_C=400$

(b) $C=300$ $w_A=w_B=w_C=400$

図 5.4 各主体が提案したコスト分担量とその推移

効果 (wealth effect) という．

例として，3人の主体 A, B, C によるコスト分担問題を取り上げる．各人のリスクパラメータを，$r_A=100$, $r_B=200$, $r_C=300$ で与える．便益は同じで，$w_i=400$, $i=A, B, C$, そして総コストは，950 と 300 で与えられるとしよう（総利得は，$X=\sum w_i - C$ で与えられる）．各主体が提案したコスト分担量の推移を，図 5.4 に示す．総コストが高い（総利得が小さい）場合と総コストが小さい（総利得が大きい）場合とでは，3人のコスト分担量の間に逆転現象が生じている．総コストが高い（$C=950$）場合は，リスクパラメータ（リスク回避度が最も低い）が最も高い，主体 C のコスト分担量が最も多い．逆に，総コストが小さい（$C=300$）場合には，リスクパラメータ（リスク回避度が最も高い）が最も低い，主体 A のコスト分担量が最も多い．このような逆転現象は，最適なコスト分担ルールに副支払いの項が含まれていることで生じることになる．式 (5.10) で求めた各人のコスト分担量は，全員のリスクパラメータ値の総和に占める自己のリスクパラメータの割合（コスト分担率という）によって決まる．全体の総コストを円形のパイとして考えると，コスト分担率は，そのパイを分けたときの中心角で表され，リスクパラメータの小さい主体ほど，コスト分担率は小さくなる．一方，主体間の副支払いは，パイの大きさには依存しない一定の値である．全体のパイが小さいときには，各主体のコスト分担率によって決まるコスト分担量より，副支払いの方が多くなる．逆に，パイが大きいときは，コスト分担率によって決まるコスト分担量の方が多くなるので，このような逆転現象が生じることになる．

5.3 戦略的な意思決定における倫理性

経済の使命は，人間が生きていくために必要な物質的な財やサービスを提供することにある．その中で，資源配分に関わる営みは，人間が生きていく上で最も基本的な活動である．それによって我々は，見知らぬ人のもつさまざまな財や技能などから，多くの便益を得ることができる．経済学では，入手するのに対価を要するもの（経済財）と無償で手に入れることのできるもの（自由財）を，それぞれ区別して扱う．その主な対象になるのは，取引をすることで価値を生む経済財である．また，経済財が有用かどうかの判断は，それが売れるかどうかを唯一の価値として行われることが多い．

一方で，多くの自然物や自然の恵みなどの自由財，あるいは人々の親切，好意，そして思いやりなども，経済財と同じように，人間の暮らしにとって不可欠なものである．多くの人は，社会における名声，あるいは周りからの尊敬や友情などを自己の内面での充実に欠かせないものとして位置づけ，それらにも大きな価値を見いだしながら社会生活を営んでいる．ところで，物質的な経済財に対する欲求と精神的充実などの非経済財に対する欲求とを，うまく調和させる働きをするのが感情であろう．感情の働きによって，一人ひとりの行動が左右されることで，競争社会の中にあって，社会性や人間性の豊かな人が淘汰されることなく，逆に，社会から真に評価されるようになる．

本節では，各主体が思いやりをもって自らの利益の拡大を目指すことで，全体として最適な資源配分が行われることを示す．各主体は，自らの存在を集団や社会の一員として認識することで，自分の行為が他の主体へ及ぼす影響についても考慮するようになる．他の人に及ぼす自分の行為の影響を自分自身の価値体系の中に内在化することを，その主体の思いやりとしてとらえる．ここでは，主体 $A_i \in G$ の利得関数を，他の主体の戦略に依存した関数として次式で与える．

$$U(x(i), x_i) \tag{5.15}$$

x_i は，主体 A_i が自ら決定すべき戦略，$x(i)=(x_1, x_2, \cdots, x_{i-1}, x_{i+1}, \cdots, x_n)$ は，他の主体の戦略の組を表す．他の主体の利得の増進にも配慮すると仮定することで，各主体の利得関数を次のように表す．

$$\hat{U}_i\{x(i), x_i\} = U_i\{x(i), x_i\} + \lambda_i \sum_{j \neq i}^{n} U_j\{x(j), x_j\}, \quad i=1, 2, \cdots, n \tag{5.16}$$

5.3 戦略的な意思決定における倫理性

λ_i は，他の主体の利得に対する主体 A_i の相対的価値を表す．

各主体の相対的価値は同じで，$\lambda_i=1$, $i=1,2,\cdots,n$ とすると，各主体の利得関数は，すべての主体の利得関数の総和として次式で与えられる．

$$\hat{U}_i\{x(i), x_i\} = \sum_{i=1}^{n} U_i\{x(i), x_i\} \tag{5.17}$$

以上の関数を，各主体に共通する利得関数として次式で表すことにする．

$$S(x_1, \cdots, x_n) = \sum_{i=1}^{n} U_i\{x(i), x_i\} \tag{5.18}$$

各主体の利得関数が式 (5.15) で与えられる場合，すべての主体の個人合理性の条件を同時に満たす解 (競争解ともいう) は，各主体の限界利得関数を同時に満足する 1 組の戦略として求まる．すなわち，

$$\partial U_i\{x(i), x_i\}/\partial x_i = M_i\{x(i), x_i\} = 0, \quad i=1,2,\cdots,n \tag{5.19}$$

一方，全体にとって最も望ましいのは，すべての主体に共通する利得関数を最適にする解 (協調解ともいう) であるので，その解の条件式は，次式で与えられる．

$$\partial S/\partial x_i = \partial U_i/\partial x_i + \sum_{j \neq i}^{n} \partial U_j/\partial x_i = 0, \quad i=1,2,\cdots,n \tag{5.20}$$

以上の二つの方程式は異なるので，各主体の個人合理性を同時に満たす解と全体にとって最適な解は異なることがわかる．

ここで，各主体は思いやり係数として定義される係数 $\lambda_i\{x(i)\}$, $i=1,2,\cdots,n$ を用い，自らの利得関数を次のように修正するものとしよう．

$$\hat{U}_i\{x(i), x_i\} = U_i\{x(i), x_i\} - \lambda_i\{x(i)\}x_i \tag{5.21}$$

以上の修正された利得関数を自らの戦略で微分すると，次式を得る．

$$\partial \hat{U}_i\{x(i), x_i\}/\partial x_i = \partial U_i\{x(i), x_i\}/\partial x_i - \lambda_i\{x(i)\}$$
$$= M_i\{x(i), x_i\} - \lambda_i\{x(i)\} \tag{5.22}$$

各主体が思いやりをもつことで修正した利得関数を同時に最適にする解 (競争解) を求めると，それは次の方程式の解で与えられる．

$$M_i\{x(i), x_i\} - \lambda_i\{x(i)\} = 0, \quad i=1,2,\cdots,n \tag{5.23}$$

ここで，各主体の思いやり係数を次式で定義する．

$$\lambda_i\{x(i)\} = -\sum_{j \neq i}^{n} \partial U_j/\partial x_i, \quad i=1,2,\cdots,n \tag{5.24}$$

すると，各主体が修正し利得関数を同時に最適にする戦略の組 (競争解) は，式

(5.20) も満たすことから，式 (5.18) の利得関数を最適にする協調解であることがわかる．

式 (5.21) で修正した各主体の利得関数は，
① 私的な利得：$U_i\{x(i), x_i\}$
② 共通の利得：$\lambda_i\{x(i)\}x_i$
(5.25)

で構成される．このことから，各主体は，私的な利得から共通の利得を差し引いた利得の最適化を目指すことになる．各主体は，自己利益の最適化を目指す上で，自らの戦略が他の主体の利得に及ぼす影響について考慮し，そのことで自らの利得関係を自主的に修正する．このことを，思いやりに基づく行為とした．各主体が思いやりを持って，個々に自己利益を追求することで，強制力のある社会ルールなどを必要としないで，社会全体で最適な資源配分が行われる．このことから，個人の思いやりに満ちあふれた社会では，理想的な分権型社会が築かれるといえよう．

主体性をもった他の活動の中心（他の主体）が存在することから，各主体は自分の意思だけで行動することはできない．そのような中で，他の主体と積極的な関わり合いをもつことで，一人ひとりに思いやりが生まれてくる．個々に思いやりを持つということは，自らの合理性を自己抑制することを意味するが，そのことで共感に基づく意思決定が可能になる．そして，それぞれが自己利益を追求することで陥る罠からも逃れることができる．

ところで，自分の行為が他の主体に及ぼす影響について，各主体はどのようにして知ることができるであろうか．次に，その影響度を求めるための方法について示すことにする．各主体は，それぞれ対等な立場にあり，自己利益の最適化を目指すとしてきた．ここで，他の主体と異なる役割を持つ上位主体を考える．各主体が自己の戦略に比例したコストを税金として支払うことを，上位主体は共通ルールとして設定する．すると，式 (5.15) で与えた各主体の利得関数は次のように修正される．

$$\hat{U}_i\{x(i), x_i\} = U_i\{x(i), x_i\} - t_i\{x(i)\}x_i \quad (5.26)$$

各主体の利得関数を自らの戦略で微分すると，次式を得る．

$$\partial \hat{U}_i\{x(i), x_i\}/\partial x_i = \partial U_i\{x(i), x_i\}/\partial x_i - t_i\{x(i)\}$$
$$= M_i\{x(i), x_i\} - t_i\{x(i)\} \quad (5.27)$$

以上の共通ルールの下，各主体の利得関数を同時に最適にする解（競争解）は，

次の方程式の解で与えられる．

$$M_i\{x(i), x_i\} - t_i\{x(i)\} = 0, \quad i = 1, 2, \cdots, n \tag{5.28}$$

上位主体は，各主体に対する税率を次の条件式を満たすように設定をする．

$$t_i\{x(i)\} = -\sum_{j \neq i}^{n} \partial U_j / \partial x_i, \quad i = 1, 2, \cdots, n \tag{5.29}$$

各主体は，自己の限界利得関数と税率の関係から，次式に基づき自らの戦略を修正する．

$$\begin{aligned} &\text{もし} \quad M_i\{x(i), x_i\} < t_i\{x(i)\} \quad \text{ならば} \quad x_i := x_i - \delta_i \\ &\text{もし} \quad M_i\{x(i), x_i\} > t_i\{x(i)\} \quad \text{ならば} \quad x_i := x_i + \delta_i \end{aligned} \tag{5.30}$$

例えば，各主体の利得関数を次の二次関数で与える．

$$U_i\{x(i), x_i\} = x_i P_i(x(i), x_i) = x_i \left(a_i - \sum_{i=1}^{n} b_{ij} x_i \right) \tag{5.31}$$

$P_i(x(i), x_i)$ は，主体 A_i の活動に対する価値関数を表す．この場合，各主体の限界利得関数は次式で求まる．

$$M_i(x(i), x_i) = P_i(x(i), x_i) - b_{ii} x_i \tag{5.32}$$

また，税率を次式で与える．

$$t_i\{x(i)\} = -\sum_{j \neq i}^{n} b_{ji}, \quad i = 1, 2, \cdots, n \tag{5.33}$$

すると，式(5.30)で求めたアルゴリズムは，以下の式で与えられる．

$$x_i(t+1) = (\alpha_i / b_{ii}) P_i(t) + (1 - \alpha_i) x_i(t) - (\alpha_i / b_{ii}) t_i\{x(i, t)\}, \quad i = 1, 2, \cdots, n \tag{5.34}$$

各主体は，以上の式に基づき自らの戦略を逐次修正する．上位主体は，各主体に対する税率 $t_i, i = 1, 2, \cdots, n$ を，次式に基づき逐次修正する．

$$t_i(t+1) = \beta_i \{P_i(t) - b_{ii} x_i(t)\} + (1 - \beta_i) \sum_{j \neq i}^{n} b_{ji} x_j(t), \quad i = 1, 2, \cdots, n \tag{5.35}$$

各主体は，自らの活動に対する価値関数と税率との関係から，自らの戦略を逐次適応する．一方で，上位主体は各主体に対する税率を逐次更新することで，社会全体で最適な資源配分が行われる．

ところで，各主体は上位主体に税を支払うことで，上位主体に余剰な富を生むことになる．ここでは，税の総和を主体数で割った利得を各主体に再配分することで，上位主体に余剰利得が生まれないことになる．すなわち，式(5.26)の各主体の利得関数を次式で与える．

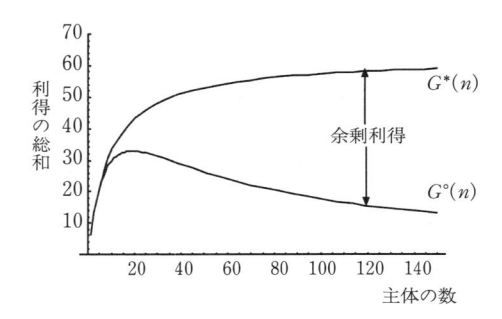

図 5.5 税による余剰利得の再配分 ($d/b=0.1$)

$$\overline{U}_i\{x(i), x_i\} = U_i\{x(i), x_i\} - t_i\{x(i)\}x_i + \sum_{i=1}^{n} t_i\{x(i)\}x_i/n \qquad (5.36)$$

式 (5.31) で与えた各主体の利得関数の係数(相互作用係数ともいう)を,$b_{ii}=b$, $i=1,2,\cdots,n$ および $b_{ij}=d$, $i \neq j$, $i,j=1,2,\cdots,n$ ($0<d\leq b$) で与える.このような条件の下で,競争解と協調解における各主体の利得の総和を求めると,それらは主体数 n の関数として,次式で与えられる.

〔競争解〕 $\quad G°(n) = a^2bn/\{2b+d(n-1)\}^2 \qquad (5.37)$

〔協調解〕 $\quad G^*(n) = a^2n/4\{b+d(n-1)\} \qquad (5.38)$

ここで,$d/b=0.1$ で与えた場合の利得の総和を,図 5.5 に示す.主体数 n が増加することで,競争解における利得の総和はゼロに近づく.したがって,式 (5.36) で与えた各主体の利得は,税の再配分を表す第 3 項が大半を占めることになるので,各主体の利得はほぼ均等になることがわかる.このことから,式 (5.36) で与えた税の徴収とその再配分の仕組みによって,複数の主体が協調することで生じた余剰利得(協調効果ともいう)を公平に再配分できる.

倫理的な意思決定に求められることは,理論的に合理的な意思決定を現実の状況に適応させ,それをさらに発展させるための仕組みを内在していることであろう.どんなに優れた意思決定であっても,やがてその欠陥が明らかになる,あるいは状況が変わることで,その最適性の条件はもはや成立しなくなることがある.その欠陥を修正しようとすることで,新たな欠陥が生じてしまうパラドックスは必ず生じる.このことから,その時点では未知なことを抱えた不完全な意思決定であっても,現状と比較して,それが少しでもより良い方向を目指しているならば,それを実行に移すべきであろう.そして,長期的な観点から逐次改善し

ていくことで，当初は予想もしなかった新しい価値などが生まれることに期待すべきであろう．

5.4 相互作用に内在する非倫理性

個人の行動と比較し，集団による行動が想像以上に原始的で未成熟なことがある．個人は，自分の無知から劣悪な行動をとることが多い．しかしながら，たとえ最良のメンバーを揃えたとしても，集団として意図せずして悪玉的な存在になることがある．例えば，集団による，さまざまな事実の隠ぺい化や大きな虚偽性の問題などが生じることが多い．一人ひとりが良心をもっていても，集団としての行動が不可避的に良心を欠くことで邪悪なものになってしまうのは，集団の内部に，どのような要因が潜んでいるからであろうか．

集団としての未成熟性を暴露したり，潜在的な悪を助長してしまうさまざまな要因は，人々の相互作用に内在しているのではなかろうか．邪悪な人間と全く邪悪性のない完全な人間の間には連続性があり，人々の間での相互作用が働くことで，その大半が善良な人たちの集団が極めて非道な集団行動を暴露してしまうことなどが考えられる．集団の中では，個人は倫理的な判断力を奪われやすい．特に，集団における個人の役割が専門化しているときには，個人の道徳的責任が他の部署や他の人に転嫁されやすくなる．集団の行動に一人ひとりが責任感を持たない限り，集団としての良心は分散され，稀釈化されてしまうことにもなりかねないのである．

どの集団にも，リーダーになりたいという強い欲求の持ち主，あるいは他の人たちと比較すると，リーダーとしての役に適している人間は必ず存在する．しかしながら，大半の人たちは，リーダーを目指すことより，むしろ追随者としてリードされることを好む．個人には，それぞれ自分の生活があり，それを優先させる上で，指導者を目指すよりは誰かにリードされた方が楽なことが多いからである．大多数の人は少数の指導者に導かれることを期待し，そのことに満足してしまうことで，全体のことをあまり考えなくなる．たとえ一人ひとりが良心を持っていても，個人の怠惰によってあまり深く考えないようになるのであれば，結果的に無知な集団と同じ集団行動をとるようになるのは明白であろう．

いずれの集団も，社会が生み出したものである．そして，どの集団も所属するメンバーの自己選択と社会による集団選択の結果，他とは異なる集団として成長

していく運命にある．そのことで，ある特定の集団特性を自己強化的に身につけ，そして自分たちの集団の存在を極端に自己正当化するようにもなる．自分たちの集団は，他に類をみない正当な集団である，他の集団よりも優れている，あるいは社会にとって不可欠な集団であると，一人ひとりが思い込むようになる．

集団行動が驚くほど未成熟で，しかも劣悪なものになることの要因を，その集団を構成している個人のモラルの問題としてだけで片づけてしまうのでは，その問題の本質を理解することはできないであろう．個人と個人が相互作用することで，個人の属性が変化し，そのことでさまざまな倫理上の問題が生まれることを，我々はもっと直視すべきである．また，個人のモラルの欠如を嘆く前に，個人の倫理観の欠如に左右されない全体の仕組みについて考えるべきである．例えば，個人による単純な判断ミスが大事故につながらないようにするための方法として，フェール・セーフ (fail-safe) というメカニズムがある．それは，ある小さな故障が発生した際に，別の故障を誘発することで致命的な故障を引き起こさないための対策を，あらかじめ定めておくことである．これとは逆向きの仕組みとして，個人的な問題を社会全体の問題とするための，あるいは一部の人たちによる小さな善意の運動を社会的に広めるための仕組みについても真剣に考えるべきであろう．この問題は，7章で扱う．

ところで，事実に関する言明と価値に関する言明は区別でき，また事実に関する言明は客観的に記述することもできる．一人ひとりの価値判断に基づくのが倫理的な意思決定で，それは主観的にしか扱うことができない．その中で，共感に基づく意思決定は，周りの目などを意識し，各人が自制的な行動をとることを意味する．一人ひとりが世間の目を気にし，そして周りから孤立することを恐れることで，自らの行動を自制するようになるとする倫理観がある．個人の良心やモラルなどに期待するよりも，このような倫理観を一人ひとりが持つことで，より高いレベルでの相互信頼関係を築くことができるかも知れない．なぜならば，世間は実在することから，人々に自制的な行動を促す上で重要な働きをすることを期待できるからである．このような倫理観以外に，罪の倫理観もある．それは社会的に許されない行為に対し，社会的な制裁を加えることである．このことは，7章で扱う．

「衣食足りて礼節を知る」という格言があるが，物質的な生活基盤が確立されることで，はじめて倫理が生まれるとする考え方がある．すなわち，個人的な自

立ができてはじめて，自分と関わりのある人や自分の住む地域，そして国や他の国を思う気持ちが生まれるという考え方である．しかしながら，個人が豊かになることで，そのような利他的な人間に進化していくとは限らない．倫理観が生まれるプロセスは，個人によって大きく異なるのではなかろうか．個人が豊かになればなるほど，個人の社会的な立場や地位のさらなる向上を求め，さらに利己的になる人も少なくないからである．

　一人ひとりが自分の本心を厳しく監視し，誠実な社会性を鍛え，理性と感情がほどよくバランスしている社会は健全であるといえる．勇気，中庸，節度，寛容，慈愛，誇りなどは，個人の倫理性に関する徳目である．これらは，すべての人間に等しく与えられているものではない，また，あらゆる人に等しく求められるものでもない．それらは，上に立つ者に厚く，下の者には薄く求められるとするのが，儒教の考え方である．上に立つ者には，悪いことをしなければ良いとする倫理以上のことが求められ，それには社会的業績などが含まれる．倫理的に優れたことは，自己犠牲の大きさや利他性などで測ることはできない．また倫理とは，認識や思考の問題でなく，行動の問題でもある．したがって，社会に対する貢献度の大きさ，社会的業績など，その人がもたらす公的な利益の大きさなどによって評価されるべきである．

　ところで，倫理的な意思決定には，個人の知性を超えたことが求められるのであろうか．感情は何らかの行動を起こそうとする衝動であり，個人の進化や適応プロセスによって築き上げられてきた，一種の反射的な行動指針でもある．それは，個人の内面的な働きとしてとどまることなく，信号のように人々の間で伝播をする．我々は，相手に対し何らかの感情を抱き，他人と接するときには，自分の情動の信号を発信している．人々の間には，情動の伝播や同調があり，相手とのつき合いがうまくいくかどうかは，気分的に同調できたかどうかにも大きく依存している．このような信号は，相手の感情に影響を及ぼすことから，社会的に器用な人は，自分が送り出す感情混じりの信号を，うまくコントロールできる人でもある．また感情は，さまざまなジレンマを克服する上で役立つことが多い．罪悪感を覚えることで自己利益に反するような行動をとる人が，結果的に大きな利益を得ることもある．このように感情は，理性だけに任せておくわけにはいかない局面において，個人の行動をうまく導いてくれることが多い．我々は，何かを決断したり行動を起こす際，理性だけでなく感情の働きにも依存している．一

方で，自分の感情をうまくコントロールすることで，倫理に反するような行動をとらないのが個人の知性であるならば，人々の間で感情が伝播することで生まれる集団感情をうまくコントロールすることで，集団(社会)として倫理に反する行動を避けようとするのが，集団(社会)の知性であるといえよう．

　各人が，「公平な観察者」として自分をモニターし自分の行動を律することは，今日のように成熟し安定した社会では，当たり前のこととされている．より消極的にいえば，我々は他人の目や世間の評判を意識しながら，悪いことをしないようにしているともいえる．より積極的にいえば，我々は他人や世間の目を引き，目立ち，そして周りから称賛や喝采を得たいとも思っている．このような行動の基本原則に基づく人は他者指向型であり，意思決定の基準が，他人，状況，あるいは世間といった外部のものに置かれているようにも考えられる．しかしながら，個人は自己利益を考えて行動することを基本原則としてとらえるのであれば，このような外部の基準は，各人のモニターとして利用されているのに過ぎないのではなかろうか．なぜならば，そのような人であっても，外部の評価基準にだけ基づいて行動するわけではないからである．一方で，世間の目を極度に意識する人，あるいは極端に目立ちたがる人が増えてきていることも事実である．これは，悪いことをしないというより，むしろ良いこと，そして優れたことをしようとする積極的な姿勢であって，ある種の個人的な卓越性を求めた姿勢の現れかも知れない．他人に迷惑をかけないという最低限の基本原則が確立した後の倫理上の問題は，美学の段階へと進化し，美醜の問題が多くの人の意識をとらえるようになると考える人もいる．多くの人が，世間の目から出発して自制的な行動をとることで，どのような社会へと進化していくのであろうか．内面化された他人の目は，その人の意思決定の局面において，自尊心，思いやり，そして自愛心となって現れることになるのではなかろうか．一人ひとりが，自尊心や思いやりをもって生きる社会へと進化するならば，そのような社会には倫理上の問題がもはや存在しなくなるのかも知れない．

6

集合的な意思決定

　社会や集団を動かす力は，いったいどこに，どのような形で存在しているのであろうか．このような疑問を明らかにする上で，全体によるマクロ的な力の働きに着目する方法と，個人によるミクロ的な力の働きに着目する方法がある．前者の立場からのアプローチを，方法論的全体主義，後者の立場からのアプローチを，方法論的個人主義ともいう．本章では，両者を融合したアプローチをとる．個人のミクロ的な力とそれらの集合体であるマクロ的な力の間に生じる，双方向的な作用に焦点をあてる．個人の合理的な意思決定を特徴づける個人属性の分布関数によって集団を特徴づけ，その集合的な意思決定を求める．さらに個人の意思決定を単純に集約化したのとは全く異なる全体的な特性が生まれるためのメカニズムについて明らかにする．

6.1　意思決定の状況依存性

　ある人の判断や行為のきっかけになっているのが，動機である．ある欲求が個人に生じることで，それを満たすことが動機となって，その人の行為が生まれる．また，その時々の状況において最も高いレベルで動機づけられたことが行為となって現れることから，行為は，その人の置かれた状況と動機の関数とみなすことができる．そして，同じような状況下であっても，動機が変わることで，その人の行為が変化する．しかしながら，動機や欲求など，その人の内面的なものが変化したことを，外部の者が知ることは不可能であろう．

　フロイト (S. Freud) は，周りの者が働きかけることで，その人の行為が変化することはないと考えた．また，集合心といった集合的な概念も存在せず，集合心のように実体のないものに個人が関わり合いをもつことはないとも考えた．個

人は，実世界の中で実際に関わりをもつ少数の人たちとの間でさまざまな関係をもち，彼らと社会を構成し，そして個人にとって彼らが社会全体の代表者であるとも考えた．

我々は，お互いに無関係に暮らしているのではなく，さまざまな相互依存関係をもって，あるいは共通の目的や共同意識をもって生活をしている．このことから，個人的に何かを行おうとする場合でも，他者の存在を無視することはできなくなる．また，単独で活動する場合と，他の者と一緒に活動する場合とでは，明らかな相違が生じる．例えば，一人で作業するよりも，同じ作業に従事する複数の仲間が存在する方が仕事の能率が極めて高いことが知られている．このことを，共同作業における促進現象という．この要因は，同じ仲間が存在することで一人ひとりにある種の覚醒効果が生まれ，そのことで個人の動機が高まるからである．

我々は，何らかの心理的関与をもって共同生活をしていることから，周りから目に見えない心理的圧力などを受けることが多い．そのことで，個人の意思決定が，周りの人の意思決定と独立して行われることはあまりない．さらに，それは他のメンバーが望ましいと考えていることに深く依存することさえある．例えば，お互いに同じ行動をとるよう暗黙の圧力を無意識的に及ぼし合うことで，同じ集団に属する人たちの考え方や行動様式は似てくる．暗黙の圧力を受けることで，周りの人と同じ行動をとるようになることを同調という．ところで，このような暗黙の力は，個人の意思決定に具体的にどのような影響を及ぼし，それは集団の中からどのように生まれるのであろうか．

本章では，全体による暗黙的な力の源泉は，一人ひとりの心理的な働きの中にあり，それらが相互に関連づけられ連鎖反応を起こすことで，大きな暗黙的な力に生長することがあることを明らかにする．集団や社会は，異なる個人属性をもつ主体で構成される．その中で，いろいろな考え方をもつ異質な主体の集団が，あたかも一人の主体として行動しているように見えることがある．このように，集団の多様性と統一性といった相対峙した二つの概念が同時に両立しているのは，いったいなぜなのであろうか．どの集団にも，伝統や調和を重視する人，逆に新しいことを積極的に取り入れる革新的あるいは挑戦的な人は，必ずある割合で存在する．ところが，ある集団では協調的であることが高く評価され，別の集団では挑戦的あるいは競争的であることが高く評価される．このような両極端な

集団としての特性や性質は，どのようにして生まれるのであろうか．本章では，これらの疑問点を明らかにする．

トーマス・シェフ (T. Scheff) は，個人をとりまく周囲との関係を記述するために，社会的絆という概念を定義した．社会的絆は，個人にとって最も尊ぶべきもであり，いかなる個人的犠牲を払うことになったとしても，誰もがそれを保持したがるとしている．社会的絆の両極として，恥と自尊心の二つがある．恥とは，個人が自分の社会的絆から脅威を受けることであり，自尊心とは，社会的絆が良い状態で保たれていることをいう．個人は，自分の内面から観察した自分と社会の目から通した自分とを持っているが，これらは個人的な天性と社会的な天性として区別される．

個人の意識の中では，合理的そして自律した存在に憧れ，人に頼らず決断したことを褒める．一方で，自分の置かれた状況において何が支配的なのかを常に察知することにも努めている．さらに，仲間から好かれること，あるいは仲間外れにならないかについて常に意識をしている．そしてどのような言明をすることで，あるいはどのような行動をとることで周りから孤立するのか，何を主張してもよく，何はまずいのか，何が状況に適し，何は適していないのかなどを絶えず見極めており，それが個人の態度として表れる．一人ひとりが自分を取りまく状況を観察するために，一種の社会的皮膚 (social skin) を持つことで，社会全体の営みが円滑に行われるともいえよう．

社会には，伝統的な価値を重んずる人もいれば，より新しい者を求める人，どっちつかずの日和見的な人など，さまざまなタイプの人が，ある一定の割合で存在する．伝統的な価値を維持しようとする人と，それを棄て新しい価値に置き換えようとする人とが存在することで，彼らの間に激しい対立や衝突が生まれるが，全体としてある一定の方向へ集約されていくことが多い．その場合，さまざまな個人の考え方がどのように集約されることで，安定した集団特性や全体の傾向が生じるのであろうか．このことを，具体的な問題を取り上げて考えることにする．

ここで，N 人の主体で構成される集団 $G=\{A_i : i=1, 2, \cdots, N\}$ を考える．各主体は，次の二つの戦略をもつとしよう．

　　戦略 S_1：従来の伝統的な方式を支持する．
　　戦略 S_2：新しい方式を支持する． (6.1)

個人の利得は，自分と周りの者の戦略の組合せによって，2章の図2.1の利得行列で与えられるとする．各主体は，今後どのように集団全体の傾向が推移するのか，自分なりの尺度で見極めながら判断することになる．各主体は，それぞれの方式が集団全体で支持されている割合を知ることができるとしよう．ここで，従来の伝統的な方式を支持する人の割合は $1-p$，新しい方式を支持する人の割合は p であるとする．主体 $A_i \in G$ がそれぞれの戦略を選択した場合の利得は次式で求まる．

$$U_i(S_1) = a_i(1-p) + b_i p, \quad U_i(S_2) = c_i(1-p) + d_i p \tag{6.2}$$

主体 A_i の合理的な判断は，以上の期待効用の大小関係によって次式で与えられる．

$$\begin{aligned} &U_i(S_1) \geq U_i(S_2) \quad \text{ならば，伝統的な方式を支持する．} \\ &U_i(S_1) < U_i(S_2) \quad \text{ならば，新しい方式を支持する．} \end{aligned} \tag{6.3}$$

以上の期待効用を等しくする点を，主体 A_i の合理的な戦略の分岐点という．それは，次の方程式の解として求まる．

$$U_i(S_1) - U_i(S_2) = (a_i - c_i)(1-p) + (b_i - d_i)p = 0 \tag{6.4}$$

以上の方程式の解は，次式で与えられる．

$$p = (a_i - c_i)/(a_i + d_i - b_i - c_i) \tag{6.5}$$

したがって，主体 A_i の合理的な判断は，個人属性（効用パラメータ）と全体の傾向を表す情報（各戦略の支持率）として，次の条件式として求まる．

$$\begin{aligned} &p \leq (a_i - c_i)/(a_i + d_i - b_i - c_i) \quad \text{ならば，伝統的な方式を支持する．} \\ &p > (a_i - c_i)/(a_i + d_i - b_i - c_i) \quad \text{ならば，新しい方式を支持する．} \end{aligned} \tag{6.6}$$

以上の条件式を，主体 A_i の合理的な戦略の決定ルールという．それは，利得パラメータによって表される個人属性だけでなく，全体の状況を表す変数にも依存している．このことを，個人の意思決定の状況依存性という．

ここで，新しい方式に対する主体 A_i の相対的な望ましさを α_i，集団の主流派の一員であることの願望の強さを β_i で表す．これらのパラメータの大きさは，個人によって異なるものとする．またパラメータ α_i は，伝統的な方式に対する新しい方式の相対的な優位度を表すので，正または負の値をとる．一方で，β_i は非負の値をとる．この二つのパラメータを用いると，図2.1の利得行列における主体 A_i の効用パラメータ a_i, b_i, c_i, d_i は，次のように表すことができる．

$$a_i = \beta_i, \quad b_i = 0, \quad c_i = \alpha_i, \quad d_i = \alpha_i + \beta_i \tag{6.7}$$

以上の関係式を用いると，式 (6.5) で与えた主体 A_i の合理的な戦略の分岐点は，以下のように求まる．

$$p=(\beta_i-\alpha_i)/(\alpha_i+\beta_i+\beta_i-\alpha_i)=(1-\alpha_i/\beta_i)/2\triangleq\theta_i \tag{6.8}$$

式 (6.8) の右辺の値 θ_i を，主体 A_i のしきい値として定義する．主体 A_i の合理的な戦略を決定するためのルールは，自己のしきい値 θ_i と全体の状況を表す p との関係式として以下のように与えられる．

(1) $p\leq\theta_i$ のとき 戦略 S_1 を選択，すなわち伝統的な方式を支持する．
(2) $p>\theta_i$ のとき 戦略 S_2 を選択，すなわち新しい方式を支持する． (6.9)

ところで，哲学者フッサール (E. Husserl) によると，我々が見ている世界は，次の三つの層に分けることができる．

① 具体的経験の世界 (目で見たり，手で触れたりできる世界)
② 伝聞情報の世界 (経験可能の世界)
③ 神話，あるいはフィクションの世界 (経験不可能で臆見から構築する世界)

昔の人は，人生のほとんどを①の世界で生きていた．しかし，情報社会に生きる我々は，②や③の世界の中で生きている．つまり，現代の社会に住む多くの人は，間接的経験をそのまま採用し，自分の思考をそれらにあまりにも適合させてしまうために，間接経験と直接経験との区別がつかなくなってきている．その結果，自分が周りから受けている影響についても，あまり意識しなくなってきているといえよう．

我々は，自分たちで意識している以上に，周りから孤立することを恐れている．常に周囲の反応をうかがい，そして周りから孤立しないかどうかを絶えず意識している．ここで，個人によって違いはあるとしても，一人ひとりは周りから孤立することを恐れている存在であるとしてモデル化することにする．主体 A_i の孤立することに対する恐れの強さを β_i で表すと，図 2.1 の主体 A_i の効用パラメータ a_i, b_i, c_i, d_i は，次のように表すことができる．

$$a_i=0, \quad b_i=-\beta_i, \quad c_i=\alpha_i-\beta_i, \quad d_i=\alpha_i \tag{6.10}$$

そして，主体 A_i の合理的な戦略の分岐点は次式で与えられる．

$$p=(\beta_i-\alpha_i)/\{\alpha_i-(\alpha_i-\beta_i-\beta_i)\}=(1-\alpha_i/\beta_i)/2\triangleq\theta_i \tag{6.11}$$

すなわち，式 (6.8) で求めた分岐点と同じになる．このから，集団の主流派の一員であることを意識して行う個人の意思決定と，集団から孤立することに恐れを抱きながら行う意思決定は基本的には同じであり，これらは裏腹の問題であるこ

とがわかる．

ここで，選択肢に対する選好度の強さと比較すると，主流派の一員であることに対する主体 A_i の願望が強い（あるいは，周りから孤立することへの恐れが強い）としよう．すなわち，二つのパラメータの間には，$\alpha_i \ll \beta_i$ の関係が成立するとすると，主体 A_i の合理的な戦略の分岐点は次式で近似できる．

$$p = (1 - \alpha_i / \beta_i)/2 \cong 1/2 \tag{6.12}$$

この場合には，個人的に合理的な意思決定ルールは，その人の個人属性に依存することなく，外部情報だけに依存することがわかる．また，その人の合理的な戦略の分岐点は，どちらが主流になるのかに関する個人的な読みだけに依存し，その値はすべての人にとって同じになる．このような個人属性をもつ主体が多くを占める集団では，勝ち馬に乗ろうとする風潮が生まれやすくなる．このことは，次節で明らかにする

個人によるミクロ的な判断が集約されることで，全体の風潮や傾向が決定される．個人の属性は不変であるとしても，全体の動向や傾向が変わることで，その人の合理的な判断が変わる．また，全体の傾向に関する個人的な読みが変わることでも，合理的な判断は変わる．ところが，大規模な集団になることで，個人の影響は微々たるもので，個人の力で全体の傾向を変更することは不可能に近いと，一人ひとりは考えてしまう．しかしながら，それは不可能なことではない．なぜならば，全体の傾向は，個人のミクロ的な判断の集合体によって作り出されるからである．個人のミクロ的な意思決定と集合的な意思決定との関係について，次節で明らかにする．

6.2 沈黙の螺旋理論

フランスの社会学者エスピナス（A. Espinas）は，『動物社会』という著書の中で，生物学者フォレル（A. Forel）の研究を引用しながら，動物はいかに孤立することを恐れている存在かを紹介している．例えば，アリの勇気は，同族の数に比例して増大するが，仲間から離れることで弱くなる．たくさんの仲間のいる塚の中のアリは，小さなコロニーの中にいるアリと比較すると，より大きな勇気を持っている．ところが，仲間のアリと一緒だと死を恐れぬようなアリが，巣から離れ1匹だけになると極端に恐怖におののき，ほんのちょっとした危険の兆候であっても，それを避けるようになる．スズメバチにも同じことがいえると紹介し

ている．

　このことは，人間にもあてはまるのではなかろうか．我々は，自分で意識している以上に，集団や社会の中で孤立することを恐れている．このことは，自分の意見や考えは果たして正しいのか常に周囲の反応をうかがいながら確かめようとすることや，周りに迎合した行動を無意識的にとることなどからもうかがい知ることができよう．集団や社会の中で孤立すること，あるいは周りから村八分にされることに対する恐怖感などは，誰にでもある．そのことで，周りの人たちはどのように考え，また行動するのであろうかを絶えずチェックしながら，自分の意見やとるべき行動を再評価することになる．このことからも，個人は社会的皮膚を持ち，それによって世の中の意見の分布状況(意見の風土ともいう)を感知しているといえよう．

　自分の意見が世間で支持されている意見と同じである，あるいは多数派の一員であるという意識を持つことで，多くの人は安心感を覚える．逆に，自分の意見が少数派であることがわかると，周りから孤立している，あるいは仲間外れにされるという意識を強く持ち，そのことで極端に恐れるようになる．例えば，争点となっていることに対する自らの態度を明らかにする場合，自分の周りで，どのくらいの人が賛成しているのかが非常に気になる．そのことで，自分の意見や考えを主張するという行為が制約され，周りから大きな影響を受ける結果になる．自分の意見が大勢を占める周りの人の意見と同じであるという確信を持つことで，自分の意見を明確に言明しようとする傾向が強まる．逆に，自分の意見が少数派であると予想される場合には，周りから孤立する，あるいは仲間外れにされることを恐れ，少数派として自分の意見を主張しないで沈黙を保とうする傾向がいっそう強まる．その結果，自説への信念が極めて強い，あるいは孤立することを恐れない一部の人たちを除けば，少数派の意見は公然とは表明されなくなる．そして，多数派と目される意見だけが声高に主張され，それが全体の意見(世論)となって公認されることになる．

　世論には，顕在的および潜在的な機能の二つがあるとされている．前者は，知性のある，あるいは有能かつ信頼しうる市民の意見が集約されたもので，理想的な社会へ近づけるための原動力になる．後者は，一人ひとりに同調的な圧力を及ぼすことで，社会としての団結を促進する働きがある．世論の潜在的な機能に重点を置く場合には，公衆の目や意見風土，あるいは空気といった言葉で表される

こともある．我々は，周囲の人たちの反応を常時監視しながら，自分の意見を明確に表明すべきか，あるいは沈黙を保つべきかの判断を絶えずしながら，周りの人たちとの社会的関係を作り出している．すなわち，個人の持つ社会的天性が世論という力を作り出し，さらには社会における共同意識や共通の価値観なども形成している．一方で，それは統制力として働き，それらから逸脱した者に対しては，脅威感や暗黙の圧力を与えることになる．

公的な場で自分の支持する意見が優勢であると感じる場合には，自ら進んでそれを強く主張する．また，周りの者の意見に同意するだけでなく，より多くの支持を得ようと努力する．逆に，劣勢であると感じる場合には，自分の考えを明確にしないまま沈黙を保つ．すると，最初の段階において多数派として知覚された意見は，それを支持する意見をさらに増大させる．と同時に，少数派の意見の持ち主の人たちに対しては，いっそう沈黙を促すことになる．このことから，最初の段階で誰が声を上げ誰が黙るかによって，全体としての意見が決定されることになる．雄弁は沈黙を生み，沈黙はさらなる雄弁を生むという，螺旋的な自己増幅プロセスを経ることで，ある特定の意見の支持者が全体を支配するようになる．逆に，それ以外の意見の支持者は沈黙をし続けるので，さまざまな少数意見が存在すること自体が，公の場から全く見えなくなってしまうことになる．

このようにして世論が形成されることは，ドイツの社会学者であるノイル-ノイマン女史 (E. Noelle-Neumann) による「沈黙の螺旋理論 (spiral of silence theory)」として知られている．この理論は，次の四つの仮説に基づいている．

① 社会は，逸脱した個人に対し孤立という脅威を与える．
② 個人は，常に孤立することに恐怖を感じている．
③ 孤立することへの恐怖感が，意見の風土を評価するよう個人を仕向ける．
④ 意見の風土の推定結果は，自分の意見を明確に言明するか，あるいは沈黙するかの個人の判断に対し大きな影響を及ぼす．

沈黙の螺旋理論が生まれるきっかけとなったのは，1965年の西ドイツ連邦議会選挙であったとされる．ノイマンは，アレンスバッハ世論調査研究所の所長として，選挙調査に携わっていた．世論調査の結果では，選挙の2ヶ月前までは，キリスト教民主同盟と社会民主党に対する有権者の支持率は拮抗しており，大接戦を演じていた．ところが，定期的に行われた「選挙ではどちらの政党が勝つと思いますか」という設問の回答では，「社会民主党が勝つ」と予想する人の割合が

一貫して減少し，逆に「キリスト教民主同盟が勝つ」と予想する人の割合が一貫して増大し続けた．選挙1ヶ月前の世論調査になると，キリスト教民主同盟への支持率が急上昇し，社会民主党への支持率は低落した．そして，選挙では，キリスト教民主同盟が圧倒的な勝利を収めたのである．

　ノイマンは，だれが勝つかという個人の予想は，政党支持に関する意見の風土の知覚だと考えた．つまり，人々はどちらの政党が広く支持されているかを意見風土の知覚として個々に測定している．社会民主党の支持者は，自分の意見風土の知覚の結果，自分の支持に関する考えや主張を人前で公然と表明することを次第にためらうようになっていった．選挙戦になると，社会民主党はさらに不利な立場に立たされ，その結果選挙では大敗北を喫した．意見風土を認知することで，一人ひとりが同調圧力を感じ，そのことで個人の態度や行動の変化を引き起こしたと，ノイマンは分析している．このことから世論とは，優勢な意見 (dominant opinion) だけでなく，多くの人に一定の態度や行動をとることを強制し，これに反抗する人たちには孤立という恐怖感を与える，社会的機能を持つといえよう．

　世論が形成される上で，マスメディアなどが果たす役割にも着目する必要がある．マスメディアによって，少数派の意見が積極的に大衆の前に提示されることで，一人ひとりが知覚する意見の風土が変わり，沈黙の螺旋プロセスが転換させられるきっかけになる．つまり，マスメディアの持つ公共性の機能によって，少数派の意見が支配的な意見，そして世論に転化することもある．ある少数の意見が公共化され，それが公に認知された意見になることで，大勢の人たちに同調的な圧力を与え，沈黙の螺旋的な展開を引き起こすことになる．

　世論の力 (power of public opinion) は，個人の合理的な判断に対し，どのような影響を及ぼすのか，また多くの人がなだれ現象 (last minutes swing) 的に世論に迎合するようになるのかは，次のように説明することができよう．個人は意見の風土を認知し，そして自分が孤立することについて，ある程度の恐怖感を抱くことがある．そのことで沈黙の螺旋的な増幅が生まれ，一種の雪だるま式の循環プロセスを経ることで，ある特定の意見だけが全体を支配し，それが世論として多くの人に認知されるようになる．

　少数派だと知覚する人たちは沈黙を続け，逆に多数派と称される人たちが声高に自分の意見を表明するために，雪だるま式に優勢な世論が形成されると考える

のが，沈黙の螺旋理論である．これだと，少数意見はいつまでたっても少数派のままとどまることになり，絶えず世論は変化するといった現象などをうまく説明することができない．また，個人に沈黙を強いることと個人の態度を変化させることの間には，明らかな相違がある．さらに，周りからの同調への圧力に屈することなく，これに最後まで抵抗を示す人たちも必ず存在する．彼らは，新たな社会変動の始発者としての役割を果たすことから，ハードコア層 (hard core) に属する人たちといえる．あえて孤立することを恐れず，たとえ自分の意見であっても，それを強く主張する人たちのことを，ここではハードコアと呼ぶことにする．

ところで，性能や価格などにあまり差のない複数の製品があり，それらに関する情報なども消費者は十分に持っているとしよう．さらに，それらの製品はどこかの地域に偏在することなく，どこからでも自由に入手できるならば，それらの製品はある一定のシェアを確保することになるであろう．ところが，いざ販売競争を始めてみると，ある製品だけが圧倒的に売れ，他の製品は市場から完全に淘汰されることは少なくない．このような一人勝ちの現象は，なぜ頻繁に起きるのであろうか．異なる嗜好や価値観を持つ人々で社会は構成されているのにも関わらず，人々の意見や行動などが，ある特定のものに集中してしまう現象のことを，バンドワゴン効果 (bandwagon effect) ともいう．このような現象が，どのようなメカニズムによって生まれるのかについても次に考えることにする．

集団の多様性を個人属性の分布関数によって特徴づけ，集団の多様性と集合的な意思決定との関係について明らかにする．集団の各構成メンバーは，自らの判断に先立ち，周りの者はどのように考えているのか，あるいはどのような意見が主流なのかを見極める．このことは，個人の意思決定は，価値観や自分の好みなどを表す個人属性に依存するだけでなく，集団全体の雰囲気や潜在的な集団特性などからも影響を受けることを意味している．一方で，集団を構成する一人ひとりの判断や行動が集団全体の雰囲気や特性を醸成していることから，集団としての集合的な営みに対して個人は少なからぬ影響を与えていることも事実である．

集団全体の傾向，あるいはその集団で主流となることが潜在力となって，個人の意思決定にどのような影響を与えるのか，次に明らかにすることにする．ここで，N 人の主体で構成される集団 $G=\{A_i : 1 \leq i \leq N\}$ において，ある新しい技術方式を採用すべきか否かの検討が行われているとしよう．各主体は，集団全体

6.2 沈黙の螺旋理論

での動向を考慮しながら，あるいは周りから圧力を受けながら，新方式を採用することに賛成，あるいは反対かの意思表示をする．すなわち，自らの選好に基づく意見を通そうとする意思と，そのことで周りから孤立することを避けたいとする二つの相対峙した心理的な働きによる葛藤を抱えながら，総合的に判断することになる．また，集団全体の動向が変わったことを察知することで，一度決心したことを後になって変更することもありうる．ここで，各主体の選択肢は，

$$\begin{aligned}&\text{選択肢 } S_1：賛成する．\\&\text{選択肢 } S_2：反対する．\end{aligned} \tag{6.13}$$

の二つである．どちらかの選択肢を決定した場合の主体 $A_i \in G$ の利得関係（効用）を，図 6.1 の利得行列で与える．二つの選択肢に対する選好度と，主流派の一員であることの個人的な望ましさ（あるいは孤立することへの恐れ）の強さをパラメータによって表す．各主体によってパラメータ値は異なり，主体 A_i の選好上の優位度を $\alpha_i(-1 \leq \alpha_i \leq 1)$，主流派の一員であることの望ましさを，それぞれ $\beta_i(0 < \beta_i \leq 1)$ で表す．パラメータの値によって，次のような解釈ができる．もし $\alpha_i > 0$ ならば，新方式の採用に賛成，逆に $\alpha_i < 0$ ならば反対の意見の持ち主であることを表す．また，その絶対値の大きさによって，賛成または反対意思の強さを表す．一方，β_i が 0 に近ければ，集団の主流派の一員であることへの願望は弱い（あるいは孤立することを恐れない）が，β_i が 1 に近ければ，その願望が強い（孤立することを強く恐れる）ことを表す．

ここで，集団全体で賛成する人の割合を p，反対する人の割合を $1-p$ で表すと，それぞれの選択肢を選択した場合の主体 $A_i \in G$ の効用は期待効用として，次式で求まる．

$$U(S_1) = p(\alpha_i + \beta_i) + (1-p)\alpha_i, \quad U(S_2) = (1-p)\beta_i \tag{6.14}$$

これらの期待効用の大小関係から，主体 A_i の合理的な判断は次式で与えられ

個人の選択肢 \ 集団の動向	賛 成 (p)	反 対 (1-p)
賛 成 (S_1)	$\alpha_i + \beta_i$	α_i
反 対 (S_2)	0	β_i

図 6.1　個人の利得表

る．

①　もし $U(S_1) \geq U(S_2)$ ならば，賛成する．
②　もし $U(S_1) < U(S_2)$ ならば，反対する．
(6.15)

以上の期待効用を等しくする p の値が合理的な判断の分岐点で，それは次の方程式の解として求まる．

$$U(S_1)-U(S_2)=p(\alpha_i+\beta_i)+(1+p)\alpha_i-(1-p)\beta_i=2p\beta_i+\alpha_i-\beta_i=0 \quad (6.16)$$

したがって，主体 A_i の合理的な判断の分岐点は，次式で与えられる．

$$p=(1-\alpha_i/\beta_i)/2 \quad (6.17)$$

(6.17)式の右辺の値を，主体 $A_i \in G$ のしきい値 (threshold) として次式で定義しておく．

$$\theta_i=(1-\alpha_i/\beta_i)/2 \quad (6.18)$$

すると，主体 $A_i \in G$ の合理的な判断は次のルールで与えられる．

①　もし　$p \geq \theta_i$　ならば，賛成する．
②　もし　$p < \theta_i$　ならば，反対する．
(6.19)

前述した個人の意思決定における社会的皮膚の概念は，図 6.2 を用いて次のような説明ができる．各主体 $A_i \in G$ は，パラメータの組合せ (α_i, β_i) を個人属性として持っている．また，自らの社会的皮膚によって周囲の動向を認知するが，その結果をパラメータ $p(t)$ で表す．個人属性によって決定される自らのしきい値 θ_i と，周囲の動向を表す $p(t)$ との関係から，合理的な判断を個々にする．

ここで，各主体の合理的な判断ルールの例を，図 6.3, 6.4, 6.5 に示す．それ

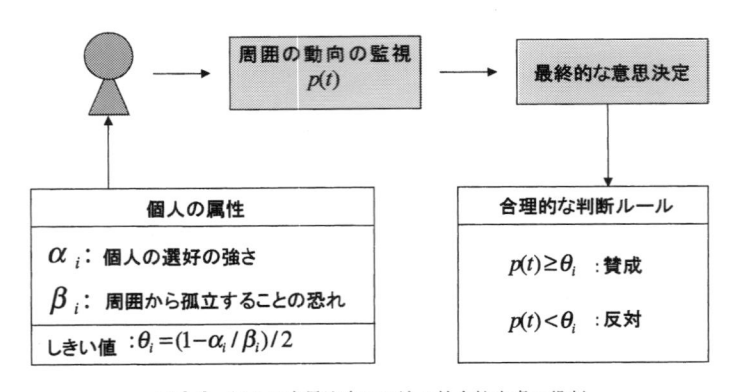

図 6.2　個人の意思決定における社会的皮膚の役割

図 6.3 個人の合理的な判断とルール (1)

図 6.4 個人の合理的な判断とルール (2)

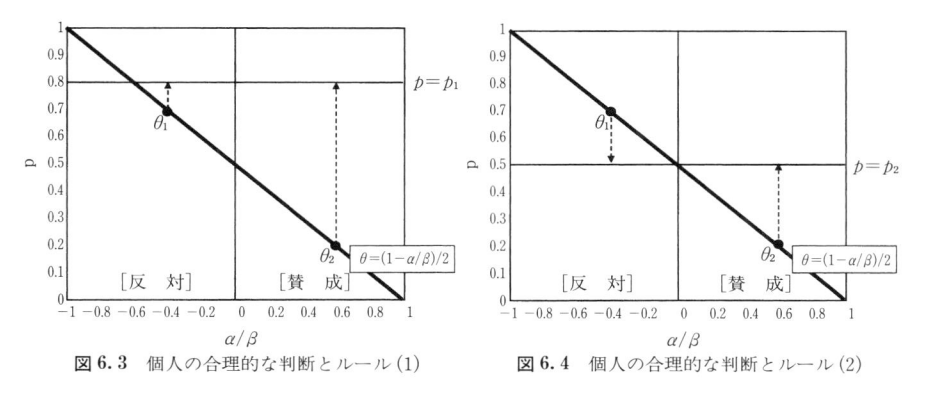

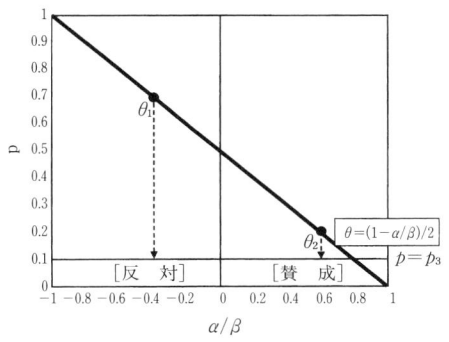

図 6.5 個人の合理的な判断とルール (3)

ぞれの図において，横軸は，個人属性であるパラメータの比 α/β を表し，縦軸は，集団全体で賛成する人の割合 p を表す．沈黙の螺旋プロセスは，次のような説明ができる．例えば，図 6.3 に示すように，集団全体の動向を表すマクロ情報が $p=p_1$ の場合，それは主体 A_1 と主体 A_2 のしきい値 θ_1 と θ_2 よりも高い値であるので，どちらも賛成をする．ところが，個人属性の比 α/β が負の領域にある主体 A_1 は，もともとは新方式の採用には反対意見の持ち主である（$\alpha_i<0$ であるので）．しかしながら，自分の決定が集団の決定と異なることで自分は孤立するという心理が強く働くために，反対意見である自分の本心を曲げ賛成派に回ることになる．

ところが，図 6.4 に示すように，集団全体で賛成する人の割合が p_1 から p_2 に下がり，しきい値 θ_1 よりも低くなると，主体 A_1 はもともとの反対意見を明確

に言明することになる．一方，しきい値 θ_2 は，それよりも高いことから，主体 A_2 は賛成のままで，このケースでは両者の意見は分かれることになる．

次に，図 6.5 に示すように，集団全体で賛成する人の割合が $p=p_3$ まで低下し，両者のしきい値よりも小さくなると，両者とも反対する．ところで，主体 A_2 の個人属性 α_2 は正の領域にあり，彼は賛成意見の持ち主である．しかしながら，周りで賛成する人が少なくなることで，自分が孤立することへの恐れが強く作用し，そのことで自分の本心を捨て反対派に回ることになる．

自分の考えや意見が集団の中で優勢であると予想される状況では，迷わず自分の主張を貫く．しかしながら，そうでない状況では，最終的に意思決定したことが自分の本心と異なることがある．また，集団の動向が極めて流動的である場合には，個々の主体の合理的な判断は絶えず変化する．そして，賛成する人が増えるという予想の下では賛成する人がさらに増え，逆に，反対する人が増すという予想の下では，反対する人はますます増える．このことからも，集合的な意思決定は，集団を構成する一人ひとりの心理的な働きに大きく依存していることがわかる．

自分の主張を貫きたいとする意思と，そのことで周りから孤立したくないとする二つの感情が存在し，そのことで一人ひとりにある葛藤が生じる．その中で，集団の中で孤立することへの恐れが弱い人（β の値が小さい）ならば，選択肢に対する選好の度合いが小さくても（α の値が小さい），その人は集団全体の動向に左右されることなく，一度判断したことは固守する．一方で，選好度が強い人（α の値が高い）であっても，周りの動向を強く気にする人（それ以上に β の値が高い人）は，周りからの影響を強く受けることになる．そして，自らの強い選好に裏づけされて一度決定したことを，いとも簡単に変更することもありえるのである．各主体が最終的にどのように判断するかは，複数の選択肢の間の優劣関係（α）によって決まるのではなく，集団の中で孤立することへの恐れの強さ（β）との相対比（α/β）によって決定される．

主体 $A_i \in G$ の個人属性を表すパラメータ α_i と β_i は，$-1 \leq \alpha_i \leq 1$, $0 \leq \beta_i \leq 1$ の範囲の値をとるとした．これらのパラメータの関係から，各主体を次の三つのタイプに分類することができる．

［タイプ 1：賛成派のハードコア］　式 (6.18) で定義したしきい値が，$\theta_i=(1-k_i)/2 \leq 0$ の条件式を満たすならば，選択肢 S_1（賛成）を支持する人が一人もい

なくても，主体 A_i は選択肢 S_1 を選択する．この条件を満たすのは，その主体の個人属性を表すパラメータが，$\beta_i < \alpha_i$ となる場合である．すなわち，選択肢 S_1 に対する信念の強さが，集団の中で孤立することの恐れよりも大きい場合である．このような個人属性を持つ人たちを，賛成派のハードコアと呼ぶことにする．

［タイプ2：反対派のハードコア］　しきい値が，$\theta_i = (1-k_i)/2 \geq 1$ の条件式を満たすならば，選択肢 S_2（反対）を支持する人がいなくても，主体 A_i は選択肢 S_2 を選択する．この条件を満たすのは，$\beta_i < -\alpha_i$ となる場合である．すなわち，選択肢 S_2 に対する信念の強さが，集団の中で孤立することへの恐れよりも大きい場合である．このような個人属性を持つ人たちを，反対派のハードコアと呼ぶことにする．

［タイプ3：日和見主義者］　しきい値が $0 \leq \theta_i \leq 1$ の範囲にある人は，集団全体の動向によって自らの合理的判断が変わりえる．この条件を満たすのは，$|\alpha_i| < \beta_i$ となる人，すなわち，それぞれの選択肢に対する選好の強さと比較すると，周りから孤立することへの恐れが強い人である．このような個人属性を持つ人たちを，日和見主義者と呼ぶことにする．

個人属性 (α_i, β_i) の関係から分類をした，以上の各主体のタイプを図 6.6 に示しておく．

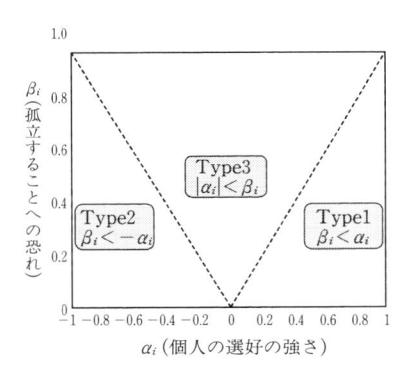

図 6.6　個人属性による各主体の意思決定上の分類
(Type 1：賛成派のハードコア，Type 2：反対派のハードコア，Type 3：日和見主義者)

6.3 集合的な意思決定の創発性

各構成メンバーに共通する行動上の特性などを，集団特性という．ここでは，それを次のように定義する．
① 多くの主体に共通する行動様式
② 多くの主体に共有される世界イメージや考え方

多くの人によって共有される共通イメージなどの集合的概念は，個人の深層レベルにおける意識を支配するともいわれている．それは潜在的な存在ではあるが，実在する力と同じ大きな影響力を持つことがある．個人の意思決定プロセスにおいて，それがどのように顕在化されるのかについて前節で明らかにした．

個々の構成要素には存在しない新しい性質が全体として生まれること，あるいは個人の集まり以上の働きが全体として生まれることなどを，創発性 (emergence) という．本節では，集合的な意思決定を扱い，個人の意思決定の集合体において，どのような創発的な性質が生まれるのか明らかにする．集団 $G=\{A_i : 1 \leq i \leq N\}$ において，しきい値 θ を持つ主体の数を，$n(\theta)$ で表す．それを集団の規模 N で割った値 $n(\theta)/N$ を，集団のしきい値の分布関数と呼ぶ．その集団において，しきい値が θ 以下の主体が占める割合は，

$$F(\theta) = \sum_{\theta_i \leq \theta} n(\theta_i) \tag{6.20}$$

で与えられる．ここでは $F(\theta)$ を，しきい値の累積関数と呼ぶことにする．

ある時点 t において，その集団全体で賛成する人の割合を $p(t)$ で表す．各主体は，式 (6.19) で求めたルールに基づき，個々に合理的な判断をする．したがって，しきい値が $p(t)$ 以下となる主体は，次の時点 $t+1$ では賛成することになる．すなわち，$p(t) \geq \theta$ の条件を満たすしきい値を持つ主体は，次の時点では賛成派に回る．しきい値が $p(t)$ 以下の人の割合は $F(p(t))$ で求まるので，次の時点 $t+1$ で賛成する人の割合 $p(t+1)$ は，$F(p(t))$ で与えられる．このことから，集団全体で賛成する人の占める割合 $p(t)$ は，次の方程式に基づき動的に推移する．

$$p(t+1) = F(p(t)) \tag{6.21}$$

集団を構成するメンバーは絶えず入れ変わるにも関わらず，ある安定した集団の特性や集合的な傾向が維持されることは多い．それらは，個人や集団を超越する存在として，世代が変わっても普遍的な性質として継承され，そして実在する

経営システム工学ライブラリー
情報技術社会への対応を考慮し，実践的な特色をもたせた教科書シリーズ

2. 経営戦略と企業革新
小野桂之介・根来龍之著
A5判 160頁 定価2940円（本体2800円）(27532-3)

経営者や経営幹部の仕事を目指そうとする若い人達が企業活動を根本から深く考え，独自の理念と思考の枠組みを作り上げるためのテキスト。〔内容〕企業活動の目的と企業革新／企業成長と競争戦略／戦略思考と経営革新／企業連携の戦略／他

5. 企業経営の財務と会計
蜂谷豊彦・中村博之著
A5判 224頁 定価3675円（本体3500円）(27535-8)

エッセンスの図示化により直感的理解に配慮した"財務と会計の融合"を図った教科書。〔内容〕財務諸表とキャッシュ・フロー／コストおよびリスク-リターンの概念と計算／プランニングとコントロール／コスト・マネジメント／他

6. 技術力を高める 品質管理技法
谷津　進著
A5判 208頁 定価3360円（本体3200円）(27536-6)

〔内容〕品質管理の役割／現物・現場の観察／問題解決に有効な手法／統計的データ解析の基礎／管理図法／相関・回帰分析／実験データの解析の考え方／要因実験によって得られたデータの解析／直交法を用いた実験／さらなる統計手法の活用

7. 生産マネジメント
徳山博于・曹　徳弼・熊本和浩著
A5判 216頁 定価3570円（本体3400円）(27537-4)

各種の管理方式や手法のみの解説でなく"経営"の視点を含めたテキスト。〔内容〕生産管理の歴史／製販サイクル／需要予測／在庫管理／生産計画／大型プロジェクトの管理／物流管理／サプライチェーンマネジメント／生産管理と情報通信技術

8. オペレーションズ・リサーチ
森　雅夫・松井知己著
A5判 272頁 定価4410円（本体4200円）(27538-2)

多くの分析例に沿った解説が理解を助けるORの総合的入門書。〔内容〕ORの考え方／線形計画モデル／非線形計画モデル／整数計画モデル／動的計画モデル／マルコフモデル／待ち行列モデル／シミュレーション／選択行動のモデル／他

9. メソッドエンジニアリング
吉本一穂・大成　尚・渡辺　健著
A5判 244頁 定価3990円（本体3800円）(27539-0)

ムリ・ムダ・ムラのないシステムを構築するためのエンジニアリングアプローチをわかりやすく解説。〔内容〕メソッドメジャーメント（工程分析，作業分析，時間分析，動作分析）／メソッドデザイン（システム・生産プロセスの設計）／統計手法／他

サプライチェーン・マネジメント —企業連携の理論と実際—
黒田　充編著
A5判 190頁 定価2940円（本体2800円）(27009-7)

SCMの考え方・理論から実際までを具体的に解説。〔内容〕全体最適とSCM／消費財変化とSCM／在庫管理モデル／SCMシステムとIT／SCMにおけるプランニング・スケジューリング統合技術／戦略品質経営とSCMの新展開／実例

サプライチェーン・ロジスティクス
松浦春樹・島津　誠訳者代表
A5判 292頁 定価5040円（本体4800円）(27010-0)

価値を創造し，事業を成功させるための企業戦略を重点的に述べ，ITの役割にも言及。〔内容〕リーン生産／顧客対応／市場流通戦略／調達と製造戦略／オペレーションの統合／情報ネットワーク／ERPと実行システム／APS／変革の方向性

実務家のための サプライ・チェイン最適化入門
久保幹雄著
A5判 136頁 定価2730円（本体2600円）(27011-9)

著者らの開発した最適化のための意思決定支援システムを解説したもの。明示された具体例は，実際に「動く」実感をWebサイトで体験できる。安全在庫，スケジューリング，配送計画，収益管理，ロットサイズ等の最適化に携わる実務家向け

経営科学のニューフロンティア
日本オペレーションズ・リサーチ学会創立40周年記念事業

11. 生産スケジューリング
黒田 充・村松健児編
A5判 292頁 定価5670円（本体5400円）（27521-8）

背景、概念、手法、モデル等を平易に解説。実践に役立つテーマも収載。〔内容〕問題の分類／手法の体系／シミュレーション／待ち行列網解析／ニューラルネット／グラフ理論／動的計画法／ラグランジュ乗数法／ラグランジュ緩和／各モデル／他

12. 公共政策とOR
大山達雄・末吉俊幸著
A5判 288頁 定価5460円（本体5200円）（27522-6）

〔内容〕公共政策と数理モデル分析／基本的な数理モデル／予測と評価／最適化とシミュレーション／確率現象とゲーム／交通、運輸への応用／定量的評価問題への応用／公共施設配置問題への応用／エネルギー政策、公共事業への応用

13. 待ち行列ネットワーク
紀 一誠著
A5判 208頁 定価4200円（本体4000円）（27523-4）

実際の性能評価を行う際に必要となる待ち行列網に関し、基礎理論、計算アルゴリズム、応用の方法に至るまでを学びたい読者を対象とする。〔内容〕概論／積形式ノート／積形式解をもつ待ち行列網／待ち行列網の計算法／待ち行列網の応用／補遺

15. 情報化時代の経営科学
水野幸男著
A5判 212頁 定価4095円（本体3900円）（27525-0）

コンピュータ、ネットワーク、コンテンツ時代の世の中の仕組を事例と共に詳しく解説。〔内容〕情報化時代の経営戦略／eビジネスシステムと経営戦略／eガバメントシステム／情報化に関する諸法則と新しいビジネス構造／OR関連ソフトウェア

---

1. 数理計画における並列計算
山川栄樹・福島雅夫著
A5判 240頁 定価5145円（本体4900円）（27511-0）

6. マーケティングの数理モデル
岡太彬訓・木島正明・守口 剛編
A5判 280頁 定価5460円（本体5200円）（27516-1）

2. 組合せ最適化 —メタ戦略を中心として—
柳浦睦憲・茨木俊秀著
A5判 244頁 定価4725円（本体4500円）（27512-9）

7. 混雑と待ち
高橋幸雄・森村英典著
A5判 240頁 定価4095円（本体3900円）（27517-X）

3. 待ち行列アルゴリズム —行列解析アプローチ—
牧本直樹著
A5判 208頁 定価4095円（本体3900円）（27513-7）

8. ロジスティクス工学
久保幹雄著
A5判 224頁 定価4410円（本体4200円）（27518-8）

4. ファジィOR
石井博昭・坂和正敏・岩本誠一編
A5判 248頁 定価5145円（本体4900円）（27514-5）

9. 内点法
小島政和・土谷 隆・水野眞治・矢部 博著
A5判 304頁 定価5880円（本体5600円）（27519-6）

5. 金融工学と最適化
枇々木規雄著
A5判 240頁 定価4515円（本体4300円）（27515-3）

10. DEA —経営効率分析法
末吉俊幸著
A5判 216頁 定価4515円（本体4300円）（27520-X）

シリーズ〈マーケティング・エンジニアリング〉
データに基づいた科学的意思決定の体系的な指針を提供

1. マーケティング・リサーチ工学
朝野熙彦著
A5判 192頁 定価3360円（本体3200円）（29501-4）

目的に適ったデータを得るために実験計画的に調査を行う手法を解説。〔内容〕リサーチ／調査の企画と準備／データ解析／集計処理／統計的推測／相関係数と中央値／ポジショニング分析／コンジョイント分析／マーケティング・ディシジョン

2. マーケティング・データ解析 —Excel/Accessによる—
木島正明編
A5判 192頁 定価3675円（本体3500円）（29502-2）

実務家向けに，分析法を示し活用するための手段を解説。〔内容〕固有地問題に帰着する分析手法／プロダクトマーケティングにおけるデータ分析／アカウントマーケティングにおけるデータ分析／顧客データの分析／インターネットマーケティング

4. 新製品開発
朝野熙彦・山中正彦著
A5判 216頁 定価3675円（本体3500円）（29504-9）

企業・事業の戦略と新製品開発との関連を工学的立場から詳述。〔内容〕序章／開発プロセスとME手法／領域の設定／アイデア創出支援手法／計量的評価／コンジョイント・スタディによる製品設計／評価技法／マーケティング計画の作成／他

6. プロモーション効果分析
守口 剛著
A5判 168頁 定価3360円（本体3200円）（29506-5）

消費者の購買ならびに販売店の効率を刺激するマーケティング活動の基本的考え方から実際を詳述。〔内容〕基本理解／測定の枠組み／データ／手法／利益視点とカテゴリー視点／データマイニング手法を利用した顧客別アプローチ方法の発見／課題

7. 広告マネジメント
木戸 茂著
A5判 192頁 定価3675円（本体3500円）（29507-3）

効果の測定と効果モデルの構築を具体的な事例を用いながら概説。〔内容〕広告管理指標／広告媒体接触調査／立案システム／最適化問題／到達率推定モデル／ブランド価値形成／短期的効果／長期的成果／ブランド連想と広告評価の因果関係／他

シリーズ年金マネジメント
現代社会を生きるために必須となる年金の知識，その理論と実際を解説

1. 年金マネジメントの基礎
田中周二編 上田泰三・中嶋邦夫著
A5判 192頁 定価3780円（本体3600円）（29581-2）

企業年金のしくみ・財政を解説。年金業務に携わる実務担当者必携の書。付録プログラムにより企業の実務で実際に行う計算過程の擬似的体験が可能（退職給付会計の財務諸表の作成等）。〔目次〕企業年金の設計と運営／制度の見直し・移行／他

2. 年金資産運用
田中周二編 山本信一・佐々木進著
A5判 256頁 定価3990円（本体3800円）（29582-0）

年金資産運用においては，長期戦略（運用基本方針）を立てることが重要となる。そのために必要な知識・理論を解説。〔目次〕年金運用のPlan-Do-Seeプロセス／ポートフォリオ理論／政策アセットミックス／マネージャー・ストラクチャー／他

3. 年金ALMとリスク・バジェッティング
田中周二編 北村智紀著
A5判 196頁 定価3990円（本体3800円）（29583-9）

年金の運用においてはリスク管理が重要となる。最近注目されるＡＬＭ（資産負債統合管理），リスク・バジェッティング（リスク予算配分と管理）等の理論・モデルについて解説。〔目次〕年金運用とリスク管理／年金運用と最適資産配分／他

●経営工学・数理工学

生産管理大辞典
P.M.スワミダス著 黒田 充・門田安弘・森戸 晋監訳
B5判 880頁 定価39900円(本体38000円) (27007-0)

世界的な研究者・製造業者が一体となって造り上げた105用語からなる中項目大辞典。実際面を尊重し、定義・歴史的視点・戦略的視点・技術的視点・実施・効果・事例・結果・統括的知見につき平易に解説。950用語の小項目を補完収載。〔主な項目〕SCM／MRP／活動基準原価／環境問題／業績評価指標／グローバルな製造合理化／在庫フロー分析／資材計画／施設配置問題／JIT生産に対するカンバン制御／生産戦略／製品開発／総合的品質管理／段取り時間の短縮／プロジェクト管理／他

シリーズ〈ビジネスの数理〉1 ビジネス数理への誘い
筑波大学ビジネス科学研究科編
A5判 160頁 定価3045円(本体2900円) (29561-8)

ビジネスのための数理的方法を俯瞰する入門編。〔内容〕ビジネス科学・技術／数理的方法の機能／モデルアプローチ／マネジメントプロセスモデル／モデルアプローチの成功と失敗／ビジネス現象のモデル化／デザイン技術としての数理的方法他

現代生産管理 ―情報化・サービス化時代の生産管理―
鹿島 啓・畑 啓之・下左近多喜男・赤木文男・本位田光重・大野 彰著
A5判 192頁 定価3045円(本体2900円) (27008-9)

大学理工系，文系の学部，高専で初めて生産管理を学ぶ学生や社会人のための教科書。生産管理の範囲を製造業だけでなく，情報・サービス業も対象として工学系の生産管理論に経営戦略論的な視点を加味してわかりやすく編集した

複雑系の数理
松葉育雄著
A5判 256頁 定価4725円(本体4500円) (28002-5)

「複雑な現象」はどう扱うべきか？さまざまな複雑現象を処理するために実際に「使える」手法を解説。〔内容〕複雑な現象とは／複雑さのとらえ方／関数近似と計算論／次元解析／スケーリング法／時間的スケーリング／カオス／自己組織化臨界現象他

生産管理システム
大野勝久・田村隆善・森 健一・中島健一著
A5判 196頁 定価3360円(本体3200円) (27006-2)

QDCとCSの達成に不可欠な理論と技術の基本をわかりやすく解説した教科書。〔内容〕作業研究／工程分析・設計／スケジューリング／PERT・CPM／MRPシステム／JIT生産システム／工程・品質・設備管理／生産情報システム／他

シリーズ〈科学の言葉としての数学〉 経営工学の数理Ⅰ
宮川雅巳・水野眞治・矢島安敏著
A5判 224頁 定価3360円(本体3200円) (11631-4)

経営工学に必要な数理を，高校数学のみを前提とし一からたたき込む工学の立場からのテキスト。〔内容〕命題と論理／集合／写像／選択公理／同値と順序／濃度／距離と位相／点列と連続関数／代数の基礎／凸集合と凸関数／多変数解析／積分他

シリーズ〈科学の言葉としての数学〉 経営工学の数理Ⅱ
宮川雅巳・水野眞治・矢島安敏著
A5判 192頁 定価3150円(本体3000円) (11632-2)

経営工学のための数学のテキスト。Ⅱ巻では線形代数を中心に微分方程式・フーリエ級数まで扱う〔内容〕ベクトルと行列／行列の基本変形／線形方程式／行列式／内積と直交性／部分空間／固有値と固有ベクトル／微分方程式／ラプラス変換他

●経済工学

金融工学事典
今野 浩・刈屋武昭・木島正明編
A5判 848頁 定価23100円(本体22000円)(29005-5)

中項目主義の事典として,金融工学を一つの体系の下に纏めることを目的とし,金融工学および必要となる数学,統計学,OR,金融・財務などの各分野の重要な述語に明確な定義を与えるとともに,概念を平易に解説し,指針書も目指したもの〔主な収載項目〕伊藤積分／ALM／確率微分方程式／GARCH／為替／金利モデル／最適制御理論／CAPM／スワップ／倒産確率／年金／判別分析／不動産金融工学／保険／マーケット構造モデル／マルチンゲール／乱数／リアルオプション他

年金数理概論
日本年金数理人会編
A5判 184頁 定価3360円(本体3200円)(29006-3)

年金財政を包括的に知りたい方,年金数理人をめざす方のための教科書。〔内容〕年金数理の基礎／計算基礎率の算定／年金現価／企業年金制度の財政運営／各種財政方式の構造／財政検証／財政計算／退職給付債務の概要／投資理論への応用／他

プロジェクトファイナンス ―ベンチャーのための金融工学―
浦谷 規訳
A5判 296頁 定価5250円(本体5000円)(29003-9)

効率的なプロジェクト資金調達方法を明示する。〔内容〕理論／成立条件／契約担保／商法上の組織／資金調達／割引のキャッシュフロー分析／モデルと評価／資金源／ホスト政府の役割／ケーススタディ(ユーロディズニー,ユーロトンネル等)

ファイナンスへの数学 (第2版)
S.N.ネフツィ著　投資工学研究会訳
A5判 528頁 定価8190円(本体7800円)(29001-2)

世界中でベストセラーになった"An Introduction to the Mathematics of Financial Derivatives"原著第2版の翻訳。デリバティブ評価で用いられる数学を直感的に理解できるように解説。新たに金利デリバティブ,そして章末演習問題を追加

ファイナンス数学入門 ―モデリングとヘッジング―
米村 浩・神山直樹・桑原善太訳
A5判 304頁 定価5460円(本体5200円)(29004-7)

実際の市場データを織り交ぜ現実感を伝えながら解説。〔内容〕金融市場／2項ツリー,ポートフォリオの複製,裁定取引／ツリーモデル／連続モデルとブラック-ショールズ公式,解析的アプローチ／ヘッジング／債券モデルと金利オプション／他

ファイナンス数学基礎講座

1. ファイナンス数学の基礎
小林道正著
A5判 176頁 定価3045円(本体2900円)(29521-9)

ファイナンスの実際問題から題材を選び,難しそうに見える概念を図やグラフを多用し,初心者にわかるように解説。〔内容〕金利と将来価値／複数のキャッシュフローの将来価値・現在価値／複利計算の応用／収益率の数学／株価指標の数学

5. デリバティブと確率 ―2項モデルからブラック・ショールズへ―
小林道正著
A5判 168頁 定価3045円(本体2900円)(29525-1)

オプションの概念と数理を理解するのによい教材である2項モデルを使い,その数学的なしくみを平易に解説。〔内容〕1期間モデルによるオプションの価格／多期間2項モデル／多期間2項モデルからブラック・ショールズ式へ／数学のまとめ

6. ブラック・ショールズと確率微分方程式
小林道正著
A5判 192頁 定価3045円(本体2900円)(29526-X)

株価のように一見でたらめな振る舞いをする現象の動きを捉え,価値を測る確率微分方程式を解説。〔内容〕株価の変動とブラウン運動／ランダム・ウォーク／確率積分／伊藤の公式／確率微分方程式／オプションとブラック・ショールズモデル／他

シリーズ〈金融工学の基礎〉
「高所へジャンプ，技術的困難を一挙に解決する」基礎理論を詳述

1. 株価モデルとレヴィ過程
宮原孝夫著
A5判 128頁 定価2520円（本体2400円）(29551-0)

非完備市場の典型的モデルとしての幾何レヴィ過程とオプション価格モデルの解説および活用法を詳述。〔内容〕基礎理論／レヴィ過程／レヴィ過程に基づいたモデル／株価過程の推定／オプション価格理論／GLP&MEMM オプション価格モデル

2. リスク測度とポートフォリオ管理
田畑吉雄著
A5判 216頁 定価3990円（本体3800円）(29552-9)

金融資産の投資に伴う数々のリスクを詳述。〔内容〕金融リスクとリスク管理／不確実性での意思決定／様々なリスクと金融投資／VaR とリスク測度／デリバティブとリスク管理／デリバティブの価格評価／信用リスク／不完備市場とリスクヘッジ

3. 確率と確率過程
伏見正則著
A5判 152頁 定価2940円（本体2800円）(29553-7)

身近な例題を多用しながら，確率論を用いて統計現象を解明することを目的とし，厳密性より直観的理解を求める理工系学生向け教科書。〔内容〕確率空間／確率変数／確率変数の特性値／母関数と特性関数／ポアソン過程／再生過程／マルコフ連鎖

シリーズ〈意思決定の科学〉〈全5巻〉
松原 望編集

1. 意思決定の基礎
松原 望著
A5判 240頁 定価3570円（本体3400円）(29511-1)

価値の多様化の中で私達はあらゆる場で意思決定を迫られている。豊富な例題を基にその基礎を解説。〔内容〕確率／ベイズ意思決定／ベイズ統計学入門／リスクと不確実性／ゲーム理論の基礎・発展／情報量とエントロピー／集団的決定／他

2. 戦略的意思決定
生天目章著
A5判 200頁 定価3360円（本体3200円）(29512-X)

ミクロ＝個人とマクロ＝組織・集団の二つのレベルの意思決定のメカニズムを明らかにし，優れた意思決定のための戦略的思考を構築する。〔内容〕複雑系における意思決定／戦略的操作／競争的・適応的・倫理的・集合的・進化的な意思決定／他

3. 組織と意思決定
桑嶋健一・高橋伸夫著
A5判 180頁 定価3360円（本体3200円）(29513-8)

合理的な意思決定は経営組織論の骨格である。組織と経営の具体例を決定理論の側から眺め直す。〔内容〕決定理論と合理性／近代組織論とルーティン／ゴミ箱モデルと「やり過ごし」／分析モデル／研究開発と意思決定／戦略的提携と協調行動／他

4. 財務と意思決定
小山明宏著
A5判 168頁 定価3360円（本体3200円）(29514-6)

企業はどう意思決定すべきか？資金調達・投資・成果配分の場面での意思決定の理論と実際を解説〔内容〕財務的意思決定の対象／ポートフォリオ選択／資本市場理論／オプション価格／企業評価モデル／プリンシパル・エージェント・モデル／他

5. 進化的意思決定
石原英樹・金井雅之著
A5判 212頁 定価3360円（本体3200円）(29515-4)

戦略はどう「進化」するのか？時をおって状況が変化する中での最も優れた意思決定の方法を探る。〔内容〕非協力ゲーム／非ジレンマ状況と囚人のジレンマ／保証ゲームとチキンゲーム／進化の論理と合理性／進化とゲーム理論／レプリケータ／他

ファイナンス・ライブラリー
実務者の抱える様々な問題と関心・欲求に応えるシリーズ

1. 金融デリバティブズ
小田信之著
A5判 184頁 定価3780円（本体3600円）(29531-6)

抽象的な方法論だけでなく、具体的なデリバティブズの商品例や応用計算例等も盛り込んで解説した"理論と実務を橋渡しする"書。〔内容〕プライシングとリスク・ヘッジ／イールドカーブ・モデル／信用リスクのある金融商品のプライシング

2. 金融リスクの計量分析
小田信之著
A5判 192頁 定価3780円（本体3600円）(29532-4)

金融取引に付随するリスクを計量的に評価・分析するために習得すべき知識について、"理論と実務のバランスをとって"体系的に整理して解説。〔内容〕マーケット・リスク／信用リスク／デリバティブズ価格に基づく市場分析とリスク管理

3. リスク計量とプライシング
家田 明著
A5判 180頁 定価3465円（本体3300円）(29533-2)

〔内容〕政策保有株式のリスク管理／与信ポートフォリオの信用リスクおよび銀行勘定の金利リスクの把握手法／オプション商品の非線型リスクの計量化／モンテカルロ法によるオプション商品のプライシング／有限差分法を用いた数値計算手法

4. 計量ファイナンス分析の基礎
小暮厚之・照井伸彦著
A5判 264頁 定価3990円（本体3800円）(29534-0)

ファイナンスで用いられる確率・統計について、その数理的理解に配慮して解説。〔内容〕金融資産の価値と収益率／リスク／統計的推測／ポートフォリオ分析／資産価格評価モデル／派生資産の評価／回帰分析／時系列分析／データ／微分・積分

5. 行動ファイナンス —理論と実証—
加藤英明著
A5判 208頁 定価3570円（本体3400円）(29535-9)

2002年ノーベル経済学賞のカーネマン教授の業績をはじめ最新の知見を盛込んで解説された行動ファイナンスの入門書。〔内容〕市場の効率性／アノマリー／心理学からのアプローチ／ファイナンスへの適用／日本市場の実証分析／人工市場／他

6. 金融リスクの理論 —経済物理からのアプローチ—
森平爽一郎監修
A5判 260頁 定価5040円（本体4800円）(29536-7)

"Theory of Financial Risks: From Statistical Physics to Risk Management"の和訳。〔内容〕確率理論：基礎概念／実際の価格の統計／最大リスクと最適ポートフォリオ／先物とオプション：基本概念／オプション：特殊問題／金融用語集

7. 企業財務のための金融工学
葛山康典著
A5判 176頁 定価3570円（本体3400円）(29537-5)

〔内容〕危険回避的な投資家と効用／ポートフォリオ選択理論／資本資産評価モデル／市場モデルと裁定価格理論／投資意思決定の理論／デリバティブズ／離散時間でのオプションの評価／Black-Scholesモデル／信用リスクと社債の評価／他

ファイナンス統計学ハンドブック
G.S.マタラ・C.R.ラオ編　小暮厚之・森平爽一郎監訳
A5判 740頁 定価27300円（本体26000円）(29002-0)

ファイナンスに用いられる統計的・確率的手法を国際的に著名な研究者らが解説した、研究者・実務者にとって最高のリファレンスブック。〔内容〕アセットプライシング／金利の期間構造／ボラティリティ／予測／選択可能な確率モデル／特別な統計手法の応用（ブートストラップ、主成分と因子分析、変量誤差問題、人工ニューラルネットワーク、制限従属変数モデル）／種々の他の問題（オプション価格モデルの検定、ベソ問題、市場マイクロストラクチャー、ポートフォリオ収益率）

ファイナンス講座〈全8巻〉

森平爽一郎・小暮厚之 編集

1. ファイナンスへの計量分析
小暮厚之 著
A5判 184頁 定価3885円（本体3700円）（54551-7）

ファイナンス理論を理解し実践する為に必要な計量分析を解説。〔内容〕金融のデータ分析／確率モデル・統計モデルの基本／連続時間モデルと確率微分方程式／伊藤の公式と応用／回帰モデルと時系列モデル／条件つき分散とARCHモデル／他

2. 金融経済学の基礎
池田昌幸 著
A5判 336頁 定価5460円（本体5200円）（54552-5）

〔内容〕不確実性と危険選好／平均分散分析と資本資産価格モデル／平均分散分析の拡張／完備市場における価格付け／効率的ポートフォリオとポートフォリオ分離／因子モデルと線形価格付け理論／代表的消費者の合成と経済厚生／他

3. デリバティブ 理論と応用
岩城秀樹 著
A5判 192頁 定価3570円（本体3400円）（54553-3）

急成長するデリバティブの価値（価格）評価の方法をファイナンス理論から解説。〔内容〕デリバティブと無裁定価格評価／2項モデル／離散多期間モデルでの価格評価／連続時間モデルでの価格評価／先渡と先物／オプション／金利派生資産

4. コンピュテーショナル・ファイナンス
森平爽一郎・小島 裕 著
A5判 240頁 定価3990円（本体3800円）（54554-1）

注目される計算ファイナンスのトピックスについて実例をあげて解説。〔内容〕コンピュテーショナル・ファイナンスとは／ツリーモデルによるオプション評価／有限差分法による偏微分方程式の数値解法／モンテカルロ法，数値積分，解析的近似

5. ポートフォリオの最適化
竹原 均 著
A5判 180頁 定価4095円（本体3900円）（54555-X）

現実の投資問題を基に分析・評価のためのモデル構築と解法を紹介。〔内容〕投資リスク管理と数理計画モデル／アセットアロケーション／株式システム運用モデル／株式ポートフォリオ最適化／下方リスクモデル／多期間投資モデル

6. 証券市場の実証ファイナンス
平木多賀人・竹澤伸哉 著
A5判 212頁 定価3990円（本体3800円）（54556-8）

証券市場行動を理解するための方法論と結果の解釈。〔内容〕曜日効果と日米間の情報伝達／祝日効果／日本市場のミクロストラクチャー／金利期間構造の確率要因／金利確率モデルの推定／為替リスクの評価／クロスセクション・アノマリー

8. ファイナンシャル・リスクマネージメント
森平爽一郎 編
A5判 208頁 定価3780円（本体3600円）（54558-4）

預金保険の価値，保険の価格決定，各種の複雑な商品の設計方法など，日本の金融機関が抱えるリスク管理の重要問題にファイナンス理論がどのように活かせるかを具体的に解説。〔内容〕アセット・アロケーションの方法／資産負債管理の方法

ISBN は 4-254- を省略　　　　　　　　　　　（定価・本体価格は2005年1月10日現在）

朝倉書店
〒162-8707 東京都新宿区新小川町6-29
電話 直通（03）3260-7631　FAX（03）3260-0180
http://www.asakura.co.jp　eigyo@asakura.co.jp

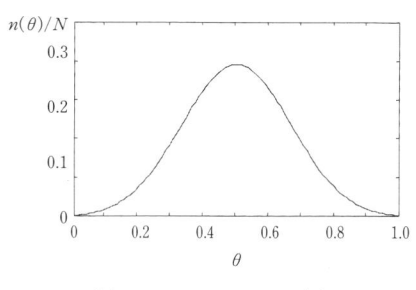

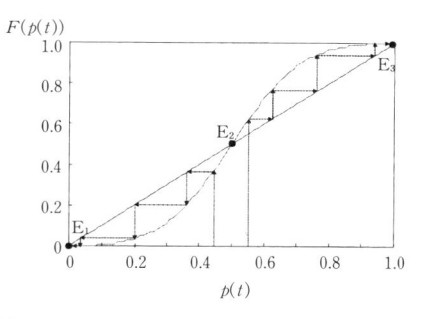

(a) しきい値の分布関数 (1)　　(b) しきい値の累積関数と集合的意思決定の均衡点 (1)

図 6.7

力以上の働きをすることがある．賛成または反対する人の割合は絶えず変化することになるが，式 (6.21) の均衡点によって集合的な意思決定を特徴づけることができる．その均衡点は，次の方程式の解として求まる．

$$p^* = F(p^*) \tag{6.22}$$

しきい値の分布関数の一例を，図 6.7(a) に示す．横軸は，しきい値 θ，縦軸は，しきい値 θ を持つ主体の数 $n(\theta)$ を集団の規模 N で割った値，$n(\theta)/N$ を表す．図 6.7(a) に示すようなしきい値の分布関数を持つ集団は，中間的なしきい値をもつ主体が大半を占めている．しきい値の累積関数 $F(\theta)$ を，図 6.7(b) に示す．その横軸は，賛成する人の割合 $p(t)$，縦軸は，$p(t)$ 以下のしきい値をもつ人の割合 $F(p(t))$ を表す．式 (6.22) を満足する均衡点は，累積関数 $F(p(t))$ が 45 度線と交わる点として求まり，このケースでは三つの均衡点が存在する．図 6.7(b) の左下の均衡点 E_1 は，$p(t)$ がゼロになる均衡点，すなわち全員が反対をする均衡点を表す．一方，右上の均衡点 E_3 は，全員が賛成をする均衡点を表す．一方，真中の均衡点 E_2 では，賛成派と反対派が 2 分される．これらの三つの均衡点の中で，E_2 は不安定な均衡点で，両端の均衡点 E_1 または E_3 のいずれかに収束する．いずれの均衡点に収束するかは，最初の段階で賛成する人の割合によって決定される．初期状態が真中の均衡点 E_2 より上にある場合には，均衡点 E_3 に収束し，それよりも下にある場合には，均衡点 E_1 に収束することになる．

このことを，図 6.7(b) を用いて説明する．初期値 $p(0)$ が 0.55 であるとすると，次の時点で賛成する人は 0.55 より小さいしきい値を持つ人である．そのよ

うなしきい値を持つ主体の占める割合は $F(0.55)=0.63$ で与えられるので，次の関係式が成り立つ．

$$p(0) < F(p(0)) \tag{6.23}$$

すると，次の時点 $t=1$ で賛成する主体の割合は，$F(p(0))-p(0)=0.08$ 増加する．同様にして，次の時点 $t=1$ での変化を求めると，$p(1)=0.63$ の下で賛成する主体の割合は $F(p(1))=0.77$ で与えられるので，次の関係式が成り立つ．

$$p(1) < F(p(1)) \tag{6.24}$$

すると，時点 $t=2$ で賛成する主体の占める割合は，$F(p(1))-p(1)=0.14$ 増加する．このようにして，賛成派の占める割合は徐々に増加していき，やがて均衡点 E_3 に収束する．

もし，初期段階 $t=0$ において，賛成派の占める割合が均衡点 E_2 の値よりも小さく，$p(0)=0.45$ であるとしよう．それより小さいしきい値をもつ主体の割合 $F(p(0))=0.37$ との間に，次の関係式が成り立つ．

$$p(0) > F(p(0)) \tag{6.25}$$

したがって，次の時点 $t=1$ で賛成派が占める割合は，$p(0)-F(p(0))=0.08$ 減少する．そして，賛成派が占める割合は徐々に減少していき，やがて均衡点 E_1 に収束する．以上のことから，初期値がわずかに異なるだけで，集合的な意思決定が全く異なる様相になることがわかる．

個人の合理的な判断が，周りからの思惑や噂によって左右されることはある．さらに，大勢にあまり影響を及ぼすことのない個人の判断の小さな変化が累積されることで，集団としての意思決定が予想とは全く異なったものになることがある．そして，当初は賛成派が大半を占める集団でも，結果的に全員が反対する集団に変貌してしまうこともある．例えば，もともとは全員が賛成意見を持つ集団（図 6.6 の主体の分類図において，a_i が正の領域にある主体の集団）でも，もし一人ひとりが孤立することを強く恐れているのであれば，その集団のしきい値分布関数は図 6.7 (a) に示すような形になる．そして，初期値が図 6.7 (b) の E_2 よりも小さければ，その集団での意思決定プロセスは E_1 に収束し，そして全員が反対する結果になる．

異なる個人属性を持つ人たちで構成される多様な集団や社会にあって，一人ひとりは，伝統的な価値を重んじる人，新しい価値観を求める人，どっちつかずで全体の風潮に迎合しやすい日和見的な人，などに分類することができる．例え

ば，前節の分析によると，主体 $A_i \in G$ の個人属性 (α_i, β_i) によって決まるしきい値 $\theta_i = (1 - \alpha_i / \beta_i)/2$ によって，図6.6に示す三つのタイプに分類することができた．図6.7(a)に示すようなしきい値の分布関数を持つ集団は全員が日和見主義者であることから，そのような集団は日和見集団と呼ぶことができる．一方で，賛成派または反対派のハードコアが存在する集団を，ここではハードコア集団と呼ぶことにする．しきい値の分布関数から，その集団の多様性を特徴づけ，集団の多様性と集合的な意思決定との関係について，次に明らかにする．

(1) 日和見集団の特性

しきい値の分布関数が，平均的な値を中心として釣り鐘状に分布しているのが，日和見集団である．このような集団は，自分の意見を主張しようとする意思の強さよりも，周りから孤立することへの恐れが強い人の集まりである．そして，周りの動向を常に気にする人たちによって構成されている集団である．日和見集団のしきい値の分布関数の例を，図6.8(a)と図6.9(a)に示す．図6.7(a)に示すしきい値の分布関数を持つ集団は，中間的なしきい値を持つ人が最も多く占める集団である．各主体のしきい値が，中間値に最も多く集中していることから，日和見主義者の中でも個人属性の似た者同士が最も多く集まっている集団であるといえよう．一方で，図6.8(a)と図6.9(a)に示す例は，中間値に集中することなく，各主体のしきい値が周期的に分布している集団である．

これらのしきい値の分布関数の累積関数を，図6.8(b)および図6.9(b)に示すが，より多くの均衡点が存在することになる．これらの図から，しきい値の分布関数の頂点と谷底の点が均衡点になることがわかる．その中で，頂点に対応する均衡点は不安定な均衡点で，やがて谷底の点に対応した均衡点に収束することになる．図6.8(c)と図6.9(c)に，集合的意思決定プロセスの収束上の様相を示す．いずれも，横軸は集合的意思決定の更新回数，縦軸は $p(t)$ の値を表す．初期値に依存して，図6.8(a)では三つの均衡点 E_1, E_3, E_5 のいずれかに収束をする．一方，図6.9(a)では，四つの均衡点 E_1, E_3, E_5, E_7 のいずれかに収束することがわかる．

(2) ハードコア集団の特性

ハードコア集団とは，集団の中で孤立することの恐れよりも，自分の意見を主張しようとする意思の強い人，すなわちハードコアの人が構成メンバーとして多く存在する集団である．例えば，図6.10(a)のしきい値分布を持つ集団には，

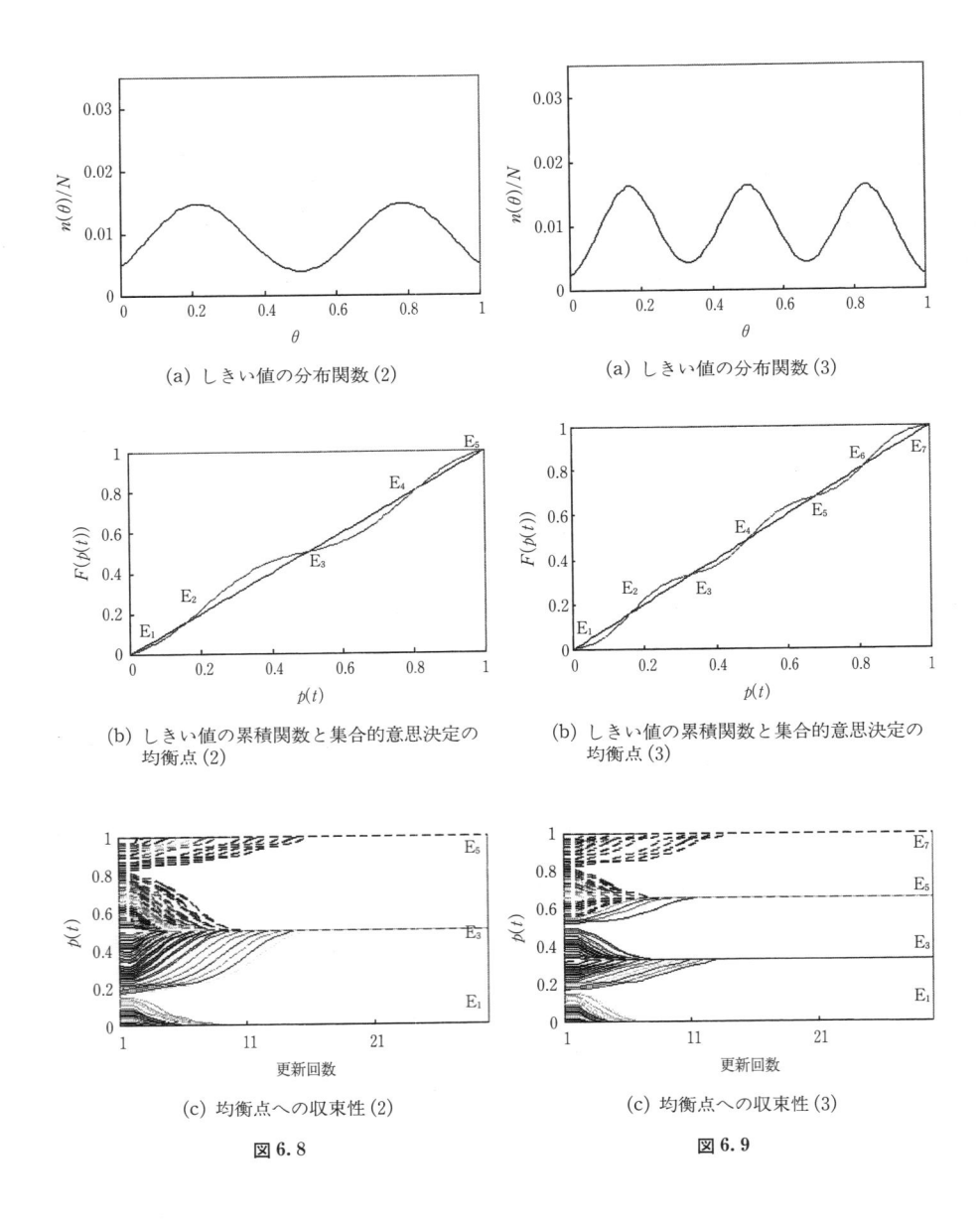

(a) しきい値の分布関数 (2)

(a) しきい値の分布関数 (3)

(b) しきい値の累積関数と集合的意思決定の均衡点 (2)

(b) しきい値の累積関数と集合的意思決定の均衡点 (3)

(c) 均衡点への収束性 (2)

(c) 均衡点への収束性 (3)

図 6.8

図 6.9

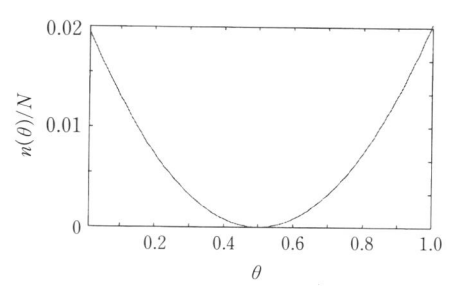

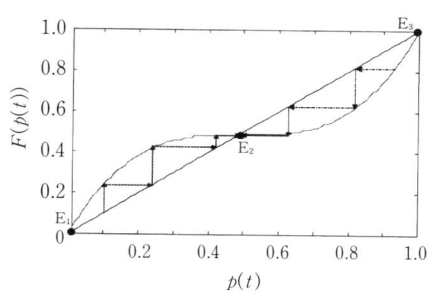

(a) ハードコア型集団のしきい値の分布関数 (4)

(b) ハードコア型集団のしきい値の累積関数と均衡点 (4)

図 6.10

ある一定の割合で賛成派のハードコアと反対派のハードコア，そして日和見主義者が存在している．このようなハードコア集団では，お互いに正反対の意見を主張し合うことになる．図 6.10 (a) のしきい値の分布関数を持つハードコア集団の集合的な意思決定の様相を，図 6.10 (b) に示す．この図から，このハードコア集団の集合的意思決定プロセスには，図 6.7 (a) のしきい値分布をもつ日和見集団と同様，三つの均衡点が存在することがわかる．しかしながら，いかなる初期値であっても中間の均衡点 E_2 に収束する．

日和見集団は，自分の意見を主張するよりも他との調和を重視する人の集団であるといえよう．ところが，初期状態によって集合的意思決定の様相が全く異なったものになることから，外部から情報操作などの影響を受けやすい，不安定な集団であるといえる．その意味でも，日和見集団は非常に危険な集団である．一方，ハードコア集団は，自己主張の強い人が存在する集団である．しかしながら，たとえ最初の段階では集団全体の意見が大きく分かれていたとしても，やがて安定した均衡点に収束していく．そして，外部からの情報操作などを受けにくい，安定した集団であるといえる．

(3) ハードコアの果たす役割

それでは，ハードコアの果たす役割とは，いったい何だろうか．ハードコアの存在する集団の集合的な意思決定を求め，そのことについて明らかにする．図 6.11 (a) に示すような，しきい値が 0 以下となる賛成派のハードコアが多く存在する集団を考える．図 6.11 (b) には，しきい値の累積関数を示すが，この場合

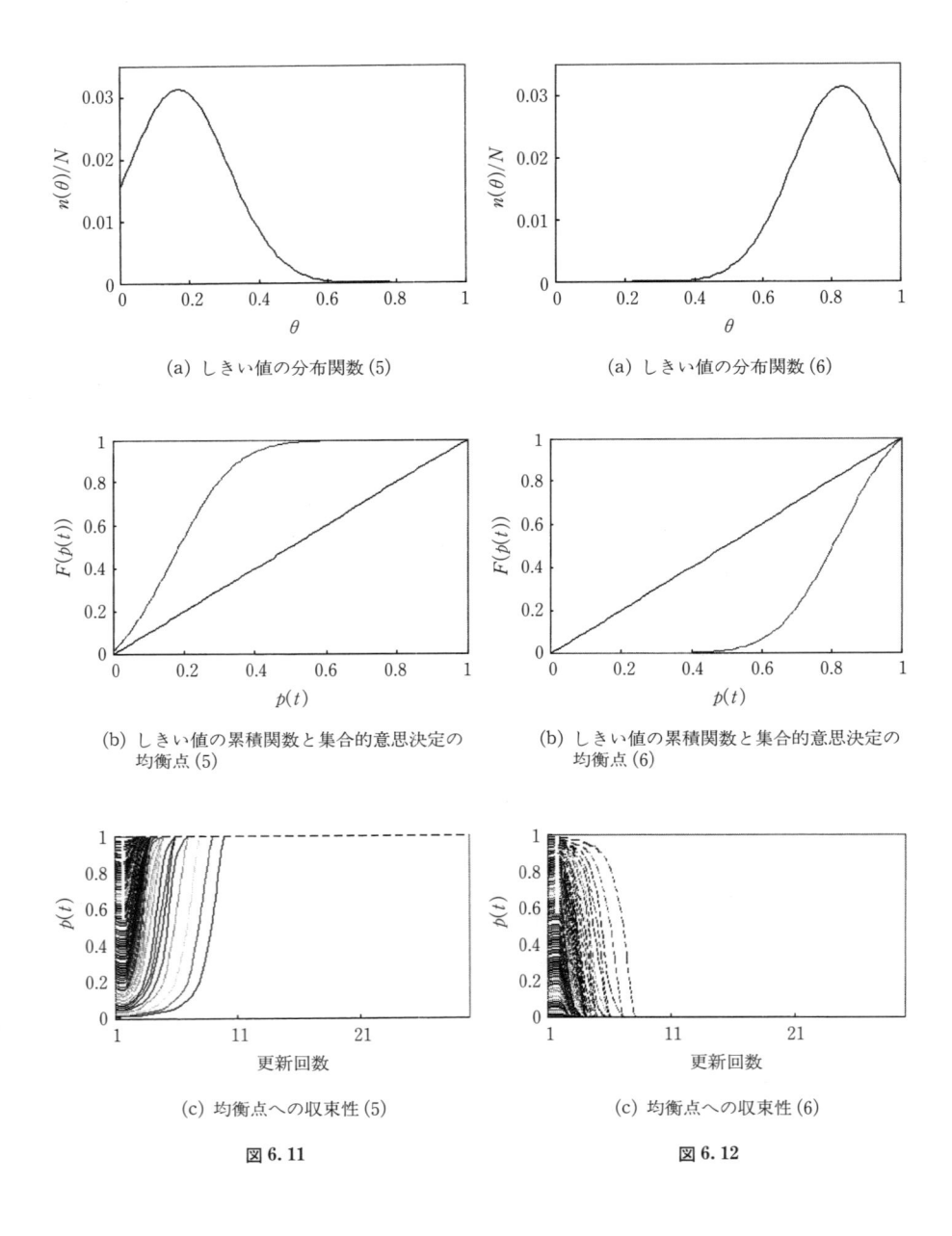

140   6. 集合的な意思決定

(a) しきい値の分布関数 (5)

(a) しきい値の分布関数 (6)

(b) しきい値の累積関数と集合的意思決定の均衡点 (5)

(b) しきい値の累積関数と集合的意思決定の均衡点 (6)

(c) 均衡点への収束性 (5)

(c) 均衡点への収束性 (6)

図 6.11

図 6.12

の均衡点は一つで，全員が賛成する結果になる．さらに，初期値に依存しないで，その均衡点に収束することが図 6.11 (c) よりわかる．次に，図 6.12 (a) に示すように，しきい値が 1 以上の反対派のハードコアが存在する集団を考える．しきい値の累積関数を，図 6.12 (b) に示す．この場合も均衡点は一つで，今度は全員が反対する結果になる．

日和見主義者だけの集団では，初期状態によって両極端の均衡点に収束するのに対し，ハードコアが多く占めることで，初期状態に依存することなく，どちらかの均衡点に収束する．特に，賛成派のハードコアが多く存在する集団では全員が賛成，逆に反対派のハードコアが多く存在する集団では，全員が反対する均衡点に収束する．このことから，ハードコアの人は，特定の方向に集団の意見を誘導する役割を果たすといえよう．

(a) しきい値の分布関数 (7)

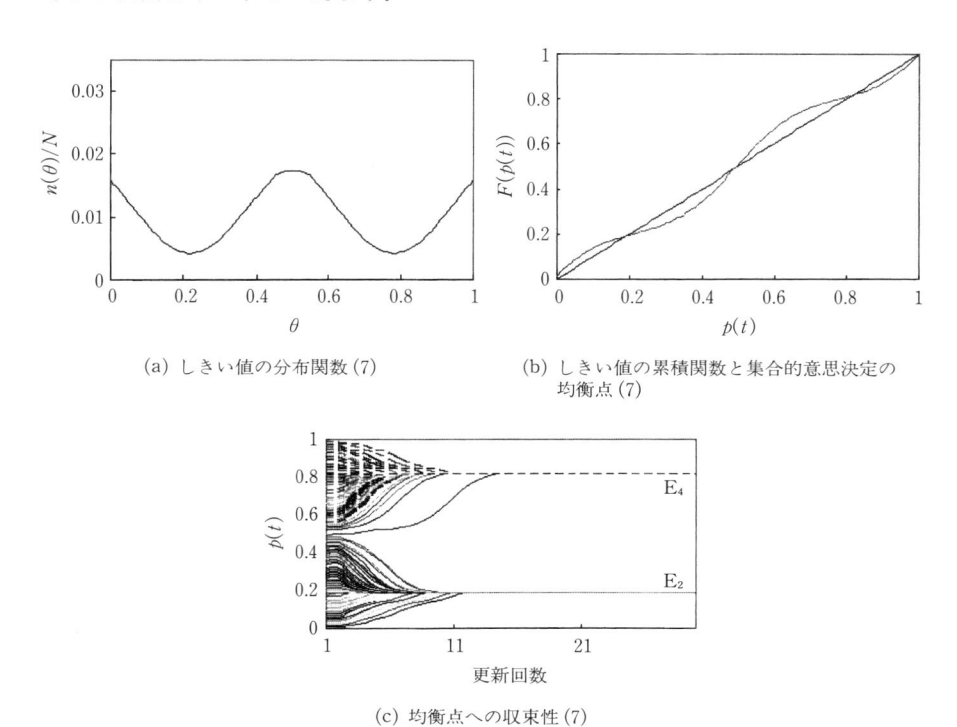

(b) しきい値の累積関数と集合的意思決定の均衡点 (7)

(c) 均衡点への収束性 (7)

図 6.13

(4) 日和見主義者の果たす役割

図 6.10 (a) のハードコア集団に，多くの日和見主義者が加わることで，図 6.13 (a) に示すようなしきい値の分布関数をもった集団になる．この集団には，賛成および反対派のハードコアと日和見主義者が，ほぼ同じ割合で存在する．このしきい値の分布関数を持つ集団の特性は，図 6.13 (b) に示す累積分布関数の不動点によって明らかになる．この集団には五つの均衡点が存在し，初期値によって均衡点 E_2 または E_4 のいずれかに収束することが，図 6.13 (c) よりわかる．図 6.10 (b) に示すしきい値の分布関数を持つハードコア集団は，中央の均衡点に収束した．そのような集団に日和見主義者が加わることで，均衡点が増える．また，初期値によってどの均衡点に収束するのかわからなくなることから，ハードコアと比較して，日和見主義者は不安定分子であるといえる．

6.4 個人属性の変化と集合的な意思決定の操作性

日常的な生活の中では見られないが，大きな事件や問題に直面した際に，個人行動を支配する心理的な特性を，その人の深層心理という．個人だけでなく，個人の集合体である組織や社会にも，そのような深層意識があるといわれている．それらは，多くの人たちに共通する暗黙の了解事項や共通意識のことである．それらの深層意識は，大きな事件などが起こることで，あぶり絵のように明確に現れる，いわば個人あるいは組織や社会の隠れた性質のことである．他の組織や他の社会の集合的な営みなどと比較することで，これらはより鮮明になることが多いともいわれている．

集合的な心理などを扱うのが，社会心理学である．そして，イデオロギーやエトスなどの社会的心理，風俗，流行，世論，流言などの社会的ムードや社会的意識などが主な分析対象として扱われる．集合心とは，個人の感情，気分，そして幻想などの集合体のことで，集団の中で自然発生的に生まれ，それらは極めて流動的な存在である．そのような集合心は，一人ひとりに共通する社会意識のことであり，個人心理の深層レベルに存在することから，意思決定の研究においても集合心の働きについて扱う必要がある．

一方で，集合心理とは神秘的な錯覚であり，本当は個人の心理を寄せ集めたものにすぎない．したがって，真に研究に値するのは，個人の心理だけであるとする考え方も根強く存在する．例えば，社会や群衆などには，個人の脳を構成して

いる神経系などは存在しないので，その実体は全く存在しないという主張も少なくない．このことから，社会心理などの集合的な働きは，個人の心理の働きを基本としたミクロな観点から扱った研究が圧倒的に多い．

社会や集団に，集合心は果たして存在するのであろうか．心は，個人の内部にあるとするならば，この疑問に対する解答は自明である．一方で，心は個人のものであるとしても，個人の心とは何かという疑問は残る．心の働きのすべてを，その構成要素の働きに還元する立場をとるならば，それは無限に近い数の神経細胞の相互作用の総体にほかならない．そして，すべての個人の心の働きは，それらの神経細胞の働きとして還元できなければならない．だが，人間の心の本質的な部分は，要素間の相互作用が生み出すとする立場からの研究が多くなってきている．要素還元的な立場から人間の心の働きのすべてを説明することができないからである．

要素間の相互作用の中から新しい性質が生まれることを，創発性とした．そして，この創発性を生むメカニズムに，心の正体を解く鍵が隠されていると考える研究者も多くなってきている．個人に心があるとすれば，それは神経細胞の物質的な要素の働きだけでなく，細胞同士の相互作用，そして多数の神経細胞の全体的な働きの中から個々の神経細胞の働きに還元できない，さまざまな心の機能が生まれるという立場をとるのが，人工知能の研究者ミンスキー (M. Minsky) による心の社会モデルである．

そうだとすれば，人間が織りなす社会や集団に，どうして集合心がないといえようか．個人と個人の心理的な相互作用の中から，社会や集団としての集合心が生まれる．それは，個人の心よりも高次な存在として，より高いレベルから個人の感情や行動を支配しているのではなかろうか．個人に心があるとすれば，それと全く同じ論理で，社会や集団にも心が存在するという主張は，個人の心のように生まれつき存在するものではなく，個人と個人の関わり合いの中から生まれるという考え方に基づくものである．それでは，集合的な心は，どのような形態で存在するのであろうか．それは，個人の外部に存在するのではなく，一人ひとりの心の中に存在する．個人的な心の働きと対比されるとき，あるいは，それとの間に何らかの対立やジレンマあるいは葛藤などが生じたときに，はじめてその存在が意識されるのではなかろうか．

ところで，突然に自制がきかなくなり無分別な行為に走る，いわば時限爆弾を

抱えた人もいるが，そのような暴走の原因は心的欠乏症という働きにあるとされている．人間は，さまざまな心の欠乏状態を耐えぬく能力も持っている．しかしながら，心理的な要素があるしきい値を超えることでショック状態に陥り，自滅的な行為に走るようになるともいわれている．心的欠乏症に代表される，さまざまな心的な働きは複数の心的要素の相互作用によって生み出される．

全体からすれば，無視できる程度の影響力しか持たない個人の意思決定が，他の人の意思決定と相互作用することで，やがて大きな影響力を持つようになるのは，一人ひとりの異質な判断や行動などが集約化されるメカニズムの中に見いだすことができるのではなかろうか．例えば，図 6.7 に示すしきい値の分布関数を持つ集団は，一人ひとりの意思の強さより，集団の中で孤立することへの恐れが強い人の集まりである．一方，図 6.10 の分布関数を持つ集団は，一人ひとりの意思の方が強い人の集まりである．両者を比較すると，自己主張が弱く集団全体の傾向に迎合する主体が多い集団は，極めて危険である．なぜならば，集団として相異なる二面性をもち，集団の初期状態によって，どちらかの顔が決定されるからである．例えば，外部からの情報操作などによって，初期状態が変更されることで，集団の顔が全く異なったものになりうるのである．一方で，周りから孤立することを恐れることなく，自己を強く主張する主体が多く存在する集団は安定的である．当初は，集団内部での意見が大きく分かれていたとしても，その中から折衷案が生まれ，それに向かって集団全体の意見が収束されていく．さらに外部からの情報操作を受けることなく，集団として大きな力を発揮することもできる．

ところで，集合的な意思決定について論じる場合，外的自己と内的自己という相対峙した二つの概念が重要になる．外的自己とは，その集団外部の対象を指向する場合の自己意識である．逆に，集団内部における対象に対して指向される場合の自己意識を，内的自己という．例えば，外国からの移民や外交上の問題に関しての国民の集合意識を論じる際に，国民一人ひとりが意識することになるのが，外的自己である．それに対し，国内問題を論じる際に意識されるのが，内的自己である．正当なルールに準拠して集団が定めたことは，その集団が自己について決定した，あるいは自己正当化したという．その場合，内的自己としての集合意識には，集合的エゴイズムの問題が潜んでおり，集合体としての自己意識によって，少数派の権利を抑圧してしまうことがある．多数派によって，内的自己

が支配され，また外部に対して自らを閉じることで，集合体としての自己が維持される．個人が，そのエゴイズムから逃れることは極めて難しいが，それ以上に難しいのは，集合体に必然的に内在する集合的エゴイズムや集団としての自己矛盾ではなかろうか．集合的エゴイズムが存在することで，大きな集団悪に発展してしまうことにもなりかねない．このことから，一人ひとりの良心に基づく個人的な判断と集団としての判断の整合性ができるだけとれていることが，健全な集団であるための条件であるといえよう．

今日のような複雑な社会にあって，全体の変化の方向性を組織や社会を代表する一部の指導者の判断に任せるのではなく，できるだけ多くの人たちの相互作用の中から生まれるような工夫が求められる．また，誰も明確に意識することのできないような全体的な力が生まれる源泉なども，個人間の相互作用の中に見いだすことができる．その中で，集合的な意思決定の特性は，

① 各主体の合理的な判断の分岐点である，しきい値を決定する個人属性
② 社会や集団におけるしきい値の分布関数

によって決定されることを明らかにした．

社会心理学からの意思決定に関する研究の知見に，集団極化 (group polarization) という現象がある．集団極化とは，「多くの人が支持する選択肢がリスク志向であれば，集団の決定は，よりリスク志向になりやすい．反対に，大多数の人が支持する人がリスク回避であれば，集団の決定は，より安全志向になりやすい」という現象のことである．そのような集団極化現象が生まれるメカニズムは，次のように説明される．個人の初期段階での態度が，他の人たちとの相互作用を通じて変更されることで，集団全体で優勢な方向に変化する．その結果，集団の最終的な決定がより極端になる．各人が集団全体で優勢な方向に態度を変化させる．そして，より多くの人が競い合って優勢な方向に態度を変化させることで，全体の決定が極端になる．このことで，初期段階での見かけ上の多数派によって最終的な集団の決定が左右されることもある．さらに，集団の規模が増すことで，このような集団極化の現象がより顕著になることも知られている．

ところで，個人の態度は他の人たちとの相互作用を通じて変更されるとしても，それは個人の内面的なもの，すなわち個人的な属性が変更されるからであろうか．あるいは，個人の属性は不変的なものであって，その人の表面的な態度が変わるからであろうか．集団極化現象に関する従来の研究では，このことは明ら

かにされていない．さらに，集団によって集団極化現象は異なるのか，どのような個人属性を持った集団では，それが顕著に現れるのか，個人属性に依存することなく，どの集団にも共通に現れる普遍的なものなのかなどについても明らかになっていない．

個人の態度（意思決定）は，個人属性と集団の優勢な方向との関数として決定される．集団の優勢な方向が変化することで，個人属性は不変であったとしても，一度決定したことが変更され，そのことで集団極化現象が生じることを前節で明らかにした．さらに，集団極化現象はどの集団にも共通に生じるのではなく，その集団を構成する個人属性の分布関数に大きく依存することを明らかにした．個人の価値観や信念の強さと比較し，集団の一員であることへの願望，あるいは周りから孤立することへの恐れの強い人たちが多い集団では，集団極化現象が生じやすい．逆に，周りから孤立することの恐れよりも，個人の価値観や信念が強い人たちの集団では，集団極化現象は生まれにくいことを明らかにした．

ところで，しきい値の分布特性によって，その集団の特性が決定されることから，それを変えるには，個人のしきい値を変えることのできる工夫などが必要になる．図 6.14 に示すように，個人の属性が他の人たちとの相互作用を通じて変

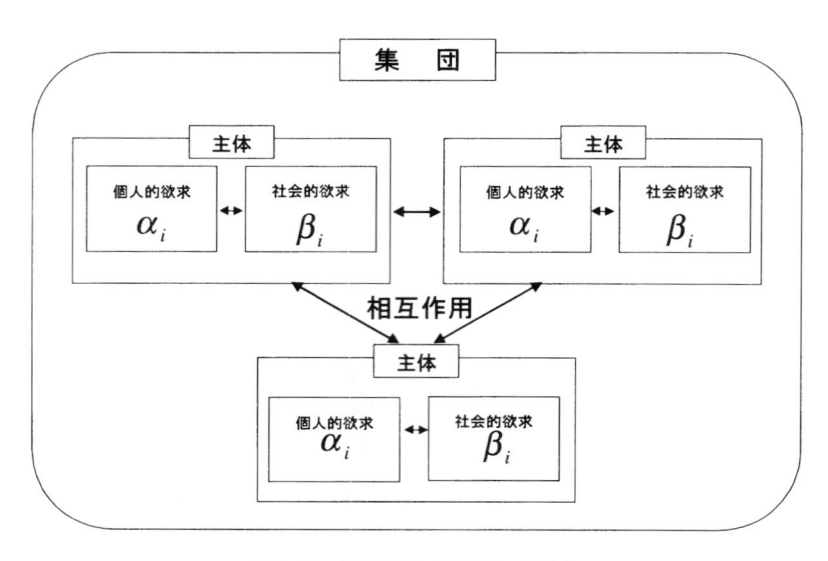

図 6.14 相互作用と個人属性の可変性

更されるならば，しきい値の分布特性が変わることになる．例えば，個々の主体の個人属性をパラメータ α と β で表したが，その中で個人の選好の強さ（個人的欲求の表れでもある）を表す α は，どちらかというと不変的な値であろう．一方で，パラメータ β は主流派の一員でありたい，あるいは周りから孤立することの恐れを表し，また自分の選択が果たして正しいのかどうか確認したいとする動機などに裏づけられたものである（このことを社会的欲求ともいう）．したがって，このパラメータは他の人たちとの積極的な関わり合いの中で変化しうる，可変的なものであろう．いずれにしろ，個々の主体のしきい値（個人属性）が可変的であるならば，集団全体のしきい値の分布関数が変化し，そのことで集団の特性も変わりうる．例えば，日和見集団の特性を持つ集団がハードコア集団へ，あるいは，その逆向きの方向へ変更されることは十分にありうる．

　人間社会には，善良な人間もいれば，反対に邪悪な人間もいる．また，集団から脅迫的な圧力を受けるような状況にあって，正しい道と安易な道のどちらを選ぶべきかという問題に直面した場合に，圧力に負けて安易な道を選び寝返ってしまう人，これに気高く耐えて克服する人もいる．何ら苦労のないときに立派な振る舞いをする人，いうならば順境のときの友が，いざというときに良心的な行動をとらないで裏切ることもある．真の意味で善良な人は，いかなる状況にあっても，自分の高潔さ，成熟性，感受性，深い思いやりなどを捨て去ることのない人のことである．そして高潔さとは，どのような苦痛に直面しても感覚を鈍らせることなく，苦悩に耐え，それによって影響を受けることのない個人の能力として定義できよう．このような人間性を持つ人たちは，集団や社会の中でハードコアとしての役割を果たすことになる．

　ところが，大多数の人は絶対的な善人あるいは邪悪な者，すなわちハードコア的な存在ではなく，善人と悪人の両極端な特性を併せ持つ日和見的な存在であろう．他の人たちとの相互作用によって，善人はより善人に，あるいは気持ちの豊かな人は，より豊かになる．一方で，さまざまなストレスなどを受けることで，もともとの人間性が退行してしまい，普通の人が悪人に，そしてより貧弱な人間に変身することもある．多くの人間の本性は普遍的なものでなく，他の人たちとの関わり合いから影響を受けることから，周りの人たちとの相互作用によって，その人の最終的な性質が決定されるともいえる．このことから，多くの人たちの個人的な性質は，いわば状況依存的であるといえる．それは，善や悪などの両極

端な性質を極として持つ連続体のスペクトラム上を，状況によって移動し，その中で，徐々に善人あるいは邪悪な人としての性質を強化することになる．

　「定見の不在」という言葉で表されるように，「時の流れに身をまかせ」という人が大勢を占める中で，自分の意見を自由に表明することは，そう簡単なことではない．また，日和見主義者は，周りの人たちも自分と同じであると考えてしまう傾向が強い．「お互いに同じ人間，そしてすべて同じ」という固定観念の下，相手のことをよく調べもせずに一見するだけで，思いつきで安易に判断してしまうことで，大きな失敗を繰り返した例も少なくない．組織を隆盛に導くのも指導者，衰退させるのも指導者ということが当然の事理になっている．しかしながら，より本質的な要因は，「時の流れに身をまかせ」ようとする一人ひとりの心の働きの中に存在するのではなかろうか．そのような日和見主義者が大勢を占めることで，一部の良識ある異端者（改革派）は組織を去り，残った者はすべて金太郎飴型の人間となってしまったことで，衰退してしまうはめになった組織も少なくないのである．

　一人ひとりの異質性を根底とする集団や社会の多様性は，できるだけ維持しなければならない．また，異なる理念や価値観を持った個人が主体的な存在として，一人ひとりが尊重されなければならない．そのことで，利害関係の対立や競争は避けられないが，そのようなぶつかり合いの中から，優れた意思決定が生まれる．そのことで，より高いレベルに進化していくための知恵が，社会的知能 (social intelligence) として生まれることを忘れてはならない．

7

進化的な意思決定

　個人の意思決定には，自己利益の最適化を目指した合理的な意思決定以外に，より多くの人たちに支持されている社会的な営みなどに準拠させた，適応的な意思決定もある．ところで，社会的な営みの中で，どのような行動様式が，より支配的になるのであろうか．本章では，個人の適応的な意思決定が連鎖反応することで生み出す集合的な営みを，進化的な意思決定として扱う．個人の適応的な意思決定（意思決定のミクロ的な側面という）の集合体として，個人が適応すべき社会的な営み（意思決定のマクロ的な側面という）が生まれるが，両者の間に存在する双方的な関係について明らかにする．

7.1 継続的な意思決定と進化的特性

　意思決定とは，決定したことを実行する前に行う選択（choice）行為のことで，複数の選択肢の中から最も優れたものを選択する行為として扱ってきた．しかしながら，事前の選択と選択されたことの実行という関係として，意思決定のすべてを集約して扱うことはできない．さらに，意思決定の対象としては，一度限りの選択行為だけでなく，繰り返し行われる選択パターンなども含まれる．一度限りの意思決定では，事前の選択行為が主な対象になるとしても，繰り返し行われる場合には，それははるかに複雑な問題になる．

　事前の選択行為と対比されるのが，進化論における自然選択（natural selection）である．進化論には，生命体は，その発生段階において選別されるという考え方はない．生態系の中で生き残れるのか，多くの子孫を残すことができるかなど事後的に評価されることから，自然選択では，意思決定は事後的に働くといえよう．事前の選択問題として扱われることが多い経済活動でも，意思決定は事

後的に働くことを，塩沢由典は次のように説明している．新商品の発売に至るまでには，数多くの意思決定が行われる．商品の着想から，案の検討，意匠の改善，技術的な問題の克服，生産方法の検討，安全性のチェック，市場調査，そして価格の決定など，さまざまな意思決定を経ることで，発売にこぎつけられる．また，その商品の成功あるいは不成功を決定するのは，生産者側の意思決定だけではない．消費者は，その商品を店頭で見て，買う価値があるかどうかを判断する．最初の段階での消費者の評価に合格できなければ，その商品は売れないことになる．次に消費者は，それを実際に使用してみて判断する．価格を勘案し，また他の商品と比較し，再度購入するに値するのか，あるいは別の商品を選択するか判断する．このような消費者の二重の意思決定上のフィルターを通過できるならば，その商品は長く生き残ることができる．

さらに，商品を増産するか，あるいは減産すべきか，その生産を継続するか，あるいは停止すべきかなど，生産者による意思決定は，その商品を生産し，販売し続ける限り，繰り返し行われる．これらの意思決定は，将来をどのようにするのかであって，将来を見通し，そして起こるべき事象を予想して行う，事前選択ではない．また，商品が存続し，市場の中で成長するかどうかは，生産者，卸商，小売り商，消費者など，数多くの人たちの集合的な意思決定に依存している．例えば，生産者は，無数に近い消費者の判断が集計された結果である販売実績に基づき，その商品の存続や廃止に関する意思決定を行うことになる．

このことから，意思決定を事前の評価や予想に基づく選択問題としてとらえるだけでなく，実績に基づく事後選択の問題としてとらえる必要があろう．例えば，ある技術方式や商品の成否や成長を見ようとするときには，実際の採用や使用上の経験に基づく事後的な意思決定としてとらえる．さらには，多数の人の判断が集約された，集合的な意思決定問題として扱う必要がある．また，意思決定の対象を，一回限りの選択行為から，繰り返し行われる選択行為に拡大することで，新しいタイプの意思決定問題も見えてくる．本章では，過去の実績などを基準にして繰り返し行われる個人の意思決定や，それらの集合体である集合的な意思決定を対象にし，それらを進化的な意思決定として扱う．

ところで，生命体にとって，模倣 (mimicry) は意思決定上の重要な手段の一つである．生命体の行動の多くは，自らの目的を効率的に達成するように設計されている．それらは，自らの経験や学習によって獲得したものだけでなく，他の

生命体の行動を模倣することで修得したものも少なくない．生命体が模倣という手段をもつことで，生命体の間で多くのことが急速に伝播される．模倣という手段によって，同世代に，そして次世代へと伝えられていく行動様式を，文化的行動ともいう．

ところで，我々が模倣するのは，二つの異なる動機が存在するからであろう．その一つには，他の人の持っている知識や技能を獲得することを目的とするからである．他の人の経験や学習したことから益するために，その有効性などが実証されていることを，知識として獲得しようとする．第二には，周囲から同調圧力を受けることで，あるいは自分が孤立することを恐れることで，他人の判断や見解を模倣する，あるいはそれらに同調しようとするからである．自分の意見や考えが，果たして正しいのか確かめたい，そのことで自分の考えを正当化したいという欲求は，誰にでもある．自分がとろうとする行動の結果が明らかな場合には，その判断は容易であろう．しかしながら，その是非がはっきりしない場合には，どのように行動すればよいのか自分でもわからなくなり，そのことで周りの人がとる行動をまねるようになる．特に，将来に対する予測や期待が不明瞭になればなるほど，他者の行動に準拠する傾向が強まるという報告もある．我々は，全知全能的な存在でなく，将来を完全に見通せるわけではない．合理的な存在であるのは極めて限定された範囲でしかないことを，一人ひとりは自覚しており，その中で最善を尽くそうとする．成功した人や状況の変化にうまく適応している人のやり方をまねることは，自らの合理性の限界を克服するための有効な手段でもある．

自己利益に動機づけられ，それを最大にすることを目指して行動することを，合理的であるとした．ところが，個人的な観点から合理的であることが，社会的な観点からも望ましいとは限らない．反対に，個人の評価基準に照らし合わせると非合理的なことが，全体にとっては望ましいことがある．このような性質をもつのがコミットメント問題で，2章で扱ったジレンマ問題は，その代表的な例である．コミットメント問題の解決には，お互いの関係を長期的な観点からとらえ直すことが有効であることが知られている．一度の意思決定によって獲得する短期的な利得から，長期的な利得にお互いの関心が移ることで，双方とも協調的な意思決定を行うようになる．また，長期的な関わり合いの中から，相手の利己的な振る舞いに対して有効に対抗しうる優れた戦略が創造されるという，たいへん興味深い研究成果もある．コミットメント問題に繰り返し直面する場合，次の時

点での戦略を工夫することで,相手のとる戦略に影響を及ぼすことができる．例えば,相手が利己的に振る舞うことで自分に損失が生じた場合には,次の時点で報復的な行動をとる,あるいは協調的な関係を永遠に放棄することで,相手行動を操作することができる．進化論的な立場からのコミットメント問題の研究の先駆者であるアクセルロッド(R. Axelrod)は,数多くの実験によって次のような事実を明らかにした．

① コミットメント問題に長期間直面することで(反復型のジレンマ問題ともいう),お互いに協調戦略をとるようになる．

② 反復型のジレンマ問題では,相手戦略を模倣した戦略(しっぺ返し戦略ともいう)が有効である．

物質的な財や利益だけでなく,周りからの信頼性や社会的な名声などにも価値を見いだし,それが有力な動機になって行動する人も多い．個人の欲求や利益を内的属性,周りからの信頼性や名声を社会的属性(あるいは外的属性)として区別する．より多くの人が社会的属性を重視するならば,コミットメント問題は解決でき,そして社会全体が高い信頼性の絆で結ばれることになるのではなかろうか．ここでは,個人の社会的属性を考慮しないで,自己利益だけを追求する功利主義者の社会において,より高いレベルで相互信頼関係を築くことのできる仕組みについて考えることにする．一人ひとりは,周囲の人たちと局所的な関わり合いをもつ．また,自らの意思決定の基準として,自分の周りで最も優れている者の意思決定を模倣するモデルを考える．すなわち,各主体は決まった場所に居を落ち着け,自分の近所の者とだけ交流をもつ．また,将来を見通した合理的な計算に基づき自らの戦略を決定するのではなく,自分の周囲を見渡し,その中で最も良い成績をあげている者(成功者ともいう)の戦略を模倣するとして扱う．

ここで,個々の主体の意思決定問題を次のように定式化する．各主体がとりうる戦略は,

　　戦略 S_1：協調的に振る舞う(協調)．
　　戦略 S_2：利己的に振る舞う(裏切り)． (7.1)

のいずれかとする．任意の2人の主体の相互依存関係を,図7.1の利得行列で与える．$b>1$ とし,すべての主体にとって利己的に振る舞うことが有利であるとする．パラメータ b の大きさは,協調戦略に対する利己的戦略の相対的な優位度を表し,その値が高くなることで利己的な戦略を選択しようとする各主体の動

7.1 継続的な意思決定と進化的特性

A の戦略＼B の戦略	S_1（協調）	S_2（裏切り）
S_1（協調）	1, 1	b, a
S_2（裏切り）	a, b	0, 0

図 7.1 コミットメント問題の利得行列（$b>1$, $a<0$）

機は高まることになる．ところが，お互いに利己的戦略を選択すると，協調戦略を選択する場合と比較して，双方の利得は少なくなる．協調戦略をとる者が多い社会は，高いレベルで相互信頼関係が構築され，逆に利己的戦略をとる者が多い社会は，相互信頼関係は低いレベルにあるといえる．また，パラメータ a は負の値をとり，相手に裏切られたことに対するペナルティーを表す．

図 7.1 の利得行列で与えた戦略は，次のように表すこともできる．

戦略 S_1：抑止行動をとる．
戦略 S_2：先制行動をとる． (7.2)

3 章の図 3.7 の利得行列において，$h_A=h_B=b$, $-h_A=-h_B=a$ とおくことで，図 7.1 の利得行列と同じになるので，3 章で扱ったコミットメント問題の合理的なアプローチからの解法と比較することができる．

各主体が周囲の者とだけ関わり合いをもつ局所的な相互作用モデルの概念図を，図 7.2 に示す．各主体は自分の近傍に位置する 8 人と関わり合いを持ち，そして 1 人の相手との利得関係は図 7.1 の利得行列で与えられる．社会は，図 7.3 に示すように，横と縦に 50 人ずつ格子状に配置された，全部で 2500 人の主体で構成される．図 7.3 において，両端に位置する主体は，反対側の格子に位置する相手との関わり合いをもち，社会全体で切れ目のない相互作用が行われる．各主体は，自分の近傍で最も高い利得を稼いだ者の戦略を，次の時点での戦略とする．すなわち，自分の近傍の者が獲得した利得と比較して，自分の利得の方が多い場合には，次の時点では同じ戦略を繰り返す．しかしながら，自分より多く稼いだ者がいれば，次の時点では，その者がとった戦略を採用する．このように将来を見通した合理的な計算に基づくのではなく，自分の周りで最も優れている者の戦略に自分の戦略を適応させる．そして，適応のための評価基準は絶対的なものではなく，周りの者との比較といった相対的な基準に基づくのが，本モデルの

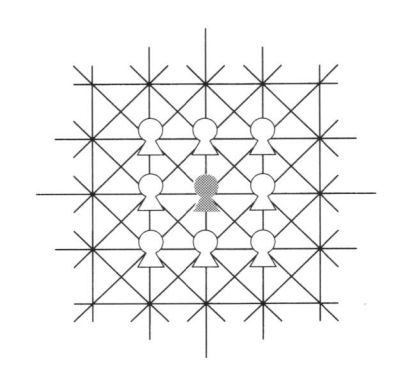

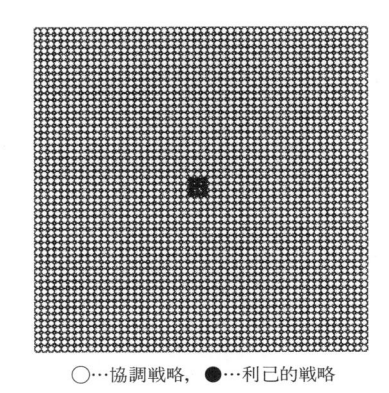

図 7.2 局所的な相互作用モデル　　**図 7.3** 利己的戦略と協調戦略の分布状態(ケース1)

○…協調戦略，●…利己的戦略

特徴である．

　各主体が，局所的な相互作用の下で模倣的な意思決定を繰り返すことで，社会全体の集合的な意思決定は，どのように推移していくのであろうか．このことを，シミュレーションによって明らかにする．最初の段階で，社会の中央に位置する1人の主体が利己的戦略をとり，残りのすべての主体は協調戦略をとるものとする．図7.1の利得行列において，b が1以上ならば，すべての主体にとって利己的な戦略は支配戦略になるので，やがて社会全体は利己的な戦略で占められると予想される．しかしながら，この予想とは全く異なる結果が得られた．

　〔ケース1〕　$b=1.1\sim1.6$, $a<0$

　このケースでのシミュレーション結果を，図7.3に示す．利己的戦略をとる主体は，最初の時点で利己的戦略をとる主体と，その主体の近傍の者に限定される．社会の大半は協調戦略をとる者で占められるので，社会全体では高い相互信頼関係が維持されている．このケースでは，a の値をいくら小さく設定しても以上のような結果になり，集合的な意思決定の様相に変化はない．

　〔ケース2〕　$b=1.75\sim1.99$, $a<0$

　この条件の下では，利己的な戦略の優位度がさらに増すことから，利己的戦略をとる者が急激に増加することが予想されよう．このケースでのシミュレーション結果を，図7.4(a),(b)に示すが，利己的戦略をとる者は中央から対角線方向に向かって増加するだけで，社会全体が利己的戦略に支配されることなく，その多くは協調戦略で占められる．ここで，利己的戦略が増加する様相が極めて不連

7.1 継続的な意思決定と進化的特性

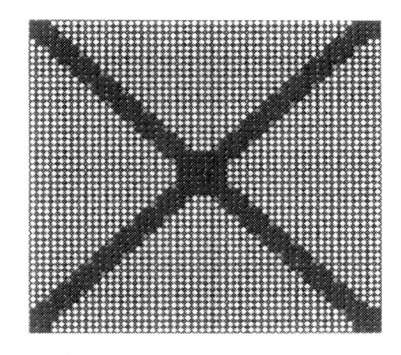

(a) 各戦略の分布状態 ($a>-1.75$)

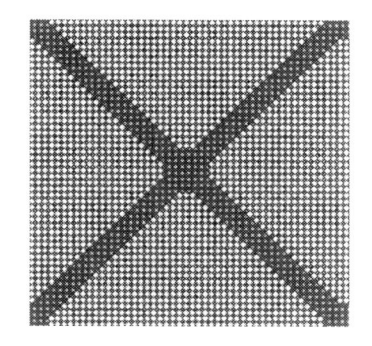

(b) 各戦略の分布状態 ($a\leq-1.75$)

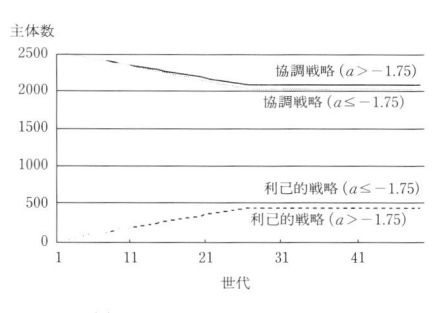

(c) 各戦略をとる主体数の推移

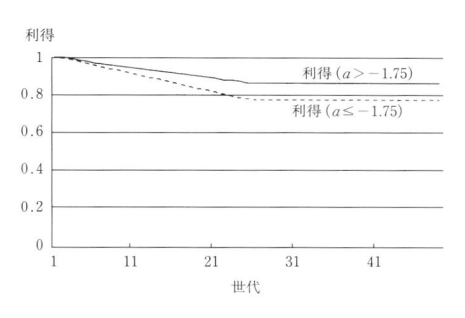

(d) 各主体の平均利得

図 7.4 シミュレーション結果 (ケース 2)

続になることは，注目すべき特徴の一つである．$a\leq-1.75$ と $a>-1.75$ の場合では，社会の様相に，わずかながら変化が現れる．図 7.4(a) には，$a>-1.75$，図 7.4(b) には，$a\leq-1.75$ の場合の様相を示す．図 7.4(c) には，それぞれの戦略をとる主体数の推移，図 7.4(d) には，各時点 (世代) での各主体の平均利得を示す．利己的戦略をとる者が増加することで，各主体の平均利得はやや下がるが，やがて一定の値で安定する．

〔ケース 3〕 $b=2.0\sim2.66$, $a<0$

この条件の下では，協調戦略をとる者は極端に減少し，社会の相互信頼関係は極めて低いレベルになる．特に，$a>-1.0$ のときは，利己的戦略が社会全体を支配することになり，協調戦略をとる者は約 20 ％ まで減少する (図 7.5(a))．協調戦略をとる者同士で一種のコロニー (colony) あるいはニッチ (niche) を形成

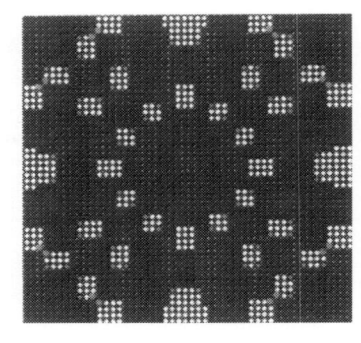

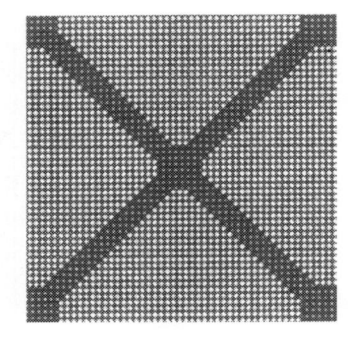

(a) 各戦略の分布状態 ($a > -1.0$)

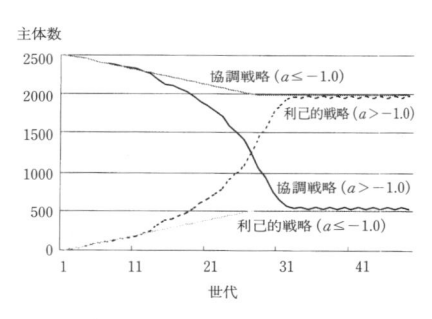

(b) 各戦略の分布状態 ($a \leq -1.0$)

(c) 各戦略をとる主体数の推移

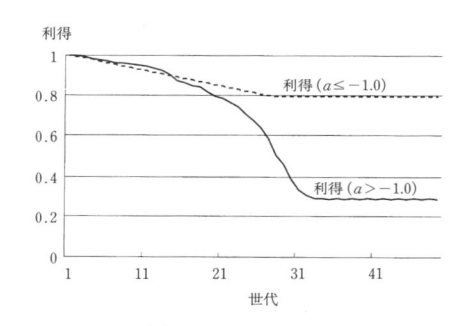

(d) 各主体の平均利得

図 7.5　シミュレーション結果(ケース3)

し,その中に利己的戦略が侵入するのを防ぐような形態となって均衡する.それぞれの戦略をとる主体の数の推移を図7.5(c),各主体の平均利得の推移を図7.5(d)に示す.

　aの値を小さくし,$a \leq -1.0$とすると,社会の様相に大きな変化が現れる.この場合には,利己的戦略が社会全体に広まることはなく(図7.5(b)),図7.4のケース2とほぼ同じ形態となって均衡する.この均衡状態で協調戦略をとる者の割合は約80%,利己的戦略をとる者の割合は約20%になる.1人あたりの平均利得の推移を図7.5(d)に示すが,約0.8まで増加している.このことから,高いレベルで相互信頼関係を維持していくには,相手に裏切られた者に対するペナルティーを高めることは有効な手段であることがわかる.

〔ケース4〕　$b \geq 2.67$,　$a < 0$

7.1 継続的な意思決定と進化的特性

(a) 各戦略をとる主体数の推移 (b) 各主体の平均利得

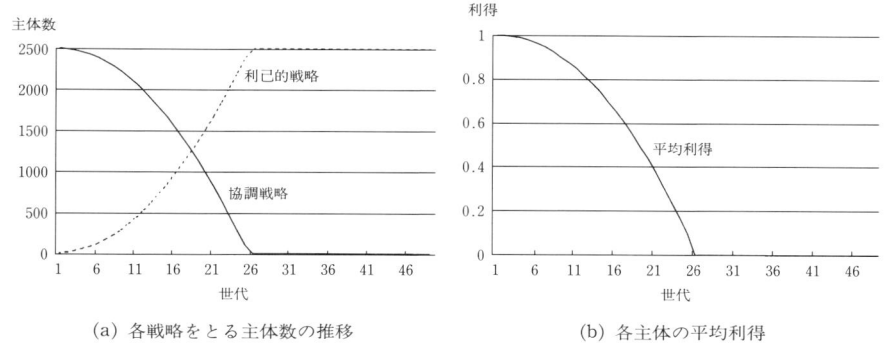

図 7.6 シミュレーション結果 (ケース 4)

この条件の下では，社会全体が利己的戦略で埋め尽くされる．各戦略をとる主体の数の推移を図 7.6(a)，各主体の平均利得の推移を図 7.6(b) に示す．このケースでは，どんなに小さく a の値を設定しても，利己的戦略が社会全体に浸透するプロセスに対し何ら有効な歯止めをかけることはできない．

次に，最初の時点で利己的戦略をとる者を全体の 30% に増加させ，それぞれのケースでシミュレーションを実施した．最初の時点で利己的戦略をとる者が増加しても，最終的な社会の様相にあまり大きな変化は見られなかった．このことから，集合的な意思決定の様相を決定づけるのは，利己的戦略の優位度 (b の値) と，相手に裏切られたことに対するペナルティー (a の値) の大きさであることがわかる．

利己的に振る舞う者を社会的に裁くことは，利己的戦略の優位度を低くすることになるので，相互信頼関係の高い社会を築く上で有効な手段である．ところが，そのためには社会全体の様相を常時監視することなどが必要で，新たに社会的コストが発生する．このことから，利己的な振る舞いに対する罪悪感が一人ひとりに生まれることで利己的戦略の優位度が弱まり，そのことで相互信頼関係が築かれるような社会が理想的であるといえよう．

山岸俊男は，社会心理学者の立場から，社会におけるさまざまなジレンマ問題に取り組んでいる．そして，人間関係や社会構造に関し，従来の通説とは異なる，新しい理論を提案している．個人の協調的な振る舞い (集団主義ともいう) には，集団内部のインフォーマルな相互規制によって個人の外部から維持されて

いる場合(これを,恥の文化ともいう)と,一人ひとりの内面化された社会規範,つまり罪の意識によって個人内部から維持されている場合(これを,罪の文化ともいう)があるとしている．恥の文化の下で育った人は,閉鎖型集団の中では,協調的に振る舞う傾向は強いが,見知らぬ人との関わり合いになると利己的に振る舞う傾向が強いことを,数多くの実験によって明らかにしている．既存の組織の枠組み,あるいは国境の壁がますます低くなりつつある現代の社会において,高いレベルでの相互信頼関係を構築し,それを維持していくには,罪の文化も重要であるとして,「信頼の解き放ち理論」を提唱している．

相手に裏切られた者に対してペナルティーを課すことが有効であることを示した．逆説的ではあるが,相互信頼性の高い社会を築くには,利己的戦略が増大する原因を作った,いわばお人好し(協調主義者)を罰することも必要である．閉鎖的な共同体の中で,お互いの行動が隣近所に筒抜けであれば,また,よそ者が入り込む可能性が全くなければ,例えば家に鍵をかけることなく,安心して家を空けることもできよう．家を空けるたびに,いちいち鍵をかける面倒くささからも解放される．しかしながら,いろいろな人が出入りをする可能性のあるコミュニティーでは,状況は全く異なる．この場合,家に鍵をかけないことで空き巣に入ろうとする誘因を与えてしまった,お人好しを罰する仕組みも重要である．モラルに反する行為に対する罪意識だけでなく,もともとは良心的な人にモラルに反する行為をとらせてしまったことに対する罪意識の,二重の意味での罪の文化が必要である．

ここで,利己的戦略が社会全体に浸透するメカニズムを明らかにする．自分だけ得したいという誘惑は,誰にでも生まれる．また,自分だけ利己的に振る舞っても,社会全体に及ぼす影響は小さい,と考える人も少なくない．このことから,利己的戦略をとる者が出現する可能性を完全に否定することはできない．一方で,たとえ利己的戦略をとる者が現れたとしても,協調戦略をとる者より不利な成績に終わるならば,利己的戦略は広まらない．また,利己的戦略をとる者が多数を占めたとしても,協調戦略をとる者同士がコロニーを形成することで,高い利得を獲得できる．しかしながら,協調戦略をとる者が,利己的戦略をとる者に囲まれ孤立してしまうことで,利己的戦略をとる者の利得より低くなってしまう．その結果,それまでの協調戦略が利己的戦略に変更されることになる．成功者の戦略を模倣することで,次の世代において高い利得を獲得できるとは限らな

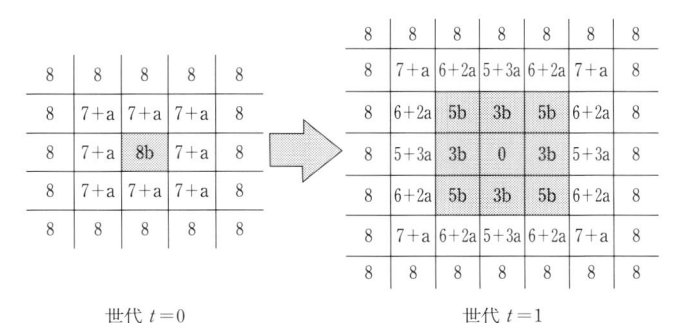

7.1 継続的な意思決定と進化的特性　　　　　　　　　　　　　　　　　　　159

8	8	8	8	8
8	7+a	7+a	7+a	8
8	7+a	8b	7+a	8
8	7+a	7+a	7+a	8
8	8	8	8	8

世代 $t=0$

8	8	8	8	8	8	8
8	7+a	6+2a	5+3a	6+2a	7+a	8
8	6+2a	5b	3b	5b	6+2a	8
8	5+3a	3b	0	3b	5+3a	8
8	6+2a	5b	3b	5b	6+2a	8
8	7+a	6+2a	5+3a	6+2a	7+a	8
8	8	8	8	8	8	8

世代 $t=1$

図 7.7　利己的戦略の浸透メカニズム

い．それは，周りで協調戦略をとる者と利己的戦略をとる者の数によって決定される．

社会の中央に位置する複数の主体の，最初の世代 ($t=0$) と次の世代 ($t=1$) の利得を図 7.7 に示す．この図の中で，灰色のセルは利己的戦略，白色のセルは協調戦略をとる者の利得を表す．中心に位置し，利己的戦略をとる者の利得は，$8b$ である．最初の世代で協調戦略をとった者が次の世代 ($t=1$) で利己的戦略に変更するのは，次の関係式が成り立つ場合である．

① $7+a<8<8b$，すなわち　$(7+a)/8<1<b$

$b>1$，そして a は負であるので，この条件式は常に成り立つ．次の世代 ($t=1$) での各主体の利得を図 7.7 の右側の図に示す．それまで協調戦略をとっていた者が，次の世代 ($t=2$) で利己的戦略に変更するのは，

② $7+a<8<5b$，すなわち　$(7+a)/5<1.6<b$

となる場合である．この条件式が成り立つ場合には，図 7.3 に示すように，利己的戦略は，社会的配置の対角線の方向にも浸透していく．さらに，

③ $6+2a<8<3b$，すなわち　$(6+2a)/3<2.67<b$

の条件式が成立するならば，利己的戦略は上下左右の方向にも広まっていく．

これらの分析結果より，利己的戦略の優位度 b が 1.6 未満の場合には，利己的戦略をとる者の影響は，その近傍の者にしか与えられなく，利己的戦略は，それ以上は浸透しないことがわかる．しかしながら，それ以上の値になると，たった 1 人の者がとる利己的戦略の影響が社会全体に拡大していくことになる．利己的戦略の優位度が，ある値を境にしてわずかに高まるだけで，社会全体が利己的

第1世代で利己的戦略をとった主体

0	0	0	3b	5+3a	8	8
0	0	0	2b	4+4a	7+7a	8
0	0	0	3b	5+3a	7+7a	
3b	2b	b	b	3b	5+3a	
5+3a	4+4a	3b	b	b	b	3b
8	7+7a	5+3a	3b	b	b	
8	8	7+7a	5+3a	3b	b	0

利己的戦略の伝搬方向

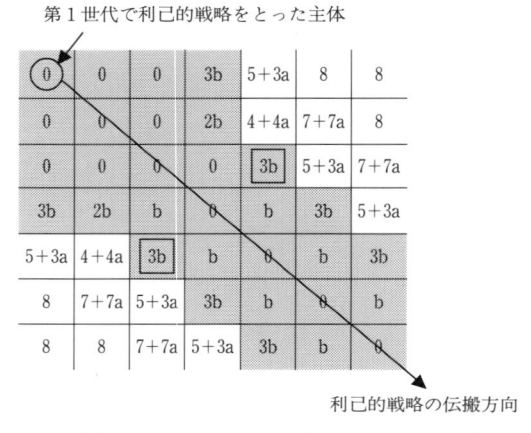

図7.8 各主体の8世代での利得（$b=2.0, a>-1$）

戦略に埋め尽くされ，相互信頼関係が全く失われた荒廃した社会になってしまうことは，注目すべき現象の一つである．

次に，相手に裏切られた協調主義者に対するペナルティーの果たす役割について考える．$b \geq 2.67$ のときは，いくら大きなペナルティーを課しても，社会全体に利己的戦略が浸透するプロセスを阻止することはできない．しかしながら，$b<2.67$ のときは，適切に a の値を設定することで，社会全体の様相が大きく異なり，それはたいへん興味深いものであった．ここで，$b=2.0$ の場合，8世代目での一部の主体の利得を図7.8に示す．左上の○で囲んだ主体は，1世代で利己的戦略をとった者である．世代が経過することで，利己的戦略の影響は右下の方向に伝播し，利己的戦略が次第に増加していく様相が示されている．図7.8において，□で囲んだ利己的戦略をとる者の利得と，彼らの近傍の者で最高の利得と比較すると，それは $3b$ と $7+7a$ の比較になる．このことから，$a>-1.0$ の場合は，□で囲んだ者の戦略は次の世代で協調戦略に変更され，$a \leq -1.0$ の場合は，次の世代でも利己的戦略をとることがわかる．

図7.9(a)には，$a>-1.0$，図7.9(b)には，$a \leq -1.0$ の場合の，11世代目での各主体の利得を表す．$a>-1.0$ の場合は，8世代目において利己的戦略から協調戦略に変更した者の影響が11世代になって現れる．すなわち，11世代目において，それまで利己的戦略をとっていた2人の主体（図7.9(a)の中で□で囲ん

7.1 継続的な意思決定と進化的特性　161

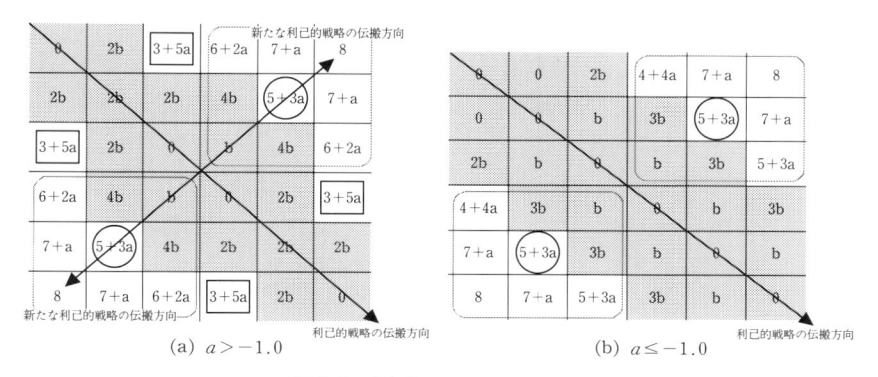

(a) $a > -1.0$

(b) $a \leq -1.0$

図 7.9　各主体の 11 世代での利得

だ主体) が協調戦略に変更する．ここで，図 7.9 (a) で○で囲んだ協調戦略をとる者の次の世代 (12 世代) での戦略に注目をしよう．彼らの近傍で最大の利得を獲得する者は，協調戦略をとることで 8 の利得を獲得した者と，利己的戦略をとることで $4b(=4 \times 2.0) = 8$ の利得を獲得した者が全部で 3 人いる．そのうち 2 人は利己的戦略，残り 1 人は協調戦略である．この場合は，数の多い利己的戦略を模倣することになる．その結果，利己的戦略は右下方向と対角線方向に加え，右上および左下方向にも拡散していく．8 世代目において，○で囲んだ者の利己的戦略が協調戦略に変わることで，利己的戦略が新しく伝播する方向を 11 世代目になって作り出していることがわかる．つまり，11 世代目において□で囲んだ主体の利己的戦略が協調戦略に変わることで，彼らの近傍に位置する利己的戦略をとる者に貢ぐ結果となり，利己的戦略を増加させてしまうことになるのである．

次に，$a \leq -1.0$ と設定した場合の各主体の利得を図 7.9 (b) に示す．○で囲んだ主体は 8 の利得を獲得し，近傍の主体と比較して，最大の利得を獲得している．この結果，彼らは協調戦略をとり続けるので，利己的戦略はこれ以上，浸透しない．$a > -1.0$ の場合との違いは，図 7.9 (a) の中で□で囲まれた 2 人の利己的戦略から生じたものである．$a > -1.0$ の場合は，彼らは利己的戦略から協調戦略に変わるために，次世代以降，より多くの利己的戦略を作り出すことになる．たった 2 人の戦略が変わることで，そして社会全体からすれば微々たる変化が，社会全体に大きな影響をもたらすことになる．しかもその影響は直後ではな

く，しばらく経って現れてくることも注目すべき特徴の一つである．

以上の分析結果から，利己的戦略が広がるのを防止しているのは，利己的戦略であるといえる．このことは，相互信頼性の高い社会の構築には，毒には毒を以って制する仕組みも必要であることを示唆している．利己的戦略が生まれる可能性が全くない完全無欠な社会では，このような利己的戦略の役割は生まれない．利己的戦略の優位性が高まることで，あるいは社会の規模が増大することで，利己主義者が現れる可能性は高まる．このことから，社会には利己主義者が必ず現れることを前提とした上で，利己的戦略がさらに拡散しないための仕組みについて考えるべきである．利己的に振る舞う者はモラルが低いとして，社会的に批判されることが多い．しかしながら，ある程度の割合で利己主義者が存在することで，それ以上利己的戦略をとる者が広がるのを防いでいることを銘記しておくべきであろう．この意味から，利己主義者は社会にとって必要悪なのかも知れない．

7.2　集合的な意思決定と規範

意思決定は，法律や規則だけでなく，明文化されていない多くの伝統や慣習などからも大きな制約を受けることがある．社会における標準的な行動様式や基準などが，政府や公の機関などによって定まることを，デ・ジュ・スタンダード (de jure standards)，人々の日常的な営みの中で定まっていくことを，デ・ファクト・スタンダード (de facto standards) という．人々の集合的な営みの中から，いわば自然発生的に生まれ，そして世代を超えて継承されていく，共通的な行動様式を規範 (norms) ともいう．このような規範は，人々の相互依存的な意思決定の中からどのようにして生まれ，また非明示的なルールとしての社会的地位を，どのようにして獲得したのであろうか．本節では，これらの疑問点について明らかにする．ここで，各主体は，次の二つの戦略を持つとしよう．

戦略 S_1：伝統的な方式を守る．
戦略 S_2：新しい方式に変更する． (7.3)

利得関係を図 7.10 の利得行列で与える．この利得行列には，(S_1, S_1) と (S_2, S_2) の二つの均衡解が存在する．お互いの戦略が一致することで，すなわち，お互いに同じ方式を採用することで利得を得ることができる．しかしながら，一致しなければ，利得を得る機会を失なうことになる．また，$k>1$ の場合には，双

7.2 集合的な意思決定と規範

A の戦略 \ B の戦略	S_1	S_2
S_1	k, k	0, 0
S_2	0, 0	1, 1

図 7.10 協調型意思決定の利得行列

方とも均衡解 (S_1, S_1) の方が望ましい（パレート優越しているという）．そして，両者にとって戦略 S_1 は戦略 S_2 を優越している（この場合，戦略 S_2 を劣性な戦略という）．一方，$k<1$ の場合は，双方とも均衡解 (S_2, S_2) の方が望ましく，今度は戦略 S_2 が優越する．ところが，お互いの戦略が一致することで利得を得ることができるので，もし相手が何らかの理由で劣性な戦略を選択するならば，自分も劣性な戦略を選択する必要がある．次に，社会全体での集合的な意思決定について考える．任意の2人の主体間での相互依存関係は図7.10の利得行列で与えられるとする．

まずはじめに，各主体は，合理的な計算に基づき自らの戦略を決定する場合を考える．社会の中から任意に選ばれた相手と相互作用をするものとすると，各主体の合理的な戦略は，社会全体で戦略 S_1 または戦略 S_2 を選択する主体の占める割合に依存して決定されることになる．戦略 S_1 と戦略 S_2 を選択する主体の占める割合を，それぞれ $1-p$ と p で表す．すると，戦略 S_1 あるいは戦略 S_2 を選択する場合の各主体の利得は，期待利得として次式で求まる．

$$U(S_1) = k(1-p), \ U(S_2) = p \tag{7.4}$$

以上の期待利得の大小関係から，各主体の合理的な戦略は求まる．それは，戦略 S_2 を選択する主体の割合を表す p と戦略間の相対的な優位度を表す k の関数として，次式で与えられる．

$$\begin{aligned} p \leq k/(1+k) \ \text{ならば，戦略 } S_1 \text{ を選択する．} \\ p > k/(1+k) \ \text{ならば，戦略 } S_2 \text{ を選択する．} \end{aligned} \tag{7.5}$$

各主体が功利主義者として，すなわち損得計算に基づき自らの合理的な戦略を決定する場合には，二つの戦略が共存することはなく，どちらかの戦略だけが社会を占めることになる．どちらの戦略が社会を支配するかは，二つの戦略の相対

的な優位比と，初期段階で各戦略が占める割合によって決まる．当初の段階では，従来の方式（戦略 S_1）をとる人の方が圧倒的に多いことから，新しい方式が優れていたとしても，その優位性が十分に高くなければ（k の値が 0 に近い），伝統という壁が大きくたちはだかることで，社会全体で旧態依然の方式が維持されることになる．

初期段階での戦略分布に依存しないで，パレート優越する戦略が支配するための仕組みは，進化論的なアプローチからの研究によって明らかにされている．その仕組みは，それぞれの戦略によって獲得できる利得の大きさに比例して，その戦略が占める割合を増大させることである．そのことで，初期値に依存することなく，社会全体がパレート優越する戦略で占めるられることが知られている．

複数の均衡解が存在する場合，どの均衡解が実現されるのか不確定になる．そのことを，戦略的不確定の問題という．合理的なアプローチと進化論的なアプローチの違いは，最終的な社会の様相が，初期値に依存するかどうかにある．いずれのアプローチであっても，優位な方の戦略が社会全体を占めることになる．しかしながら，複数の戦略が存在することが望ましいこともある．そのことは，利得の大きさからは非効率的かもしれないが，異質なものが共存することで新しい創造の芽が生まれることなどを期待することはできる．

次に，局所的な相互作用下で各主体は模倣戦略をとるとしよう．任意の 2 人の主体間での相互依存関係は，同じように図 7.10 の利得行列で与える．次の二つの条件の下でシミュレーションを行い，その結果を図 7.11 と図 7.12 に示す．

〔ケース 1〕　$k=0.6$，各戦略の初期の割合 $(S_1, S_2)=(75\%, 25\%)$　　　(7.6)

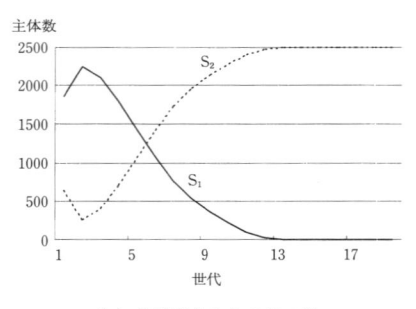

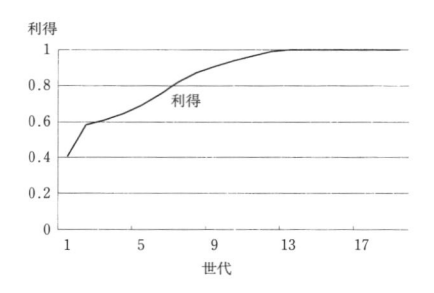

(a) 各戦略をとる主体の数

(b) 各主体の平均利得

図 7.11　ケース 1 のシミュレーション結果（$k=0.6$）

(a) 各戦略をとる主体の数

(b) 各主体の平均利得

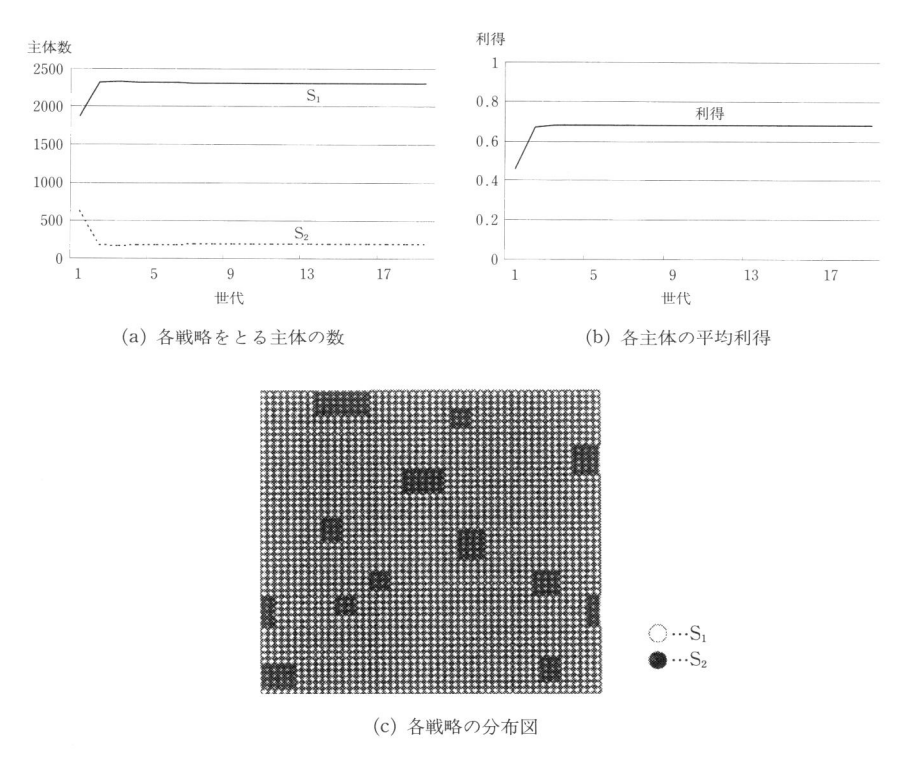

(c) 各戦略の分布図

図 7.12 ケース 2 のシミュレーション結果 ($k=0.7$)

　図 7.11 (a) には，各戦略を選択する主体数の推移を示し，図 7.11 (b) には，各主体の平均利得を示す．式 (7.5) によると，どちらの戦略が支配するかの分岐点は，初期段階での戦略 S_2 の占める割合が約 33 % で与えられる．このケースは，それよりも小さい値であるので，各主体が合理的な計算に基づき戦略を決定すると仮定する場合には，劣性な戦略 S_1 が社会全体を占めることになる．しかしながら，局所的な相互作用と模倣戦略に基づくモデルでは，それとは反対に，優性な戦略 S_2 が占めることになる．

〔ケース 2〕　$k=0.7$，各戦略の初期の割合 $(S_1, S_2) = (75\%, 25\%)$ 　　　(7.7)

　図 7.12 (a) には，それぞれの戦略を選択する主体数の推移，図 7.12 (b) には，各主体の平均利得を示す．また，図 7.12 (c) には社会全体の戦略の分布図を示す．このケースでは，優勢な戦略 S_2 の優位性が弱まるために，劣性戦略 S_1 が多

く残ることになる．しかしながら，社会全体を劣性戦略 S_1 が占めることはなく，戦略 S_2 もかなりの割合で存在し，そして双方が共存する形態となって均衡することが，図 7.12 (c) に示されている．

これらのシミュレーション結果より，相互依存関係が局所的に限定され，また各主体は自分の周りの優れた意思決定を模倣するならば，社会全体での集合的な意思決定は複雑な様相を呈することがわかる．特に，当初は優性な戦略を選択する者が少なくても，もし彼らが隣り合わせて位置するならば，優性な戦略は次第に増加していくことがわかる．しかしながら，もし彼らがバラバラにそして孤立して存在するのでは，大勢を占める劣勢な戦略に圧倒されてしまう．優性な戦略が，どのような社会的配置にあるならば，それが社会を占めるようになるかについては次節で明らかにする．

7.3 集合的な意思決定の社会的要因

社会の運営を効率的なものにするための工夫は，社会制度，法律や規則などの明示的なルール，あるいは慣習や伝統などの非明示的なルールとして，さまざまな形で存在する．それらは一夜にして形成されたものでなく，長い年月を経て，時には多くの犠牲を伴った社会全体の学習プロセスの中から生まれたものである．

ところで，これらは人々の集合的な営みを円滑にするためのものであって，未来永劫にわたり不変的な存在ではない．社会全体での営みの中で，逐次改変されていくべきものである．ところが，その存在目的が薄れ，社会全体にさまざまな弊害をもたらしているものも少なくない．それを，どのようにすれば改善できるのか解決法が見つからないことで放置されたままになっているものは少ないであろう．個人はそれを変えるだけの力を持たない非力な存在であると，多くの人が考えることで，社会的地位をほしいままにしているものが少なくない．問題解決のための勇気ある第一歩をとらないことで放置されたままになっている社会的弊害などを解決するために，我々はどのように取り組むべきであろうか．

個人の存在は小さく，社会を変えるだけの力を持たないと悲観するだけでは，何も変わらない．一人ひとりが自分の守備範囲で可能な行動を起こすことで，同じ志を持つ人たちとの相互作用が生まれる．そのことで，小さな善意のネットワークが形成され，やがて社会全体を変えるだけの大きな力として成長すること

に，我々はもっと期待すべきである．

本節では，個人がどのような意思決定をすることで，小さな善意が生まれるのかを明らかにする．また，小さな善意がネットワーク化されるプロセスを，集合的な意思決定の問題としてとらえる．そして，個人的な要因と社会的要因の両方の観点から，この問題について考えていくことにする．

従来は，主に通信網を指す言葉であったネットワーク(network)という用語が，さまざまな分野で使われようになってきている．経済的，政治的な活動のつながり，あるいはボランティア活動を行う人たちの心と心のつながりなど，網状に働く機能を総称的に表す用語として使われている．そのようなネットワークを積極的に作ることを，ネットワーキング(networking)ともいう．金子郁容の著書『ネットワーキングへの招待』では，それぞれ確立した個人が，お互いの違いを認識し合いながら，相互依存関係を持って自発的に結びついたものを，ネットワーク，お互いに緊張を伴う関係の中で，意味と価値を作り出していくプロセスや，そのプロセスを担う人たちのことを，ネットワーキングと定義している．政治，経済，そして社会的な活動を進める上で，従来の固定的，自己完結型の組織の活動を補完する活動，あるいは，自発的な個人のつながりを重視した活動の重要性が広く認識されている．従来の組織的活動を上下関係のある階層的な活動としてとらえるならば，ネットワーク的な活動は，人々の横の広がりによる活動のことである．もしそのような活動が確立されたならば，個人の自発性に基づく社会的活動よりも強固な存在になるのではなかろうか．国家や企業組織の枠組みだけでは解決できない世界的な規模での複合的な問題が，数多く台頭している．ネットワーク的活動が生み出す新しい形態の集約された人々の知恵は，社会的知能(social intelligence)として，新しいタイプの社会問題の解決に不可欠になってきている．

金子郁容は，著書『ボランティア』の中で，次のように述べている．「個人が，さまざまな社会問題に関心を持ち，心を痛めたとしても，結局のところ，一人では何もできないという無力感や焦燥感につつまれている現代社会の中で，ボランティア(volunteer)は，新しいつながりをつけていくための，ひとつの具体的で実際的な方法を提示するものである．ひとことで言えば，ボランティアとは，切実さを持って問題に関わり，つながりをつけようと自ら動くことによって，新しい価値を発見する人である．」ところで金子は，ボランティア活動が社会的に広

がるための条件として，一人ひとりがバルナラブル (vulnerable) であること，すなわち周りから影響や被害を被りやすく，そして傷つきやすい存在であること，と同時に，相手から支援の力をもらうための余地を持つことなどをあげている．一人ひとりが脆弱な存在であることを意識することで，多くの人たちがボランティアを広めるためのネットワーク作りに積極的に参加するようになると指摘している．ボランティアを，ネットワークを作る人としてとらえており，このことから金子の著書には，「もうひとつの情報社会」という副題がつけられている．

　複雑な社会問題の解決には，国家などの公の機関が定めた制度や諸政策だけでは不十分なことは，多くの人が認めている．このことから，いわば上下関係に基づく活動だけでなく，人々の純粋な，そして自然な気持ちに基づくボランティア活動の重要性は，今後ますます重要になるであろう．ボランティア活動を社会に広めるには，献身や善意といった従来のイメージを超えたものが必要である．一人ひとりが気負うことなく自由に参加することで，ボランティア活動が社会的に広まるための条件や，少数の人たちによって始められた小さな善意が無駄にならないようにするための条件などを明らかにすることも重要になってくる．そのための条件として金子は，一人ひとりがバルナラブルであることをあげているが，この条件は個人的な要因に大きく依存している．

　本節では，個人のどのような意思決定によって，他の人たちとの積極的な関わり合いが生まれるのか，人々が関わりを持つ上での社会的形態は，ボランティア活動を社会的に広める上で，どのような影響を及ぼすのか，などを明らかにする．小さな善意を社会全体に広めるための手段として，マスコミや口コミによる方法が考えられる．その中で，口コミの特徴は一人ひとりがメディアになることにある．ある人に，他の人に小さな善意を啓蒙する，あるいは，その意味合いについて正当に評価しようとする意思がなければ，ボランティア活動は，その人以外には広まらない．より多くの人がボランティア活動に参加するだけでなく，それを他の人たちにも広めようとする積極的な動機を持つとき，小さな善意がネットワーク化され，ボランティア活動は社会的に広まることになる．このことから，どのような個人属性を持つ人が献身的にボランティア活動を行うのか，また，それを周りの人たちに積極的に広めようとするのかは，たいへん興味深いテーマである．

　ボランティア活動に参加することの個人的な価値の大きさ（個人的要因とい

う）と，ボランティア活動を行う人たちの社会的な位置関係（社会的あるいは状況要因という）との間には，密接な関係がある．どのような個人的要因と社会的要因の下で，ボランティア活動は社会全体に広まるのか，あるいはそれは社会から見えなくなり，やがて消えてしまうことになるのか，次に明らかにすることにする．前節で扱ったように，一人ひとりは自分の周りの位置的に限定された人たちとの間で局所的な関わり合いを持つとしよう．一人ひとりは次の二つの戦略を持つとする．

$$\begin{aligned}&戦略 S_1：ボランティア活動に参加しない．\\&戦略 S_2：ボランティア活動に参加する．\end{aligned} \quad (7.8)$$

ボランティア活動に参加するか，あるいはそれと全く関わり合いを持たないかの個人的な判断は，自分の周りの様相にも依存する．すなわち，自分の周りで多くの人がボランティア活動に参加しないのに，自分だけ参加することで，あいつは物好きだといったレッテルを貼られてしまう．また，自分の善意が周りから誤解され，そのことで孤立してしまう恐れがある．あるいは，周りからあまり賛同が得られないことで，自分の献身的な活動が無意味に終わることにもなりかねない．逆に，自分の周りで多くの人がボランティア活動に参加しているのに，自分だけ参加しないことでも孤立してしまう．このことから，ボランティア活動に参加しない（戦略 S_1）か，あるいは参加する（戦略 S_2）かを個人で判断する場合でも，周りの動向を敏感に察知する必要があろう．

それぞれの選択肢に対する個人の価値を，以下のパラメータで表す．

$$\begin{aligned}&\alpha_i：ボランティア活動に参加することによる主体 A_i の価値\\&\beta_i：ボランティア活動が広まらず，小さな善意が無意味に終わる\\&\quad\;\, 場合の主体 A_i の精神的な損失\end{aligned} \quad (7.9)$$

自分の周りにいる人のとる戦略との関係から，各主体の利得関係を次の2つのケースで考え，それらを図 7.13 の利得行列で与える．図 7.13 のケース1の利得行列は，自分がボランティア活動に参加しないことで相手のボランティア活動が無意味に終わることに，一種の罪悪感を感じる場合である．一方，ケース2の利得行列は，自分がボランティア活動に参加しないのであれば，相手の行動に何ら関係なく損得は生じない．しかしながら，相手が参加しないことで自分のボランティア活動が無意味に終わった場合には喪失感が生じ，そのことを損失として表される場合である．はじめに，各主体は，あくまでも自らの損得計算に基づき，

	S_1 (参加しない)	S_2 (参加)
S_1 (参加しない)	0 　　　0	$\alpha_i - \beta_i$ 　　$-\beta_i$
S_2 (参加)	$-\beta_i$ 　$\alpha_i - \beta_i$	α_i 　　α_i

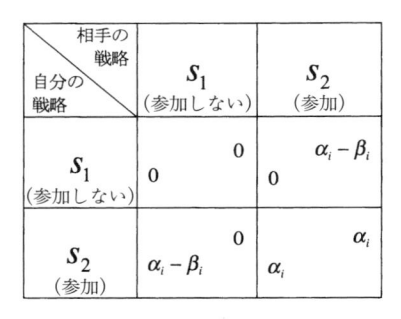

(ケース1)

	S_1 (参加しない)	S_2 (参加)
S_1 (参加しない)	0 　　　0	$\alpha_i - \beta_i$ 　　0
S_2 (参加)	0 　$\alpha_i - \beta_i$	α_i 　　α_i

(ケース2)

図7.13 ボランティア活動の価値判断

すなわち利得の大小関係から判断するものとしよう(このような主体を功利主義者という). 初期段階で戦略 S_1 と戦略 S_2 を選択する人が,それぞれ $1-p$ および p の割合で存在するものとする. 各人が戦略 S_1 あるいは戦略 S_2 を選択する場合の利得を求めると,それは期待利得として次式で与えられる.

〔ケース1〕
$$U(S_1) = -\beta_i p, \quad U(S_2) = (\alpha_i - \beta_i)(1-p) + \alpha_i p \tag{7.10}$$

〔ケース2〕
$$U(S_1) = 0, \quad U(S_2) = (\alpha_i - \beta_i)(1-p) + \alpha_i p \tag{7.11}$$

これらの平均利得を比較すると,個人の合理的な戦略は,以下のようなルールとして与えられる.

〔ケース1〕
$$\begin{aligned} p \leq 1 - \alpha_i/\beta_i = \theta_i & \quad \text{ならば} \quad 戦略 S_1 (参加しない). \\ p > 1 - \alpha_i/\beta_i = \theta_i & \quad \text{ならば} \quad 戦略 S_2 (参加する). \end{aligned} \tag{7.12}$$

〔ケース2〕
$$\begin{aligned} p < (1 - \alpha_i/\beta_i)/2 = \theta_i & \quad \text{ならば} \quad 戦略 S_1 (参加しない). \\ p \geq (1 - \alpha_i/\beta_i)/2 = \theta_i & \quad \text{ならば} \quad 戦略 S_2 (参加する). \end{aligned} \tag{7.13}$$

それぞれのケースにおける各人の合理的な戦略の分岐点を,図7.14に示す. この図から,ボランティア活動に参加することの価値 (α_i) が高くなることで,社会全体で参加する人の割合が小さくても,より多くの人が参加する. 一方で,自分のボランティア活動が無意味に終わることの喪失感 (β_i) が大きくなること

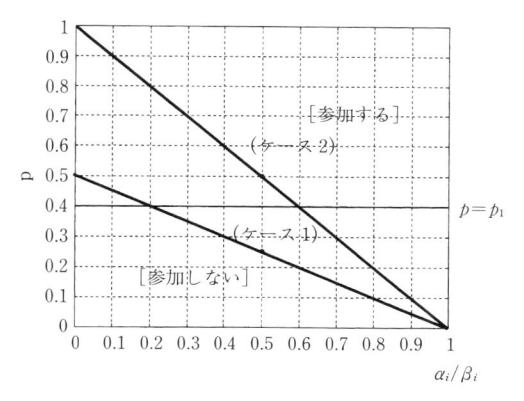

図 7.14 個人の合理的な戦略の分岐点

で，自発的に参加する人が少なくなることがわかる．また，ケース1とケース2における合理的な戦略の分岐点を比較すると，自分が参加しないことで相手のボランティア活動が無意味に終わることに一人ひとりが罪悪感を感じることで（ケース1），より多くの人がボランティア活動に参加するようになることもわかる．このことは，ボランティア活動に対する価値の高さだけでなく，それに参加しないことによる罪悪感などが一人ひとりに生まれることは，ボランティア活動を社会的に広める上で重要なことがわかる．

ボランティア活動に参加することの価値 (α_i) と，それが無意味に終わることのデメリット (β_i) は，個人によって大きく異なる．ここで，5章で定義したハードコアとしての役割を果たすことになる人の条件について求めることにする．図7.14の分岐点を表す直線より，すべての人がボランティア活動に参加するのにもかかわらず，自分は参加しないハードコアは存在しないことがわかる．一方で，ボランティア活動に参加する人が誰一人いなくても，自ら選んでボランティア活動をするハードコアは存在する．その条件は式 (7.12) または式 (7.13) において $\theta_i > 1$ で与えられる．ボランティア活動に参加することの価値と比較し，それが無意味に終わることのデメリットの方が小さいことが ($\alpha_i > \beta_i$)，そのための条件になる．一方で，両者の価値パラメータの関係が $\alpha_i < \beta_i$ の人は，日和見的な人である．このような人は，周囲の動向によって参加するか，あるいは静観するかを個々に判断することになる．

ここで，そのような日和見主義者だけで構成される社会を考え，集合的な意思

(a) 日和見主義の分布関数特性 (1)

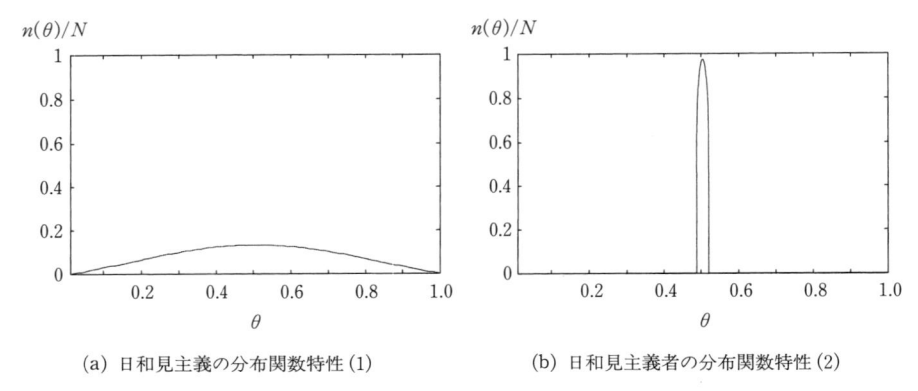

(b) 日和見主義者の分布関数特性 (2)

図 7.15

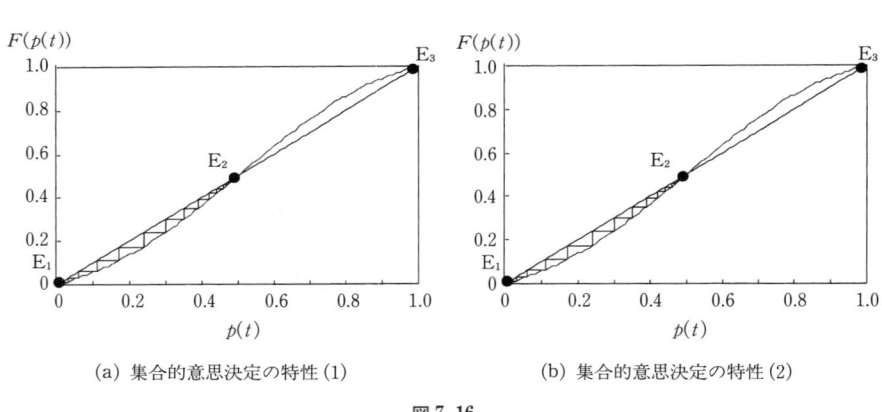

(a) 集合的意思決定の特性 (1)

(b) 集合的意思決定の特性 (2)

図 7.16

決定の特性を明らかにすることにする．5 章での手法を用いると，価値パラメータの比 α_i/β_i の分布関数によって，社会全体での集合的特性が決定される．ここでは，図 7.13 の利得行列のケース 1 の場合について考える．図 7.15 (a) は，しきい値 θ_i が 0 と 1 の間で，平均的に分布（個人の価値のパラメータ α_i が 0 から β_i の間で満遍なく分布）している場合である．一方，図 7.15 (b) は，個人のしきい値が 0.5（個人の価値パラメータ α_i が β_i の約半分）付近に集中している場合である．図 7.16 (a) と (b) には，それぞれのケースでの集合的意思決定の収束特性が示されている．これらの図から，しきい値の分布が広くなることで均衡点への収束は遅くなるが，日和見主義者，そして個人的属性が似た者が多数存在する社

会では，一人ひとりがいっせいに同じ反応を示すことになるので，均衡点へ急速に収束することがわかる．

次に，前節で扱った局所的な相互作用モデルを用いて，ボランティア活動が社会的な広がりをみせるための条件を求める．個人の判断がどのように伝播することで，社会全体での意思決定はどのような様相を呈するのであろうか．ボランティア活動が着実に社会全体に伝播していくのか，あるいは社会に広まることなく，建前主義の社会の中で小さな善意の灯が消滅してしまうことになるのかを明らかにする．図 7.13 のケース 1 の利得行列において，各人の利得パラメータは同じで，$a_i=a, \beta_i=\beta$ とする（図 7.17(a)）．そして，各欄に β を加えた値を β で割り，$a/\beta=k$ とおくことで，図 7.17(b) の利得行列を得る．この利得行列には，(S_1, S_1) と (S_2, S_2) の二つの均衡解が存在するが，(S_2, S_2) はパレート優越だけでなく，リスク優越する均衡解でもある．このことから，合理的なアプローチによると，最初にボランティア活動を始める人の割合が十分に高ければ，それはやがて社会全体に広まることがわかる．一方で，局所的な相互作用モデルではどうであろうか．k は，ボランティア活動に参加することの価値とボランティア活動が無意味に終わった場合のデメリットの比を表す．それを，ボランティア活動の相対価値と呼ぶことにする．相対価値 k の値や初期段階で参加する人たちの社会的な位置関係によって，ボランティア活動はどのような社会的な広まりをみせるのか，シミュレーションによって明らかにする．

〔ケース 1〕 $k>1$，ボランティア活動を開始する人が，中央に 1 人存在する場合．

$k=2$ のときの，各主体の利得の推移の一部を図 7.18(b) に示す．最初にボラ

Aの戦略＼Bの戦略	S_1	S_2
S_1	0, 0	$\alpha-\beta$, $-\beta$
S_2	$-\beta$, $\alpha-\beta$	α, α

(a) ボランティア活動上の利得行列

Aの戦略＼Bの戦略	S_1	S_2
S_1	1, 1	k, 0
S_2	0, k	$1+k$, $1+k$

(b) ボランティア活動に関する利得行列

図 7.17

戦略の変化	色
$S_1 \to S_1$	
$S_1 \to S_2$	
$S_2 \to S_1$	
$S_2 \to S_2$	

(a) 戦略の変化を表す色

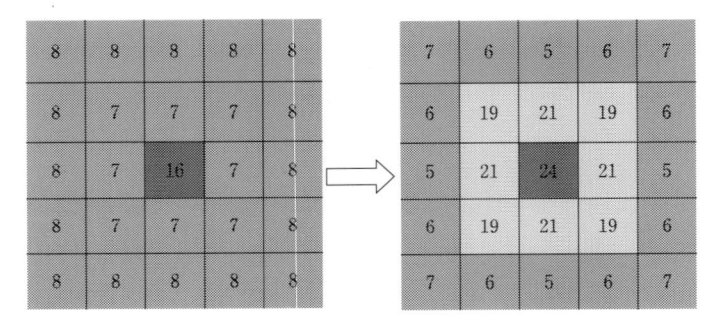

8	8	8	8	8
8	7	7	7	8
8	7	16	7	8
8	7	7	7	8
8	8	8	8	8

⇒

7	6	5	6	7
6	19	21	19	6
5	21	24	21	5
6	19	21	19	6
7	6	5	6	7

(b) 各主体の利得の推移

図7.18

ンティア活動に参加する (戦略 S_2) 人の利得は 16 である．その人の近傍に位置する人で，それに参加しない (戦略 S_1) 人の獲得する最高の利得は 7 なので，次の時点では周囲に位置する 8 人全てが戦略 S_2 に変更する．このようにして，ボランティア活動は全方向に広まり，やがて社会全体に広まることになる．ボランティア活動の相対価値が $k>1$ ならば，すべてこの場合と同じ結果になる．

〔ケース 2〕 $0<k<1$，ボランティア活動を開始する人が，中央に 1 人存在する場合．

このケースは，ボランティア活動の価値 (α) よりも，その活動が無駄に終わることのデメリット (β) の方が大きい場合である．すなわち，ボランティア活動に無関心な人が多い社会にあって，一部の人による小さな善意の活動の灯が途絶えることがなく，わずかながらでも希望の灯をともし続けることはできるのであろうか．

ボランティア活動の相対価値が，① $k=0.4$，② $k=0.37$ の場合のシミュレーション結果を図 7.19 と図 7.20 に示す．これらの結果より，相対価値 k のわず

7.3 集合的な意思決定の社会的要因   175

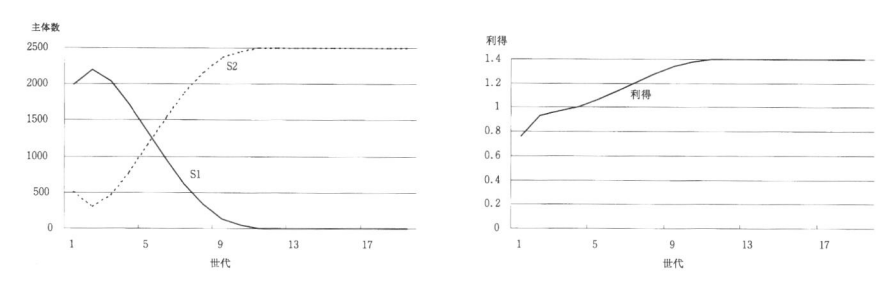

図 7.19 シミュレーション結果(ケース 2)
$k=0.4$,戦略の初期分布:$(S_1, S_2)=(80\%,\ 20\%)$

(a) 各戦略をとる主体の数

(b) 各主体の平均利得

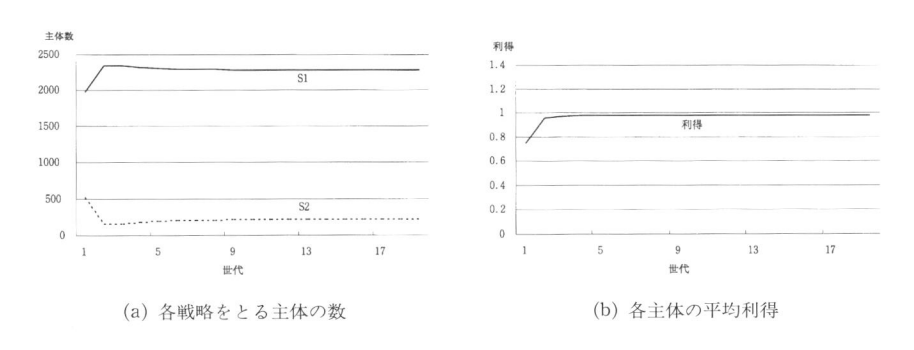

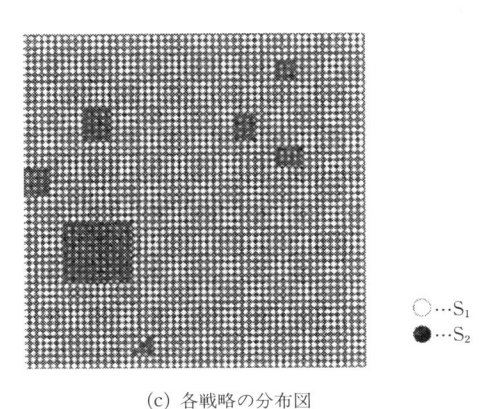

(c) 各戦略の分布図

$\bigcirc \cdots S_1$
$\bullet \cdots S_2$

図 7.20 シミュレーション結果(ケース 2)
$k=0.37$,戦略の初期分布:$(S_1, S_2)=(80\%,\ 20\%)$

かな変化によって，集合的な意思決定の様相が劇的に変化することがわかる．$k=0.4$ の場合は，戦略 S_2 は 1 世代目では 20% 占めたが，2 世代目になると約 12% 近くまで減少した．しかしながら，その後は逆転して社会全体に浸透していき，12 世代目になると社会全体を占めるようになった．一方，相対価値をそれよりやや低くし $k=0.37$ とすると，ボランティア活動をする者同士で一種のコロニーを作ることになるが（図 7.20 (c)），それ以上は社会全体に浸透することはない．社会全体で見ると，多くの人は何もしないでただ傍観している状態が維持されたままになる．ボランティア活動の相対価値が十分に高くない場合には，相対価値のわずかな違いが，社会全体に大きな影響を及ぼすことになる．わずかな差によってボランティア活動が社会的に広まるかどうかが決定される．その中で，ボランティア活動に対する個人の価値 (α) を高めることよりも，個人の活動が無駄に終わった場合の損失感（あるいは自分が参加しなかったことに対する罪悪感）(β) が小さくなる方が，ボランティア活動を広める上ではより効果的であることがわかる．

ボランティア活動が社会的な広まりをみせるのは，以上の個人的な要因だけでなく，同じ志を持つ人たちの社会的配置関係も大きな決め手になる．特に，価値の相対比を変更することは個人の価値の問題を扱うことになるので，たいへん難しい課題である．外部の力によって個人の価値観を変更させることは至難の技であり，また果して変更されたかどうか確かめることも困難になる．しかしながら，社会的要因を改善することは比較的容易であり，その信頼性も高いといえよう．このことから，個人の価値に関する問題を社会的要因から操作できることの意義は大きい．

次に，ボランティア活動を開始する人たちが隣接して位置することで，それが社会全体に容易に広まることについて示そう．ここで，$k=1$ として次の 2 ケースを考える．

〔ケース 3-1〕 $k=1$，ボランティア活動を開始する人が，中央に 1 人存在する場合．

個人の利得の推移の一部を図 7.21 に示すが，ボランティア活動に最初に参加する人の利得は 8，参加しない人の最大利得も 8 となる．この場合，初期状態は維持されるので，ボランティア活動は社会的には広まらない．このことから，ボランティア活動に参加することに対する個人の価値 (α) が高くても，それが成功

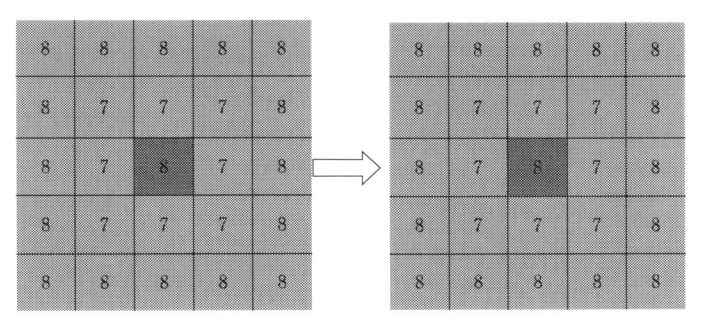

7.3 集合的な意思決定の社会的要因　　177

図 7.21 利得の推移 (ケース 3-1)

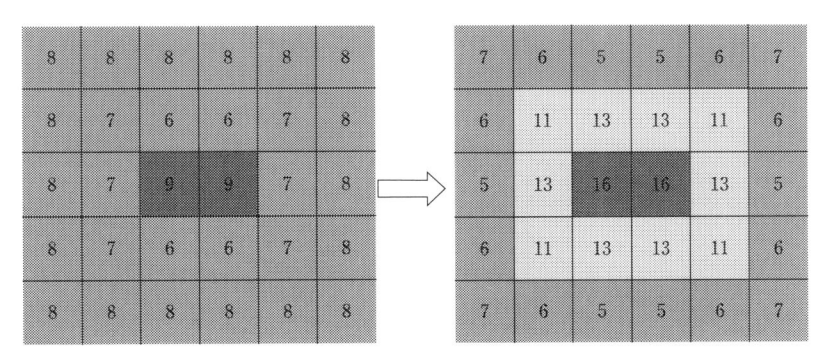

図 7.22 利得の推移 (ケース 3-2)

せず，その活動が無駄に終わることのデメリット (β) が同じように高ければ，ボランティア活動は広まらないことになる．

〔ケース 3-2〕　$k=1$，ボランティア活動を開始する 2 人が隣接して存在する場合．

図 7.22 に示すように，ボランティア活動を開始する 2 人が隣接して位置する場合には，彼らの利得は 9 になる．一方で，それに参加しない人の最高利得は 7 になるので，次の時点では彼らの周囲に位置する人はボランティア活動に参加するようになる．そして，最初に 2 人が始めたボランティア活動が，やがて社会全体に広がることになる．

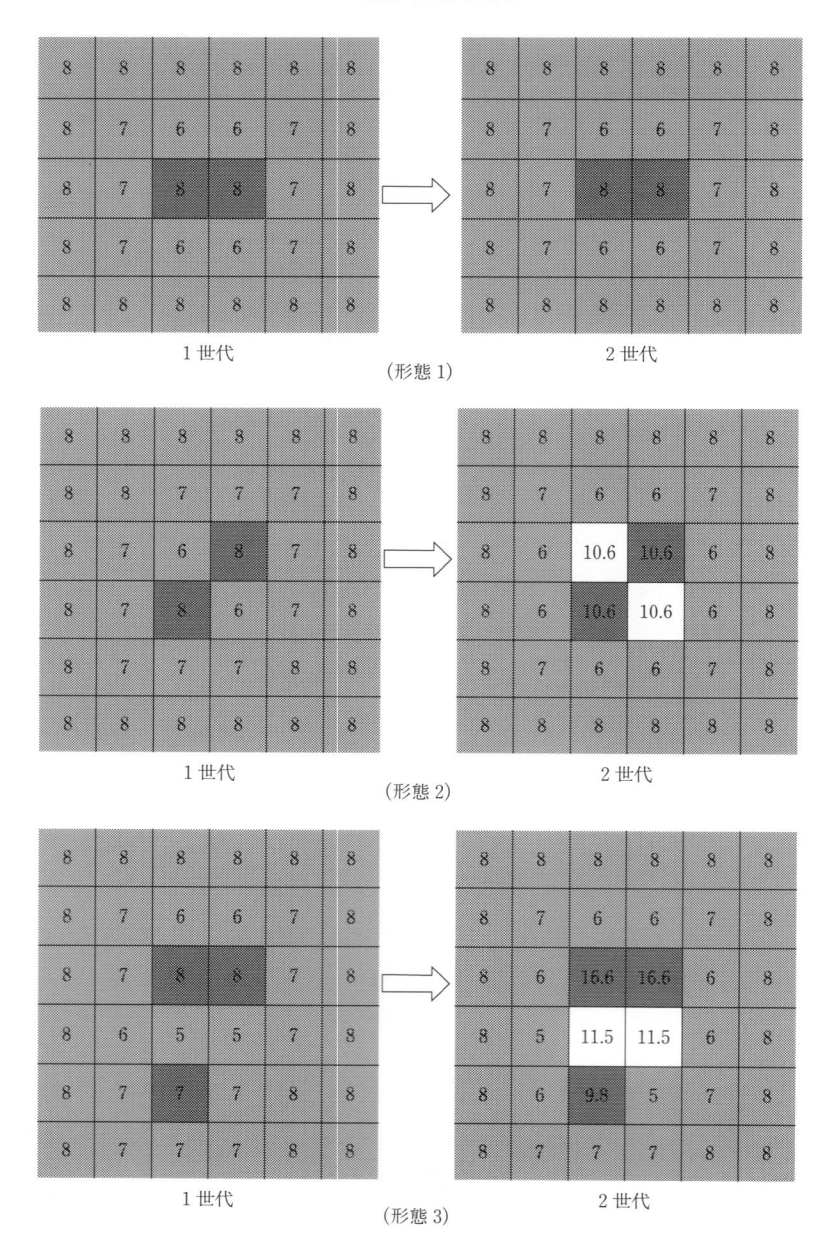

図 7.23 位置形態と戦略の広まりとの関係

7.3 集合的な意思決定の社会的要因

　ここで，ボランティア活動が社会的に広まるための条件を求める．それは，最初にボランティア活動をする人の利得が，それに参加しない人の最大利得以上になることであることから，$8k \geq 7 \, (k \geq 0.875)$ の条件を得る．次に，ボランティア活動が広まるための社会的要因について分析する．$k=0.875$ として，ボランティア活動を開始する人が2人存在する場合を考える．彼らの配置形態が図7.23に示す形態1の場合は，ボランティア活動は広まらない．しかしながら，形態2の場合は新たに2人がボランティア活動に参加する（最も高い利得をとる者が同数の場合は，同じ戦略を継続することになる）ので，次の時点ではボランティア活動に参加する人は増加する．同じように，形態3の場合を考える．ボランティア活動を開始する2人が横並びに配置されている場合には（形態1），ボランティア活動は広まらなかったが，形態3のように配置されていることで，1つ隔てた者にボランティア活動が伝わり，やがて社会全体に広まっていくことがわかる．

　各人が周りの者と局所的な相互作用をするだけで，自分と直接関係のない場所に位置する人の判断に影響を与えることになるのは，有名なバタフライ効果 (butterfly effect) にも似ている．バタフライ効果とは，例えばカリブ海で1羽の蝶々が飛ぶと，そのとき乱れた気流が巡りめぐって，ニューヨークで竜巻を起こすという話である．このことを，ボランティア活動が広がるメカニズムに置き換えると，ボランティア活動に対する個人の相対価値のわずかな変化によって，社会全体の様相が劇的に変化することを意味している．また，最初に活動をする人たちの位置関係（社会的要因）によって，社会的な広まりをみせるのか，あるいは社会から消滅するのかが決定されることになる．

　どんなに遠い場所で起きた，どんな些細な変化に対して，個人は無関係ではいられなくなる．人々の間の局所的な相互作用が繰り返されていくうちに，最初は限定的な善意の運動が，既存の社会の枠組みを超えて多くの人々の判断に変化を与え，そのことで社会を動かす大きな運動に発展することがある．逆に，勇気ある行動をとる人が少なからず存在したとしても，彼らの活動がバラバラに存在していたのでは，多くの人たちに影響を与えることができない．そして，「同じ志を持つ者同士が集まりやすい社会的状況を作り出す」ことが，ボランティア活動を広める上では不可欠である．

　本章では，社会における集合的な意思決定メカニズムについて分析した．社会

全体から見ると，一人ひとりは極めて弱い立場にあり，社会や周りに及ぼす影響力も極めて小さい．そのことを強く感じることで，自分の行動や主張を明確にしないままの人も少なくない．社会全体の権力は，さまざまな形で存在する．我々は直感的に，一部のリーダーや権力者がトップダウン式に，そして一元的な方法で全体を管理する，あるいは操作していると考えがちであるが，実際はそうではない．脆弱な存在である一人ひとりの心の中で，あたかもすべてを制御している権力者としての幻想を作り出しているともいえる．そのような幻想は，もろもろのことを支配しており，たとえ権力者と呼ばれる人たちや公の機関や組織であっても，この権力の幻想には太刀打ちすることはできない．例えば，最高の権力者の称号を欲しいままにしているメディアでさえ，多くの人々の集合的な行為の結果である，視聴率という呪縛から逃れることはできないのである．このことから，「社会における権力は細部に宿る」ともいえよう．一人ひとりの心の中に，周りの人に同調することで楽したいとする，わずかな誘惑，あるいは周りから孤立することへの小さな恐れなどは，必ず存在する．そのような小さな誘惑や恐れが，局所的な相互作用によって累積されるメカニズムの中に，社会を支配している本当の力の存在を見いだすことができる．

参 考 文 献

　本書は，多数の個人的な意思決定が相互に連鎖反応することで，全体としてどのような現象や結果を引き起こすのかについて明らかにすることを，主な狙いとした．自己欲求の充足あるいは自己利益の最適化といった個人のミクロ的な動機が相互作用することで，全体としてどのようなマクロ的な現象が生まれるのか，ミクロ的な意思決定と全体のマクロ的な意思決定の間に，どのような双方向的関係が生まれるのか明らかにした．他人あるいは社会にもたらす影響を考慮しながら個人の意思決定が行われることで，あるいは，より多くの人たちに支持されている社会的な営みに個人の意思決定を適応させることで，社会全体による集合的な意思決定が，どのような様相になるのか明らかにした．

　意思決定理論以外に，ゲーム理論，経済学，経営学，社会心理学，そして人工知能など，広範囲な分野の文献から，多くの科学的知見を得ている．以下に掲げる参考文献は，本書で扱った内容に近い領域での参考文献を整理したものである．

〈1章〉
意思決定論に関する以下の3冊は，名著である．
　1）アリソン，G. T.：決定の本質（宮里政玄訳），中央公論社，1977．
　2）松原　望：新版・意思決定の基礎，朝倉書店，1985．
　3）Bell. D., Howard, R. and Tversky, A.: *Decision Making*, Cambridge Univ. Press, 1988.

以下の文献も，個人，組織，そして社会レベルでの意思決定問題を包括的に扱っている．
　4）Winterfeldt, D. and Edwards, W.: *Decision Analysis and Behavioral Research*, Cambridge Univ. Press, 1986.
　5）Ordeshook, P. C.: *Game Theory and Political Theory*, Cambridge Univ. Press, 1987.
　6）Klenindorfer, P., Kunreuther, H. and Schoemaker, P.: *Decision Science*, Cambridge Univ. Press, 1993.

認知と意思決定に関しては，以下の文献が参考になる．
　7）岸田　秀：ものぐさ精神分析，青土社，1976，中公文庫，1996．
　8）アロンソン，E.：ザ・ソーシャルアニマル（古畑和孝監訳），サイエンス社，1996．
　9）印南一路：すぐれた意思決定，中央公論社，1997．
　10）印南一路：すぐれた組織の意思決定，中央公論社，1999．

複雑系に関する本として，以下の5冊を推奨する．
　11）木島恭一，出口　弘（編）：システム知の探究1，日科技連出版社，1997．
　12）塩沢由典：市場の秩序学，筑摩書房，1990．
　13）塩沢由典：複雑系経済学入門，生産性出版，1997．
　14）金子邦彦，津田一郎：複雑系のカオス的シナリオ，朝倉書店，1996．
　15）Arthur, W. B: *Increasing Returns and Path Dependence in the Economy*, Univ. of Michigan Press, 1996.

パラドックスに関する文献として，以下の2冊を推奨する．
　16）中村秀吉：パラドックス，中公新書，1972．

17) 森下伸也, 君塚大学, 宮本孝二：パラドックスの社会学, 新曜社, 1998.

意思決定上の失敗に関わる問題を包括的に扱ったものとして，以下の文献からは学ぶことが多い．

18) 村上陽一郎：安全学, 青土社, 1998.
19) 柳田邦男：この国の失敗の本質, 講談社, 1998.

〈2章〉

戦略論に関する文献として，以下の4冊を推奨する．

1) クラウゼヴィッツ, K：戦争論(淡徳三郎訳), 徳間書店, 1965.
2) ハート, B. L：戦略論(森沢亀鶴訳), 原書房, 1982.
3) 伊丹敬之：経営戦略の論理, 日本経済新聞社, 1978.
4) Luttwark, E.: *Strategy*, Harvard Univ. Press, 1987.

ゲーム理論を扱った良書は多い．その中で，以下の文献は参考になることが多い．

5) ディキシット, A. K., ネイルバフ, B. J.：戦略的思考とは何か(菅野 隆, 嶋津祐一訳), TBSブリタニカ, 1991.
6) 鈴木光男：新ゲーム理論, 勁草書房, 1993.
7) McMillan, J.: *Games, Strategies, and Managers*, Oxford Univ. Press, 1992. (経営戦略のゲーム理論, 伊藤秀史, 林田 修訳, 有斐閣, 1995).
8) 岡田 章：ゲーム理論, 有斐閣, 1996.
9) Freidman, J. W.: *Game Theory with Application to Economics*, Oxford Univ. Press, 1986.
10) Creps, J. E.: *An Introduction to Modern Micro Economics*, MIT Press, 1991.
11) Fudenberg, D. E. and Tirole, J.: *Game Theory*, MIT Press, 1991.
12) Rapoport A. and Guyer, M.: "A taxonomy of 2×2 games", *General Systems*, Vol. 11, 1966, pp. 203-214.

〈3章〉

個人の心理的面から相互依存的な意思決定問題を扱った文献は少ない．その中で，本章は以下の文献に負うところが多い．

1) Schelling, T. S.: *Strategy of Conflict*, Harvard Univ. Press, 1980.

また，以下の文献も示唆されることが多い．

2) ボールディング, K.：紛争の一般理論(内田忠夫, 衛藤瀋吉訳), ダイヤモンド社, 1971.

〈4章〉

集団の意思決定や合意形成に関する良書は多い．その中で，以下の文献からは学ぶことが多い．

1) 佐伯 胖：「きめ方」の論理, 東京大学出版会, 1980.
2) 宇井徹雄：意思決定支援とグループウェア, 共立出版, 1995.
3) 上田 泰：組織の人間行動, 中央経済社, 1995.
4) 上田 泰：集団意思決定研究, 文眞堂, 1996.
5) セン, A.：合理的な愚か者(大庭 健, 川本隆史訳), 勁草書房, 1997.

6) 亀田達也：合議の知を求めて，共立出版，1997.
7) 木村忠正，土屋大洋：ネットワーク時代の合意形成，NTT出版，1998.
8) Laffont, J. J.(ed): *Aggregation and Revealation of Preference*, North-Holland, 1979.
9) Peleg, B.: *Game Theoretic Analysis of Voting in Committees*, Cambridge Univ. Press, 1984.
10) Rosenschein, J. S. and Zlotkin, G.: *Rules of Encounter*, MIT Press, 1994.
11) Epharati, E. and Rosenschein, J.: "Deriving Consensus in Multiagent Systems", *Artificial Intelligence*, Vol. 87, pp. 21-74, 1996.

〈5章〉
個人の意思決定が，どのような倫理的な意味を持つのか，総合的に判断する心のゆとりを欠くことで，他の人や社会に対し大きな悪影響をもたらすことがある．意思決定の倫理的な側面を論じる上で，以下の文献は参考になる．
1) 奥野正寛，鈴村興太郎：ミクロ経済学Ⅱ，岩波書店，1988.
2) 村上泰亮：反古典の政治経済学（上，下），中央公論社，1992.
3) 松本 元：愛は脳を活性化する，岩波書店，1996.
4) 荒井一博：終身雇用制と日本文化，中公新書，1997.
5) 市川伸一：考えることの科学，中公新書，1997.
6) 井堀利宏：経済学で読み解く日本の政治，東洋経済新報社，1999.
7) ミルグロム，P.，ロバーツ，J.：組織の経済学（奥野正寛他訳），NTT出版，1998.
8) Frank, R. H. and Cook, P.: *The Winner-Take-All Society*, Penguin Books, 1984.（ウィナー・テイク・オール，香西 泰訳，日本経済新聞社，1998）．

〈6章〉
集合的な意思決定を扱った文献は少ない．その中で，以下の文献からは示唆されることが多い．
1) オルソン，M.：集合行為論（依田 博，森脇俊雅訳），ミネルヴァ書房，1996.
2) ノイル-ノイマン，E.：沈黙の螺旋理論（池田謙一，安野智子訳），ブレーン出版，1993.
3) クルーグマン，P. R.：自己組織化の経済学（北村行伸，妹尾美紀訳），東洋経済新報社，1997.
4) Schelling, T. S.: *Micromotives and Macrobehavior*, Norton & Company, 1978.

〈7章〉
進化的な意思決定は，社会全体の集合的な営みを対象にする．その時点で支配的な社会的な営みは，個人の適応的な意思決定（意思決定のミクロ的な側面という）から生まれる．また，その集合体として，個人が適応すべき社会的な営み（意思決定のマクロ的な側面という）が生まれるが，両者の間に存在する関係を明らかにした．また，連鎖反応的な意思決定が生み出す，全体的な意思決定プロセスの特性などを明らかにした．このような観点から意思決定を扱った文献は少ないが，進化論に関する以下の文献は参考になる．
1) スミス，J. M.：進化とゲーム理論（寺本 英・梯 正之訳），産業図書，1985.
2) 山岸俊男：社会的ジレンマのしくみ，サイエンス社，1990.
3) ドーキンス，R.：利己的な遺伝子（日高敏隆他訳），紀伊國屋書店，1991.

4) フランク, R. H.：オデッセウスの鎖：適応プログラムとしての感情（山岸俊男監訳），サイエンス社，1995．
5) 金子郁容：ネットワーキングへの招待，中公新書，1986．
6) 金子郁容：ボランティア・もうひとつの情報社会，岩波新書，1992．
7) 金子邦彦，池上高志：複雑系の進化的シナリオ，朝倉書店，1998．
8) 山岸俊男：信頼の構造，東京大学出版会，1998．
9) 塩沢由典（編）：方法としての進化，シュプリンガーフェアラーク東京，2000．
10) 山岸俊男：安心社会から信頼社会へ，中公新書，1999．
11) 金子郁容：コミュニティ・ソリューション，岩波書店，1999．
12) 中村雄二郎，金子郁容：弱さ，岩波書店，1999．
13) 加藤典洋：日本の無思想，平凡社新書，1999．
14) Axelrod, R.: *The Evolution of Co-operation*, Basic Books, 1984. (つきあい方の科学，松田裕之訳，ミネルヴァ書房，1998).
15) Axelrod, R.: *The Complexity of Cooperation*, Princeton Univ. Press, 1988.
16) Weibull, J.: *Evolutionary Game Theory*, MIT Press, 1996.
17) Rubinstein, A.: *Modeling Bounded Rationality*, MIT Press, 1997.
18) Kandori, M., Mailath, G. and Rob, R.: "Learning, mutation, and long run equilibrium", *Econometrica*, Vol. 61, No. 1, 1993, pp. 29-56.

索　引

ア　行

アイデンティティ　50
アクセス　43
アクセルロッド　152
アシュビー　1
アダム・スミス　99
アロウ　71
アンチノミー　10
暗黙
　――の圧力　120
　――の協調　48
　――の協調関係　29
　――の合意　26
　――の了解　8
暗黙的な協調関係　19

意見
　――の風土　125
　――の分布状況　125
意思決定
　――の逆説性　9
　――のマクロ的な側面　12
　――のミクロ的な側面　12
意思決定能力　3
市川伸一　102
一定和ゲーム　21
因果的パラドックス　11
因果連鎖的な現象　11
インターネット社会　94
印南一路　7
インフォーマルグループ　85

エゴイズム　145
エスピナス　124
NGO　93
NPO　93
演繹法　15

思いやり　110
思いやり係数　111

カ　行

下位集団　83
下位主体　83
階層型集団　83
階層集団の合意形成　83
外的自己　144
外的属性　152
外的バイアス　7
概念的不確実性　103
概念レンズ　5
開放型集団　93
科学的な分析　4
覚醒効果　120
確率戦略　34
確率的な脅迫　59
価値　21
勝ち馬　124
価値観　8
価値体系　20
価値判断　70
葛藤　132
金子郁容　11, 167
慣習　29
感情　47

関数　70
完全対立　21
完全対立型の意思決定　22
完備性　71
慣例　50

企業家精神　12
帰結　24, 52
岸田　秀　8
記述的アプローチ　14
記述的意思決定論　14
規則　50
期待(平均)効用　34
帰納法　15
規範　74, 162
規範的アプローチ　14
規範的意思決定論　14
木村忠正　93
逆説　9
逆転現象　109
客観的な不確定性　63
共感　99
強順序関係　71
競争解　33, 34, 114
競争原理　3
競争主義　50
競争的な意思決定　16
協調解　114
協調型の意思決定　22, 24
協調ゲーム　24
協調効果　114
協調戦略　25, 154
共通意識　142

共通イメージ　49
共通利益　20, 47
共通ルール　112
共同幻想　8
脅迫　53
共約性　101
協力解　45
協力ゲーム　45
虚偽性　115
局所的な相互作用　153, 154
均衡解　24, 33

口コミ　168
クラウゼヴィッツ　17
群集心理　13

ゲシュタルト心理学　49
ゲーム理論　19
限界利得関数　113
顕在的な機能　125

合意形成　68, 69
合成上の誤り　75
公平　101
公平な観察者　118
効用　20, 21
功利主義者　163
合理的　70
　——なアプローチ　164
　——な意思決定　95
　——な愚か者たち　69
誇示行為　47
個人合理性　24
個人情報の操作　107
個人属性　122
個人的な効用　99
個人的欲求　147
個人の選好　86
　——の適応モデル　77
コスト分担問題　21
コスト分担量　108
コスト分担ルール　105

個の論理　10
コミットメント　47
コミットメント問題　30, 52, 151
コロニー　155
混合戦略　34
混合動機型の意思決定　27
混合動機ゲーム　27
混質集団　80, 81

サ 行

最小多様度の法則　1
シェリング　18
塩沢由典　150
しきい値　35
　——の分布関数　135
　——の累積関数　135
シグナル　18
資源配分メカニズム　107
自己改革　1
自己犠牲　106
自己言及　100
自己言及的なパラドックス　10
自己正当化　115
資産効果　12, 108
事実上の標準　93
事実的不確実性　103
事実の隠ぺい化　115
指針的な意思決定論　14
自然選択　149
事前の選択行為　149
しっぺ返し戦略　152
実力主義　50
支配戦略　30, 98
指標関数　72
シミュレーション　15
社会
　——による意思決定　3
　——の学習　166
社会悪　12
社会心理学　14
社会性　77

社会的
　——な営み　149
　——な効用　99
社会的絆　121
社会的ジレンマ　31
社会的属性　152
社会的知能　5, 148, 167
社会的配置　176
社会的皮膚　121, 125
社会的役割　50
社会的要因　179
社会的欲求　147
社会変動　128
弱順序関係　71
集合心　142
集合心理　142
集合的
　——な意思決定　119, 134
　——な営み　142
　——な価値　99
集合的エゴイズム　145
集団　115
　——としての良心　115
　——による意思決定問題　68
　——の選好　86
　——の選好関係　70, 79
　——の多様性　78, 128
　——(社会)の知性　118
　——の目的　24
　——や社会の論理　10
集団感情　118
集団極化　145
集団極化現象　145
集団行動　49
集団合理性　24
集団主義　50
集団特性　134
集団力学　13
集約情報　77
主観的な不確実性　63
順位評点法　73
循環順序関係　78

純粋戦略　34
上位主体　83
情報操作　7
所得移転　98
自律統治　94
ジレンマ　10
ジレンマゲーム　29
ジレンマ問題　151
進化的な意思決定　149
進化論的なアプローチ　164
深層意識　142
深層心理　142
心的欠乏症　144
信頼の解き放ち理論　158
心理的圧力　120
心理的関与　120
心理的な読み　33, 47

推移性　71
優れた意思決定　3
ステップ関数　37

聖書マタイ伝　12
生存競争　2
制度化のパラドックス　11
税率　113
世界イメージ　100
設計論的な立場　2
絶対優位の戦略　30
瀬戸際戦略　56
ゼルテン　25
ゼロ和ゲーム　22
世論　127
　　──の力　127
セン　69
線形順序　71
選好　70
選好インデックス　75
選好関係　68, 70
潜在的な機能　125
全数検査　42
先制行動　63

全体からの眼　100
全体主義的意思決定論　15
選択　70
選択肢　20, 70
戦略　16
戦略的思考　16
戦略的操作　46, 74
戦略的不確実性　103
戦略的不確定性　26

相関戦略　43, 45
相互依存関係　19
相互依存な意思決定　33
相互期待　49
相互信頼性　158
相互認識　49
相互理解　8
相乗効果　13
創発性　13, 134
促進現象　120
組織の意思決定能力　1
損得計算　97

タ 行

大胆な意思決定　12
他者志向　12
多数決の原理　72
ただ乗り　69
多様性　1

チキンゲーム　28
沈黙
　　──の螺旋プロセス　131
　　──の螺旋理論　126

土屋大洋　93
罪の倫理観　116

定見の不在　148
適応　2, 68
適応型合意形成法　78
適応的

──な関係　1
──な合意形成法　68
適応度　68, 78
敵対関係　22
デ・ジュ・スタンダード　162
デ・ファクト・スタンダード
　　162
伝統　50

動機　9, 119
同質集団　80
統治能力　3
同調　77, 120
同調行動　77
投票行動　50
投票のパラドックス　79
トーマス・シェフ　121
取引　26

ナ 行

内的自己　144
内的属性　152
内的バイアス　7
なだれ現象　127

ニッチ　155
二律背反　10
認知　6
認知上の制約　7
認知心理学　14
認知的不協和　8
　　──の回避　8

抜き打ち検査　42

ネットワーキング　11, 167
ネットワーク　167

ノイル-ノイマン　126

ハ 行

バイアス　6, 7

波及効果　19
ハーサニー　25, 99
恥の文化　157
バタフライ効果　11
ハート　17
ハードコア　128, 133
ハードコア集団　137
ハードコア層　128
パラドックス　9
バルナラブル　11, 167
パレート最適　24
パレートの原理　73
パレート優越　25
反作用　11
反射性　70
半順序関係　71
バンドワゴン効果　128
反応関数　34
反復型のジレンマ問題　152

非協力ゲーム　45
非軍事的な手段　17
非経済財　110
非合理性　77
非合理的な側面　67
ビジョン　3
非ゼロ和ゲーム　23
非対称的な意思決定　33
必要悪　162
非同等性　71
一人勝ち　50
ピボタル方式　107
評価基準　8
日和見集団　137
日和見主義者　133, 171
非倫理性　115

フェール・セーフ　116
フォーカル・ポイント　48
フォレル　124
不可能性定理　71
深みのある意思決定　16

複合的な問題　4
複雑系　7
複雑な連鎖反応　11
副支払い　106
2人ゲーム　20
フッサール　123
不動点　34
フロイト　119
分権型社会　112
分析麻痺　7
分析レベル　4

閉鎖型集団　158
便益　21

報復行動　18
方法論的個人主義　15, 119
方法論的全体主義　119
ボーダー数　73
ボーダーの原理　73
ボーフル　17
ボランティア　167
ボランティア活動　11
ボランティア精神　106

マ　行

マスメディア　127
マタイ効果　12
マックスミニ　39
マックスミニ解　39
マックスミニ戦略　39
松原望　48

未成熟性　115
ミニマックス解　39
ミンスキー　143

無作為化　44
無差別　70
矛盾　10
無用の用　19
村上泰亮　101

目先の用　19

模倣　150
モラルの欠如　116
森下伸也　9

ヤ　行

優しい意思決定　13
山岸俊男　157

誘因両立性　107
有機体　1
優勢な意見　127
優先順序　70

抑止行動　64
予言の自己成就　11
余剰価格　26
余剰利得　114
予測的不確実性　103
欲求　119

ラ　行

ラパポート　21

利益　21
利益追求集団　92
利害関係　22
利己的戦略　31, 154
リスク回避　145
リスク回避度　105
リスク共有　103
リスク志向　145
リスクパラメータ　106
リスク優越　25
利他的な人間　117
利得　20
利得関係　20
利得関数　20, 34
利得行列　20
利得パラメータ　24
留保価格　26

両性の戦い　27
倫理　100
倫理性　99
倫理的な意思決定　95, 100
倫理的不確実性　103

累積効果　19
ルール　50

連鎖反応　5, 13, 120

ワ　行

枠組み（フレーム）の失敗　4
罠　98

著者略歴

生天目　章(なまため　あきら)

1950年　福島県に生まれる
1973年　防衛大学校卒業
1979年　スタンフォード大学大学院博士課程修了
現　在　防衛大学校情報工学科教授
　　　　Ph. D.
著　書　『マルチ・エージェントと複雑系』（森北出版）

シリーズ〈意思決定の科学〉2
戦略的意思決定　　　　　　　　　　　定価はカバーに表示

2001年3月20日　初版第1刷
2005年1月30日　　　第2刷

著　者　生　天　目　　章
発行者　朝　倉　邦　造
発行所　株式会社　朝　倉　書　店
　　　　東京都新宿区新小川町6-29
　　　　郵便番号　162-8707
　　　　電　話　03(3260)0141
　　　　ＦＡＸ　03(3260)0180
　　　　http://www.asakura.co.jp

〈検印省略〉

© 2001〈無断複写・転載を禁ず〉　　　平河工業社・渡辺製本

ISBN 4-254-29512-X　C 3350　　　　　Printed in Japan

人や企業はどのように行動を決めるべきなのか――
多様な実例と数理的思考を基に，その本質を探るシリーズ

シリーズ意思決定の科学
全5巻
松原 望 編集

1
意思決定の基礎
松原 望 著
A5判　230頁　本体3400円

意思決定／確率／ベイズ意思決定／ベイズ統計学入門／リスクと不確実性／ゲーム理論の基礎／ゲーム理論の発展／情報量とエントロピー／集団的決定

2
戦略的意思決定
生天目 章 著
A5判　200頁

複雑系における意思決定／競争的な意思決定／戦略的操作／適応的な意思決定／倫理的な意思決定／集合的な意思決定／進化的な意思決定

3
組織と意思決定
桑嶋健一・高橋伸夫 著
A5判　180頁　本体3200円

決定理論と合理性／近代組織論と組織ルーティン／ゴミ箱モデルと「やり過ごし」／意思決定の分析モデル／研究開発と意思決定プロセス／研究開発戦略／戦略的提携と協調行動の進化

4
財務と意思決定
小山明宏 著
A5判　168頁　本体3200円

財務的意思決定の対象／ポートフォリオセレクション／資本市場理論／オプション価格理論／企業評価モデル／プリンシパルエージェントモデル

5
進化的意思決定
石原英樹・金井雅之 著
A5判　212頁　本体3200円

合理性とゲーム理論／非ジレンマ状況と囚人のジレンマ／保証ゲームとチキン・ゲーム／進化の論理と社会科学／進化とゲーム理論／レプリケータ・ダイナミクス／均衡の安定性／理解を深めるために

上記価格（税別）は2004年12月現在